学习困难的背后

XUEXI KUNNAN DE BEIHOU

程 芳 禹海航 ◎ 主编

科学技术文献出版社
SCIENTIFIC AND TECHNICAL DOCUMENTATION PRESS
· 北 京 ·

图书在版编目（CIP）数据

学习困难的背后 / 程芳，禹海航主编. —北京：科学技术文献出版社，2023. 10（2024. 6重印）
ISBN 978-7-5235-0883-1

Ⅰ. ①学… Ⅱ. ①程… ②禹… Ⅲ. ①学习困难—儿童教育—研究 Ⅳ. ① G76

中国国家版本馆 CIP 数据核字（2023）第 203463 号

学习困难的背后

策划编辑：刘 伶　　责任编辑：王 培　　责任校对：张永霞　　责任出版：张志平

出 版 者	科学技术文献出版社
地　　址	北京市复兴路15号　　邮编　100038
编 务 部	（010）58882938，58882087（传真）
发 行 部	（010）58882868，58882870（传真）
邮 购 部	（010）58882873
官方网址	www.stdp.com.cn
发 行 者	科学技术文献出版社发行　全国各地新华书店经销
印 刷 者	北京虎彩文化传播有限公司
版　　次	2023 年 10 月第 1 版　2024 年 6 月第 2 次印刷
开　　本	710 × 1000　1/16
字　　数	301千
印　　张	25.5
书　　号	ISBN 978-7-5235-0883-1
定　　价	88.00元

《学习困难的背后》

编 委 会

学习困难的背后

在我们身边，有这么一批孩子：他们总是被冠以“学渣”“懒虫”“傻瓜”，但在平常玩耍中，他们的表现不差，甚至有些人在一些方面有着超乎他人的特长，实在让人难以理解，这些看起来如此矛盾的现象会发生在同一个人身上。

近年来，学习困难门诊越来越火，来学习困难门诊的孩子，让我们看到学习困难只是表象，背后的原因形形色色，如家庭教育不当，各种神经发育问题，情绪问题，当下“内卷”“鸡娃”文化的影响……

在学习困难门诊，还可以看到各种各样的家庭：有的家庭，家长一坐下，不允许孩子说话，不断数落孩子的不是；有的家庭，认为看病的是孩子，让医生给孩子做疏导，自己坐在一旁玩手机；有的家庭，母亲带着小孩进门，父亲全程不说话，母亲全程抢话……

通过本书，我们将透过学习困难的表象，给大家展示学习困难的背后有哪些因素困扰着孩子们，我们该如何涵容支持，让他们能身心健康、自信成长！

禹海航

学习困难的界定、分类、成因

学习困难，也称为“学习障碍”（Learning Disabilities，LD），这一概念最初由美国学者科克（S. Kink）于20世纪60年代提出，用来描述一群在语言、阅读和社会交往等方面发展异常，但又非视力、听力等感觉障碍，也非智力低下的儿童。他所描述的学习障碍是一种特殊的学习困难，主要表现为语言发展上的滞后，尽管这一概念对学习困难的描述并不全面，但却让学习困难儿童作为一种“新特殊儿童”而受到教育者的关注。

广义的学习困难是指儿童智力正常，无视觉、听觉等障碍，有接受同等教育的机会，但可能由于行为问题、情绪困扰和文化教育环境不利等，学业成就明显低于同龄正常水平的现象。狭义的学习困难是指儿童在听、说、读、写、推理或数学能力获得方面失调，学业成就明显低于同龄正常水平的现象。导致儿童学习困难的因素复杂，涉及智力、家庭、个性特征、行为问题等，是困扰学龄期儿童的主要心理问题之一，已成为困扰学生学习和教师教学的难题。

学习困难儿童群体是一个异质性群体，每个学习困难儿童都有自己的问题与特征，不同的角度有不同的分类，我国学者综合国内外的分类标准，将学习困难分为三类：发展性学习困难、学业性学习困难和情绪—行为性学习困难。

发展性学习困难，是指儿童成长过程中，某些心理与语言功能发展出现偏差（缺损）的现象。发展性学习困难又可分为两种：一种是原发性缺损，主要表现在注意力、记忆力、感知能力、知觉—运动协调能力上的缺陷；另一种是衍生性缺损，即在上述原始性缺损基础上伴发的某些较高级能力上的问题，主要表现为思考能力与语言能力的缺损。

学业性学习困难，主要是从学校课程学习角度来看待学习困难，是指儿童存在学习或各种学习技能（如听、说、阅读、写作、拼写、算术）上的困难。学习困难主要通过学科学习上的困难表现出来，而学习技能上的问题，又可以直接影响或妨碍学科学习，造成学生学业成绩不良。

情绪—行为性学习困难是指儿童的行为或情绪问题导致的学习困难。儿童的情绪—行为问题主要表现在3个方面：问题行为，如好动、急躁冲动、挑衅行为等；不适应行为和不成熟行为，如漫不经心、懒散、缺乏兴趣、多动、白日梦、厌倦学校等；个性问题，如过于敏感、自卑、乱发脾气、情绪不稳定等。

本书参照上述分类，结合令当今家长困扰的“学习困难”，从学习能力和学习动力两个维度将学习困难学生划分为4个主要类型进行阐述。

暂时性学习困难：这类学生智力及个性特征等没有缺损，但实际学业成绩明显低于其学习潜能，主要因为学习行为存在不少问题。有些孩子课堂上缺乏积极主动性，难以对所学习的知识进行有效的加工；有些孩子因一时没有掌握某些章节的知识内容造成阶段性的学习困难；有些孩子则因受到外界突发事件影响（如父母闹离婚、生病、早恋、与同学关系紧张等），情绪受到严重干扰，导致学习分心等。针对暂时性学习困难学生的多种诱因，还需做进一步的分析，根据不同类型特点及时采取不同的措施。这类学生的学习困难程度较轻，工作做得及时比较容易转变，如果错失时机，会使这些学生的学习困难继续加重，而成为稳定性学习困难。

能力型学习困难：这类学生比例最低，学习能力差是他们学习上的主要障碍，如不及时干预，易使其学习动力逐渐缺失，进一步加重学习困难，进而影响身心健康发展。

动力型学习困难：这类学生比例最高，他们的学习态度、动机及自我意识等发展较差，能力更多地被“动机不足”抑制，调动积极性、树立积极的自我概念、激发学习动机是改善这类学生学习困难的关键。

混合型学习困难：这类学生学习能力差，学习动机、自我意识等水平低，大多是由小学阶段持续的学习困难、知识积累障碍、基本学习技能匮乏造成的，而长期的学业失败使他们经常受到教师、家长甚至同伴的否定评价，使他们产生消极的自我概念、缺乏自信，逐渐丧失了对学习的兴趣和动力。这类学生所占比例居中，但学习困难程度比较严重。

程　芳

学习困难家长心声

文瑾，女孩，12岁，四年级，家里还有一个3岁的弟弟。我和她爸爸都是医护人员，平时工作都比较忙，单位离家近，到家不算晚，但总感疲惫，她自己能完成作业，我和爸爸只管签个字。小学低年级段几乎未参与陪伴孩子学习，更别提培养学习习惯啦！

三年级前，文瑾学习成绩还可以，但三年级后，问题出来了，为了能挤出更多的时间用于学习，停掉了所有课外课程，但不知道是真的作业多了，还是她故意拖延，每天都要我陪在身边督管才能完成作业。更让人气愤的是，明明已经很晚了，作业未完成却仿佛与她无关般，更别提梳理当天所学的课程，成绩逐步下降。爸爸因为工作更忙，几乎很少参与孩子管教，我下班后，除了家务，便在两个孩子之间穿梭。督管学习时，时常会忍不住大声呵斥她，教育方式也慢慢激进起来，如我讲完一遍要求知识点，她就要融会贯通，对孩子的父亲也诸多抱怨，整个人仿佛即将引爆的定时炸弹。一次轰炸式的批评后，孩子深深地长叹气，委屈地说："妈妈，你能不能冷静一些！"或许是低龄的她长叹气，或许是她理性的表达触动了我，那次我真深感自己是一个坏妈妈，因为乖巧的文瑾一直在默默承受我的轰炸，而我忘了她仅仅是个12岁的孩子。

12岁的她还没到叛逆期，但有时会因一些小事无端地与弟弟争宠，让我很难判断她是故意通过一些叛逆的行为来吸引我的关注，还是以这种方式来表达对我管教方式的不满，最让我恐慌的是，对我和她父亲严厉的批评和管教，她持一种无所谓的态度，即使刚提醒过的错误，还会马上再犯。在万般无奈下，我后来尝试请一对一家教，希望换个教育方式，令人意外的是，老师反馈她思维很活跃，理解接受能力强，但小动作特别多，会不由自主地走神，导致学习效率低下，这再次让我们陷入了迷茫。

我和她爸爸虽然并不是特别聪明，但学生时代对于作业都有一份自律，会尽量在规定的时间内努力完成，但是目前文瑾给我的感觉就是，学习的好坏、排名的前后根本刺激不了她的神经和自尊心，缺乏自律的行为让我最为焦虑和恐慌，也让我对她的未来充满了不确定感。

肖菊艳

如何陪伴“别人家的孩子”

非常高兴有这样的机会和大家分享自己养育孩子的一些点滴经验，我家是个女娃，妈妈医务人员，爸爸国企职员，非常普通的工薪家庭，尽管老家有点重男轻女，但丝毫没有影响我们小家庭对宝贝的爱，她像是老天爷给我们小家庭的一个最好的礼物，我俩沉浸在她的吃喝拉撒、哭闹喜乐中。这个时期的孩子不会说话，我们做得最多的是去了解孩子的需求，满足她的需求，寻找规律，不同时期加入该有的辅食，保证足够的营养，养成了特别好的依恋关系。

宝贝能走能跑以后，我俩几乎每个周末都会带孩子去各个公园玩，在家会玩积木拼图，从最简单的积木拼图开始，认识不同的小动物，小动物的各个部位。慢慢地，积木拼图变得复杂，这个玩的过程让孩子学会认识各种事物，学会观察各种细节，注意力集中时间慢慢延长。上幼儿园前，每天早上幼儿园小朋友出操时，我们让孩子在幼儿园门口看小朋友做早操、跳舞，这个过程她跟着学跳舞、做操，乐在其中，增加了其对幼儿园的渴望，减少了去幼儿园时的分离焦虑。

上幼儿园期间，每天分享幼儿园的点点滴滴，开始培养孩子的兴趣爱好，有喜欢的乐器或运动自然是最好的，能加快左右脑的发育和躯体的协调性发展，可根据孩子的喜好培养。每天晚上睡前的“小喇叭讲故事”，简单的画报，简单的故事，小孩子的记忆力是惊人的，讲了几遍以后她会说妈妈今天晚上我给你讲故事，这个过程增进了感情，学会了表达朗诵，还认识了很多简单的字。这个时期最难忘的是宝贝时不时会给我们一些惊喜，记得有一次好不容易盼到周末，我和爱人想睡个懒觉，她被小小生物钟催起床，自己穿好衣服，自己玩起来，等我俩起床，她居然自己在一个杂志后面找到了一个小奶牛的制作方法，根据这个指导方法做了一个非常漂亮的立体的奶牛，真的惊喜到了我们，当然我们也毫不吝啬地即刻表达惊喜，给予她肯定奖励。

很快，宝贝上小学了，个人感觉一二年级很重要，因为是过渡时期，基于幼儿园时期有认识字和简单拼音的基础，比较轻松，更多的是叮嘱她放学后尽快地完成学校作业，抓紧时间一起玩，玩的过程会和孩子交流今天学了什么内容，我会抱着非常感兴趣的心情听她讲完，并表示宝贝你在学校学了这么多东西，妈妈以前学的都忘记了。慢慢地，她在学校是个学生，在家里她是个小小老师，经常教我她学到的东西，时不时地还考验我一下上次教的东西有没有记牢，只要天气好，晚饭后的散步运动是必修课，在路上我们经常玩词语接龙、成语接龙，当然免不了教我今天学的英语单词，考验我上次教我的英语单词有没有忘记。小学时期，她开始慢慢养成阅读习惯，从简短的文段开始阅读，我也看一遍，之后一起分享阅读后的感想。因为普通小学不是双语班，担心英语跟不上，而英语培训班都是应试教育、哑巴英语，我们选择了 EF 外教，以游戏的形式教学，孩子比较喜欢，由于课堂不允许讲中文，使孩子习惯了开口说英语。四年级前，她就基本养成了学习习惯，外出游玩的时间减少，运动基本在学校完成，还加入了学校的排球队。

小学高年级开始到初中、高中，学习的事情交给她自己处理，我们做得最多的是后勤保障工作，如孩子需校外培训，我们也大力支持。实际情况是有过一个学期的英语培训，课上内容是阅读理解各种文章，之后孩子说不需要，我们便停止了课程。这个过程也不是一帆风顺的，记得高一在创新班，孩子有点不适应高度竞争、高度压力的学习氛围，我们便和老师商量，换了一个相对轻松的创新班，效实中学（宁波名校）特别好的一点是从来不会占用双休日、节假日，每个周末孩子都会约上隔壁的好朋友一起去学校打排球，直到高考前才暂停。这期间我不无担心，一次忍不住问：“宝贝，你这样会影响学习吗？”而她的回答是“不会，出一身汗，洗个热水澡再学习感觉效率特别高”。从小学习中从不会缺失玩乐，直到大学加入浙大排球校队，因为身高只有1.62米的原因，教练刚开始没有收她入队，硬是被她对排球的喜爱感动到了，勉强收入队打自由人，大三本可以参加全国大学生排球比赛的，可惜因疫情未能如愿，每每说起这个遗憾都会泪汪汪。读了大学后，由于学业压力、社团工作、排球队训练、实习工作等，和我们联系的时间变少，现在孩子在上海交大的肿瘤研究所工作，实验室很忙，她的闲暇时间大部分与志同道合的同学、朋友在一起玩耍，两个空巢老人有时候也会伤感，现在是我们离不开孩子，但想想孩子在学校的学习生活和各种工作都有条有序进行中，内心又倍感欣慰。

徐静波

目录

阅读困难（阅读障碍）

文／程　芳

【案例】

玥玥，女，12 岁，独女，普通小学五年级，活泼开朗，个性乖巧，跳绳、跑步、画画、跳舞等文娱方面表现优秀，与同学相处融洽。可学习却是另一番风景，学习认真努力，但成绩差，学拼音时，时常分不清“b”和“d”、“p”和“q”，即使现在仍有时混淆。识、记字双重困难，刚学过的字就忘记，错别字连篇，写字经常多一画或少一笔；经常搞混形近字和同音字，如把“近”与“进”、“日”与“目”弄混；读课文时声音很小，断断续续，时常增、减字，常常读完一段话，难以完整复述，也不能概括出大致内容，词汇量积累少，书面表达想法非常困难。语文考试阅读理解、作文时常完不成，问其原因有时说来不及，有时说不会写。一二年级数学成绩中上，三年级以来，数学成绩下降（原因为考试时自己读题后不知题意，若父母或老师读题后，则能顺利准确答题）。近 1 年来，孩子在校仍活泼开朗，谈及学习时便沉默不语，回家后像变了一个人，时常发呆、叹气，有时会因做作业困难或考不好偷偷哭泣或打自己。玥玥父母均为本科毕业，入学前觉得女儿各方面优于同龄人，入学后积极辅助学习，深知她学习态度、方法均没有问题，但深深困惑其学习现状。

【评估】

父母反映

玥玥有言语发育延迟，15 个月左右开口说出第一个词语——“妈妈”，24 个月左右说出第二个词语——“爸爸”，1 岁左右能配合简单言语指令，2 岁时稍复杂或超出 2 步指令的话语（需慢慢表述）才能配合，3 岁时话语理解无困难，能说出简单的短句。体格及动作协调性发育与同龄人无差异。4 岁时开始学画画、跳舞、弹琴等才艺，表现优于同期学习儿童，加之个性活泼开朗，深得长辈喜欢。读小学后，学习上出现困难，回想起她小时候言语发育落后于同龄人，后悔没能及时干预。

现场评估

玥玥现场完成拼音识别与书写、汉字识别与书写、词语理解与书写及阅读理解测评。

1. 拼音识别与书写

汉语拼音中拼音分为单拼音节如饿（e）、双拼音节如和（he）、三拼音节如将（jiang）。对于简单的三拼音节如花（hua）这一类的拼音识别准确率相对较高，而复杂三拼音节如装（zhuang）、将（jiang）这样的拼音则拼写错误很多。逐一指读这些汉语拼音字母如窗（chuang），也不能完全正确地辨识读出。复韵母的混淆和辨识不清是玥玥拼音学习中的又一个困难表现，玥玥对于复韵母区分存在的困难主要表现在对认识的字注音错误，如对（diu）、见（jiao）这样的错误，单独指认这些字母也经常出错。不认识的字拼音中若含有这些韵母，需要经过不断的错误尝试，才可能回答正确一次，这些错误主要表现为：混淆 ui 和 iu，不认识 üe，混淆 an 和 ao；混淆镜像字母，如坡，可以说出是“po”，但是让她写拼音就写成了“qo”或“bo”；zh、ch、sh 和 z、c、s 不分；

声母韵母混淆，将 y 写成 i，这两个字母的读音相同，所以当拼音中存在这两个字母的时候容易写反，如云（iun）、杨（iang），这与玥玥掌握不清拼音法则有关，她不清楚汉语拼音只有将声母和韵母拼在一起才能算是构成拼音，两个韵母拼在一起是不能构成拼音的。

2. 汉字识别与书写

汉字的识别

常见的同音节但音调不同的多音字，如"间"（jiān、jiàn）、常见的声母或韵母不同的多音字"调"（tiáo、diào），玥玥识别的准确率较低，而常见的不同音节的多音字"给"（jǐ、gěi），准确率则相对高很多。

同音形近字的辨识，玥玥的准确率非常低，如混淆"座"和"坐"、"园"和"圆"、"清"和"青"；并且完全不知道简单形近字的差别，如"已"和"己"、"未"和"末"、"甲"和"申"等。对于字形复杂的不同音形近字，玥玥或是将两者混淆，或是将两者同时认成其中一个自己较熟悉的字，如"牡"和"杜"都认成"杜"，"俄"和"哦"全部认成"饿"，"嫌"和"赚"全部认成"谦"。甚至会将两个并不是形近字而只是字形略微相似的字混淆，如把"盖"认成"差"。

同音不同义字测试，玥玥的准确率较高。但不常见的字，玥玥容易认错，甚至是多次学习都记不下来。含义或表达的意思过于抽象的字如"非""案"，玥玥认不出，但与生活经验关系比较密切的字如"火""水"等，玥玥多能准确认出。

汉字的书写

汉字书写中易丢掉偏旁部首，如"敢"丢掉右边的偏旁"攵"，"待"丢掉偏旁写成"寺"，"树"丢掉中间的"又"，"随"丢掉中间的"辶"，还有"瓣""游""喇"这样的字的中间部分都容易丢掉，上中下结构的字也比较容易出现这种在书写过程中丢掉其中部件的情况。写错偏旁部首："玻璃"的偏旁写成"工"，"塘"的偏旁写成"氵"；尤其是"衤"和"礻"、"氵"和"冫"的混淆。两部分中没有明显偏旁部首的左右结构的字的两部分写反："颗"会将"页"和"果"写反，"鲜"也会将"鱼"和"羊"写反。比较复杂字形的字直接书写错误，如"我""武""圆""圈"这类字总是容易写成错别字，还有如"乘""重""承""曲""事"这些字形比较复杂、笔画较多的字，玥玥很难书写正确，不是缺少笔画就是笔画位置不合适，或是在不该出头的地方出头，或是多一横少一竖。

3. 词语理解与书写

词语理解

本模块是通过词语的完形填空进行测试的，同时对语义和词语理解进行了测试和了解。结果显示，玥玥对词语理解的困难主要体现在以下两个方面：①在测验阅读理解能力的题目中，有根据词语的解释在文中挑选合适词语的练习，玥玥无法完成此类题目，找到的词语与目标词语相差很大，询问发现玥玥并不理解词语意思。②在语素意识的测验中，发现玥玥不能根据合适的语境选择正确的词语，事后访谈得知，玥玥并不能理解在练习中应该使用哪个词语，只是单纯地选择了自己认识的词语。

词语书写

结果显示，玥玥认识单字，但易组词错误或组出一些不是词的词：如脉（脉子）、忧（忧了）、精（精录）、描（描雷）等；或用其他形似字代替目标字，如"空气"写成"空氧"。这是由于玥玥未能理解每个字在词中的意义，把字当成图机械地记下来，将字与字之间的意义联系看成是图与图之间的位置联系，才会出现这样的组词错误。还有其他问题，如能组出词语，但书写词语的过程中将词语中的两个字写反，如"时尚"写成"尚时"，"提问"写成"问提"等。

4. 阅读理解

阅读理解测试卷，主要考查对文章信息的理解和解释，结果显示玥玥对全文的内容和思想没有一个整体的把握，缺乏对文中信息的获取能力，即不能准确地获取和概括文中的主要信息。如用横线画出文章中心句这类题目，玥玥做题时几乎不思考就选出了文章第一段的第一句作为答案。若题目为概括文章的主要思想，她就将文章的最后一段抄写一遍。基本上所有这种题型，她都是抄写文中句子作答，甚至是抄写几个词作答。

【分析】

玥玥拼音识别与书写、汉字识别与书写、词语理解与书写及阅读理解测评中均呈现不同程度的困难。由于学习成绩低，自我感觉差，时常因“学习困难”而哭泣难过、自我责罚，而这一切都是“阅读障碍”惹的祸。

阅读障碍学生在拼音的学习中存在问题的种类较多，涉及很多方面，不仅是混淆镜像字母，还会出现同音声母和韵母的分辨错误。韵母和声母识别缺陷会严重影响学生认字的精确性以及拼音规则的掌握。这种规则的掌握困难使阅读障碍学生无法将拼音和汉字进行有效的连接，导致其拼音学习困难，汉字识别能力相对较弱。

形近字的辨识是阅读障碍学生存在的最典型的字词识别困难，此类学生基本上对所有的形近字都会产生混淆，如经常将形状相似的字写混、读混，经常忘记学过的字该怎么写，写字经常多一笔或少一笔。

词语理解作为言语理解的重要部分，在儿童习得系统的言语理解能力时占有相当大的比重。从最开始的牙牙学语到汉字的学习、组词和字义的辨析，都体现着词语作为言语基本组成部分的重要性。词语理解能力的培养主要是在小学阶段进行的，小学生在学习词语、识记词语、练习词语到使用词语的过程中，会形成他们对词语意义的建构，为语言能力的发展奠定基础。词语理解困难主要表现为混淆同音词、形似词和近义词，有的时候也表现为不能理解词语的意义。由于字词识别困难，导致阅读障碍学生在阅读过程中将主要的精力集中在初步字词识别上，几乎忽略了对文章的理解。

【科普】

阅读能力是儿童未来参与社会活动所必需的重要能力。阅读是一个复杂的加工过程，这中间的任一环节出现问题，必将会导致阅读障碍。

阅读障碍与智商和学习态度无关，是享有同等的教育机会但阅读成绩显著落后于当前年龄所应达到水平的一种学习障碍现象。学龄儿童发生阅读障碍的概率为 5% ~ 10%，男孩发生率高于女孩。阅读障碍有不同的表现形式，有的儿童表现为记不住字，有的儿童朗读课文特别不流利，还有的儿童不能准确理解文章的意思等。阅读障碍涉及的心理过程很复杂，涉及视知觉方面的问题、听知觉方面的问题、音和形转换的问题、字义理解的问题，以及元认知方面的问题等。

对于发展迟缓的幼儿，很多父母往往认为孩子长大进入小学后就会自然得到改善，因此耽误了早期教育训练的机会。其实，幼儿的阅读障碍与中小学学生的阅读障碍存有差异，阅读障碍者幼儿期表现出不同于中小学学生的阅读障碍特征如下。

广泛性发展迟缓：有潜在阅读障碍的儿童，虽然智力发展正常，但在早期表现出具有广泛性和弥散性的其他方面的发展迟缓。例如，各种动作、行为和反应迟缓，尤其是与语言发展有关的各种能力的发育迟滞，如开口说话晚、发音不清晰、复述与表达困难、概念获得与命名上的迟缓、在快速命名等智力活动中表现不良等，而这些迟缓并非智力发育迟滞的结果。

语言发育迟缓：绕口令发音困难、持续发错音、使用婴儿口语、学习名称和字母困难、不认识自己的名字等。

听说不协调：早期有潜在阅读障碍的儿童准确接收和辨认听觉刺激的能力不足。主要表现有语言听力和语言组织能力差，在语言模仿中经常出现吞音、误音、语音模仿不完整和病句等。在幼儿园中，有的孩子不能学习有节奏的动作，难以辨别语音之间的微小差别，不能把教师指令传达给其他儿童或家长，这些都是听说不协调的表现，并且这种现象并非由于听力障碍或发音器官障碍所造成。

感知运动不协调：早期有潜在阅读障碍的儿童虽然感觉器官发育正常，但会表现出感知辨别方面的障碍。知觉运动障碍：这类儿童缺乏精确复制感知印象的能力。手眼、手耳配合不协调：在早期会发现他们在走、跑、跳以及精细动作，如画画、书写、使用工具方面动作不协调，对事物的形状、图形、背景知觉不精细，有物体再认困难等。

记忆障碍：阅读障碍儿童普遍存在着从感觉中接受信息的短时记忆困难、在大脑中储存信息的长时记忆以及从长时记忆中搜索提取信息的障碍。阅读障碍儿童会表现出“漏斗型”学习特征。他们往往记不住刚刚记忆过的学习内容，一边学习一边遗忘。由于长时记忆的障碍而导致知识经验积累不足，难以对新的语言信息进行比较、联系、储存，即使是机械记忆和顺序记忆也都有困难。

思维能力缺乏：学前儿童的思维能力表现在比较、类比、序列、对应、关系、联想和归类等方面，然而有潜在阅读障碍的儿童表现出难以说出事物的相同与不同之处、难以正确完成匹配游戏、缺乏顺序排序能力、难以完成根据部分推断全体的拼图游戏等多方面思维能力的不足。这些表现在幼儿园儿童日常活动中能经常观察到。思维能力缺乏还会影响儿童早期元认知阅读能力的形成和发展。

由于幼儿的各项能力处于发展的初期，在幼儿期出现的各类问题，早期发现和针对性干预尤为重要。幼儿期是幼儿语言能力发展的关键期，对其干预训练越早，阅读水平提升空间越大。

【建议】

阅读困难不应该成为学习的障碍，因为学习知识可以通过用眼读、用手摸（如盲人），以及用耳听，所以如果对于孩子出现的学习困难现象不能给予正确的认知、干预和支持，孩子学习成绩不理想时，容易被标记为“懒惰”、“粗心”或“不够努力”等，长此以往，孩子的自尊心会受到打压，有的甚至出现厌学情绪。

目前，针对阅读困难儿童的干预是采用个案研究的方法。具体干预措施有行为干预模式、认知行为干预模式、感觉统合训练、同伴指导模式、自我指导训练和神经系统功能训练等。早期干预要关注幼儿的个体差异，根据幼儿阅读困难的类型，遵循幼儿的认知发展水平、心理特点和理解接受能力有针对性地选择干预方法。

阅读困难幼儿早期通常会有听觉认知能力低下、口语表达不利等特征，应及时对幼儿进行积极的语言刺激训练和运动协调性训练。亲子阅读有助于扩大幼儿的词汇量、加深幼儿对文字意义的理解、增强幼儿的拼读意识，增加与孩子的沟通和交流，有利于建立和谐亲密的亲子关系。父母要依据幼儿的年龄和阅读能力为幼儿挑选语言简洁、趣味性强的绘本。

3 ~ 8岁是儿童阅读发展的关键期，这一时期也是幼儿认知、想象、思维、言语、情绪情感发展的黄金期。家长观察到幼儿阅读困难早期征象时，应及早评估、针对性干预，避免阅读困难对幼儿认知、情感、自我概念和社会性发展等多方面带来的次生影响[1]。

参考文献：

[1] 赵微 . 阅读困难的早期发现 [J]. 学前教育研究，2005（1）：24–26.

书面表达困难

文 / 周爱萍

【案例】

丁丁，男，10 岁，因“完成作业需要时间长，书写错误率高”就诊。

丁丁，四年级学生，家长发现孩子从一年级开始，作业书写时间长、速度慢、字体潦草，听写默写困难，教过的字写不出或错别字多，常用拼音标注，作文扣分多，寥寥几句，把握不了中心思想，根本达不到字数和质量的要求。三年级英语因对书写要求不高，更多的是读背，学得还算轻松，但从四年级开始要求写单词后，发现单词背得慢忘得快，拼写困难，错误率高，真的是痛苦不堪。书面作业即便做到十一二点，也无法全部完成。语文老师兼班主任是个特别认真负责的人，每天都会在班级群里反馈孩子们的作业情况，而丁丁成为每天被老师点名督促的对象。老师反映孩子在学校上课时，回答问题还算积极，阅读和背诵情况尚可，但涉及书写的，孩子倾向回避或干脆坐着不写。目前除了数学能有 70 ~ 80 分，语文和英语成绩均在 50 ~ 60 分。

一年级时学习拼音困难，老师曾反映孩子学得还算用心，但就是记不住；阅读不流利，有跳字、漏字、加字现象；书写困难，错别字多，字体结构不良，就如画出来的。考试时不能全部做完，经常在 70 ~ 80 分徘徊。三年级后，阅读流畅性有好转，但书写持续困难，作业常完成不了，老师多次与妈妈沟通，要求妈妈督促孩子及时完成作业。而妈妈则对孩子写字慢的问题觉得力不从心，孩子写字时常拿着笔发呆或有抠指甲等小动作。妈妈希望老师能减少孩子的书写作业量，但老师认为丁丁没有及时完成作业是态度问题，妈妈监管不力，需要让孩子养成今日事今日毕的习惯。

丁丁足月出生，出生时无窒息抢救史，走路、说话时间与同龄人无差异，3岁多会表达颜色，数和量能对应，喜欢问为什么。幼儿园中班时会复述幼儿园发生的事情，6岁时会编故事，描述得比较形象，曾上台表演节目，老师都反映他聪明。妈妈比较重视绘本阅读和英语启蒙，丁丁喜欢听原版英语故事，如喜欢《牛津树》点读，至今有时说起，对其中的故事还津津乐道。妈妈反映，孩子手工能力不错，幼儿园做手工时孩子表现比同龄人要好，小学后为了寻求同龄玩伴，也常会做些小发明来吸引同学。平时喜欢看书、听故事，喜欢玩国际象棋，懂得关心他人，也能整理房间，是个生活上不太需要操心的孩子。

父母分别是大专和本科学历，爸爸小时候也有学习困难，但没有丁丁明显。

【评估】

丁丁学习成绩不良，书写慢，有抵触心理，是否存在智力与注意力问题呢？我们进行了一系列的现场评估。

采用韦氏智力测验和美国《精神障碍诊断与统计手册（第五版）》（DSM-5）注意缺陷多动障碍（ADHD）诊断标准进行评估。智力测验及注意缺陷多动障碍症状评定为：语言 IQ 109 分，操作 IQ 101 分，总 IQ 106分，填图和译码属于正常偏低；DSM-5注意缺陷多动障碍诊断标准评估显示，注意缺陷条目 9 项中有 4 项符合，多动 / 冲动条目 9 项中有 3 项符合，由此可见丁丁智力水平正常，未达注意缺陷多动障碍诊断标准。

阅读能力测试

进行了一分钟词汇阅读和三分钟句子阅读，阅读速度每分钟 120 字（属于中等水平），流畅性尚可，未见漏加字及错读字，对于阅读后需要回答的一些问题如句子和篇章的意义理解回答情况尚可。

认知能力测试

语音技能和语素技能测试显示：孩子快速命名及语音记忆能力尚可，而韵母快速命名欠佳，速度偏慢。

书写能力评估

1. 自发书写

让孩子在一张纸上签上自己的名字，落笔有迟疑，名字有涂改的痕迹；听写课文中已经学过的两字词 10 个，孩子有 4 个字不会写；听写课文中的一个长句子（20 个字），孩子有两个字不会写、两个错别字。

2. 仿写

近端抄写和远端抄写速度慢，10 个字用时 3 分钟，需要看一个写一个，字体结构不良。

3. 写作

当下查看孩子平时写的作文，句子简单，中心思想不突出，更多是平铺直叙说事情，前后人称有重复，前后逻辑有矛盾，句子中有遗漏字，标点符号使用不规范，逗号常遗漏，错别字占比达 3% ~ 6%，同音异形字出错偏多，不会写的字用拼音标注率可达 26%，篇幅短，字数 150 字前后，和老师要求的 300 字以上相差甚远；据妈妈说，上个学期期末作文写了三行，语文成绩垫底。

4. 既往中英文作业

语文作业中有以下几种情况。

①有时不会的字给予一点提示能完成，如“雪花飞舞”的“舞”不会写，提醒“撇、横、横”，然后孩子会写下去。

②有时给予提醒还是写不出，孩子没有耐心查字典，用拼音标注；标注时韵母出错的概率比较大，如“红彤彤”用拼音写成“hong tung tung”；“威武”用拼音标注“wie wu”等。

③同音异形字出错率偏高，如把“应该”写成“因该”，把“城堡”写成“城保”，把“丰富”写成“纷富”，把“渴望自由”写成“可望自游”等。

④形近字错误率相对少一些，如把“因为”写成“困为”，把“丑”写成“亚”等。

⑤混淆义似字，如把“吉”写成“祥”，把“吞”写成“咽”等。

⑥字体结构或部件错误，如把“越”写成“走成”，把“孵”写成“卵孚”，把“蝴蝶”写成“虫故蝶”；或者写“冷、尤”等字时多一笔或少一笔等。

英语作业中的情况：抄写英语单词容易抄错，比如“Bananas”少抄一个 a，抄成“Bannas”，把“You”抄成“Yu”。听写英语单词时，报了 24 个单词，错误单词 13 个，错误率达到 54%。妈妈诉，如果当晚刚复习过的单词，第二天重新报，错误率也会达到 30% ~ 40%。比如把“strong”写成“strang”，“glasses”写成“glases”，“right”写成“rigt”等。

5. 书写姿势

手握笔姿势可，三点执笔，虎口稳定性尚可，坐姿尚可。

6. 孩子对书写的感受

孩子表示，一提到写作业就头大，写字就如让他写天书，头脑里有时就是想不出来这个字怎么写，常常感觉就是蒙圈，即便用心努力了，但还是会遭到批评，所以很讨厌书写。

【分析】

书写，看似一个简单的事情，其实是一个比听、说、读更复杂的过程，它通过视、听、触、本体－前庭平衡等方法收集信息，在中枢神经系统进行整合与加工，进而通过感知运动系统的协作实现书写过程。它依赖良好的学习技能和执行功能，对工作记忆的要求高于阅读理解。书写涉及运动能力、视觉感知能力和认知能力，三者缺一不可。成熟的运动能力是书写能力的保证，书写时不仅需要良好的姿态协调控制能力，还需要将手部的灵活性和手指力量控制的精确性有效结合；而良好的视觉感知能力是书写能力的前提，包括视觉辨别、视觉空间意识、视觉记忆、视觉完形和视觉背景识别等；认知能力特别是语言处理能力是书写的内在要求，包括音素意识、字母拼读、命名速度与流畅度、词素意识、字形结构意识、基本句型、常用语等。

由上述正式评估与非正式评估结果可知：丁丁刚开始具有学习拼音有困难、阅读不流利等问题，但这些问题随着年龄增长有所好转，到三年级时其识字量和同龄人差不多，基本上能认能读。但书写持续困难，表现为书写慢、书写迟疑、错别字多、拼音标注错误百出；英文方面表现为单词拼写困难、元音漏写或写错、单词间距不良难辨单词；作文方面表现为写作困难、字数少、逻辑性欠佳、中心不突出、标点符号遗漏率高。丁丁智力正常，但在同等教学情况下，与同龄学生相比书写表现相差很多，这种差异显著影响了其需要书写技能的日常学习，而丁丁的书写姿势和手工能力良好，运动和协调能力尚可，所以丁丁的书写困难不考虑是运动和协调方面的问题所致，而是语音层面和空间加工方面的问题所致，属于书写困难（书面表达受损）。

【科普】

根据美国《精神障碍诊断与统计手册（第五版）》（DSM–5）所述，特定学习障碍临床上分成 3 种亚型：阅读困难、书面表达困难和数学困难[1]。特定学习障碍伴书面表达受损是指在拼写方面存在困难（如可能会添加、省略、换用元音或辅音），在书面表达方面存在困难（如在句子中出现多个语法或标点错误，段落组织差，书面表达不清晰）。书面表达受损在特定学习障碍中的占比为 2% ~ 8%，书面表达受损更多和阅读受损共存。目前国内尚缺乏特定学习障碍的官方正式标准化评估工具。

书面表达受损的孩子往往不喜欢动笔书写，写作业时坐着发呆，或者书写几个字便停一下，看上去注意力很不集中，容易让旁人认为懒惰、不专心、学习态度不良等而遭到老师或家长的批评和指责。书写错误率高，为了提高书写准确性，老师或家长可能会增加练习强化书写，但往往效果不良、事与愿违，加剧孩子的情绪问题，引发对立违抗等，孩子持续得不到理解和帮助，学习上容易有挫败感，陷入自我怀疑中，引发焦虑、抑郁甚至拒绝上学。

【建议】

孩子首先是孩子，然后才是有特殊需求的孩子。对于孩子的困难，需要去理解、去接纳，改变能改变的，接纳难以改变的，多发现孩子的潜能和优势，扬长补短，培养自尊，建立自信。

对书面表达受损的心理支持

1. 对孩子的支持

丁丁对于书写的抵触、反感，源于书写的困难让孩子有持续的挫败感和低效能感，进而影响了学习的自信心。建议告诉丁丁书写困难的孩子不止他一个，还有好多类似的孩子，只是程度不一而已。也告诉他我们相信他也想努力写好，书写困难并不可怕，工作中有些事是很少用笔书写的，以后也可以用电脑打字等代替，减少孩子的担忧。

2. 对老师和家长的支持

班主任虽然难以理解丁丁的问题所在，但她是一位很负责任的老师，对于丁丁，她没有放弃管教，只是力不从心，不知道能做哪些方面可以帮助孩子或促进孩子增强信心。可以告诉老师，丁丁作业完成差、书写困难，不是因为懒惰也不是因为妈妈管教不力所致，是大脑微结构或功能方面的原因造成的。建议老师给丁丁的书面作业减少一些，尤其抄写类的，部分书写作业改成口头作业，让孩子能完成作业，体验完成后的成就感和掌控感。激发孩子书写意愿，鼓励他集中注意力，努力识记，努力书写；平时考试中，看情况适当延长考试时间，不做横向比较，看到点滴进步就予以鼓励，这些看似不大的变化，对于帮他重建信心有着重要而深刻的影响。

对书面表达受损的技术支持

对于不会写和错别字的问题：教授孩子汉字的本质和结构，帮助其了解汉字的特点，了解象形字、指事字、会意字、形声字等；了解汉字的16种基本结构，如独体字、左右结构、上下结构、半包围结构等；了解字形和偏旁部首，明确偏旁部首的功能、意义和位置，用循序渐进的教学过程，结合语音、语义、偏旁部首功能和位置的知识，帮助孩子分析汉字、正确书写汉字。比如，“城堡”的“堡”字，是上下结构会意字，“土”表示小城用土石筑成，“保”表示小城有保护居民的作用；“保”兼“堡”声，本义是小城，引申为堡垒、堡垒式的小城，这样可以帮助孩子记忆。又如，“蝴蝶”属于形声字，是左中右结构，表示意义的形旁“虫”和表示读音的声旁“胡”组合成“蝴”，减少孩子胡乱猜字的情况。平时可以采用视听触多感官渠道学习，放大字体，看字形结构，在不同质地，如米豆类等媒介上书写，或在空中挥舞胳膊书写，一边书写一边念出来加强记忆。也可以通过一些游戏的方式，如字卡和结构卡的配对、猜字游戏、部件识字游戏等，帮助加强记忆。对于多一笔或少一笔的问题，可以用彩色笔标注错误的笔画，通过视觉强化帮助记忆。对于字体结构不良的问题，可以通过了解字体结构及提升视觉空间感知的训练帮助提高。对于书写的易错字，可以在家随处张贴或记录在小本子里随身带着，利用碎片化时间加强学习和记忆。

英语单词拼写问题上，可以采用自然拼读法学习。自然拼读法是通过直接学习 26 个字母及字母的组合在单词中的发音规则，建立字母和发音之间的直接感知的一种学习方式。在掌握了大量的单词的发音及其字母组合后，对于英语单词的发音和拼写之间的关系就能慢慢形成一定的规律性认识。通过自然拼读的教学，能够系统认识到单词发音和字母排列的规律，超过 80% 的单词能通过自然拼读法准确拼读和识记。

对于作文问题，首先需要让孩子有题材可写，如果周末和平时的时间都耗在作业上，没有机会让孩子去接触生活、体验生活，那写出来的作文必然是干巴巴的。而特定学习障碍伴书面表达受损的孩子即便有书写题材，在书写中也可能存在工作记忆缺陷，难以计划、产生新的想法，难以组织写作过程，或者难以遵从语法和书面表达规则等，这让他们对写作文更易产生畏难情绪。书面表达困难者首先应更多地写作自然情景而非评价性的语句，以鼓励写作（如记日志或写购买清单）。其次应在开始正式写作前列好提纲，可以先从学习书写便条开始。简短的便条可以记录想法，不需要大量的语法和组织。提纲提供了框架，开始写作时可用来参考，也可以用便条来记录细节并把它写在文章中。另外，在拿到作文题目后，老师或妈妈可以帮助孩子理清写作思路，指导孩子进行口述习作，然后利用相关软件将语音转换成文字，最后让孩子誊抄在作文本上，后逐渐减少录音直到口述和写作不再需要辅助[2]。

参考文献：

[1] 美国精神医学学会．精神障碍诊断与统计手册（第五版）[M]. 张道龙，等译．北京：北京大学出版社，2015：29–32.

[2] 杨斌让．特定学习障碍 [J]. 中华实用儿科临床杂志，2015，30（11）：810–817.

计算困难

文 / 胡长舟

【案例】

浩浩，9 岁，是一名小学三年级的学生，性格外向开朗，和同学老师相处愉快，爱运动，乐于助人，大家都爱和浩浩做朋友。浩浩学习上认真努力，除了数学是他的“心头痛”外，其他科目成绩都比较优秀。浩浩和父母怎么都弄不明白，为什么会出现这样的情况。明明浩浩可以在其他功课上取得较好的成绩，学习态度也没有问题，甚至会在数学上花费更多的时间和精力，数学成绩却总是没有起色。随着年级的升高，数学知识难度增加，浩浩的数学成绩更是出现直线下降，一家人为此着急不已，却又求助无门。学校心理老师了解到浩浩的情况后，联系了浩浩的父母，建议家长带着浩浩看诊学习困难门诊。

浩浩和父母来到门诊后，医生了解到浩浩从接触数字开始就存在一些异常的迹象，比如，“6”和“9”会混淆，数数常常不正确，不是多了就是少了，家长未加多想，总以为这些状况的发生是浩浩的粗心导致的，只会反复提醒浩浩今后仔细一些。可不论浩浩再怎么仔细，不但没有解决这些问题，还出现了新状况。学习运算法则时浩浩不能完全理解、记忆和运用，口算练习时易超时，列数学算式时进位容易出错、运算方向会算反，应用题读懂了，到开始计算解决问题的时候又出现各种错误……类似情况层出不穷，数学成绩一再下降，数学学习都快成了浩浩的“噩梦”。幸好浩浩的父母比较有耐心，愿意花额外的时间帮助浩浩在数学上再“修炼”，虽多多练习数学，可收效甚微。现在提到数学，浩浩就愁眉苦脸、唉声叹气。医生听着浩浩和父母的倾诉，心中对浩浩的情况有了大致了解。

【评估】

父母反映浩浩小时候开口讲话、走路都挺正常，不比同龄人晚，9个月左右开口叫了“妈妈”，11个月的时候会说一些单个字的动词，如“走”“吃”，到了14个月之后会说词语、短句，逐步发展到能说长句。幼儿园时因为故事讲得好，还被老师推荐去参加故事大王比赛。上小学之后看图说话的作业完成度在班级里也是数得上的好。但浩浩对于数字确实不敏感，比如家里来了客人，妈妈让浩浩帮忙给客人准备3种水果，浩浩只准备2种。老师让浩浩拿4张试卷，浩浩拿了3张或5张，就是不能准确地拿到4张，数字“6”和“9”常常混淆，为此闹了不少笑话。到了开始学习更复杂、更有难度的计算题时浩浩更是错误频出，有时自己都搞不明白是怎么回事，明明脑子里不是这样想的，做出来的结果却和想的不一样；有些时候也是真的不明白应该怎么解题。应用题就更不用说了，读题、理解题面意思没问题，但让浩浩通过更合理有效的数学策略去解决问题就有些为难他了，浩浩对于怎么把已经学习过的数学方法针对性地应用起来缺乏头绪和思路。总之，浩浩在数学上的困难与错误原因五花八门。

为了更进一步明确浩浩的实际学习能力，医生现场对浩浩进行了一部分检测。首先，浩浩拿出了书包里的课外书，医生选取了一篇其尚未阅读的新章节，让浩浩进行朗读。在文章的阅读方面浩浩基本没有问题，阅读通顺、发音准确；遇到不认识的字，浩浩也能通过字典进行查找，并且新字的拼音拼读及书写都没有问题。通篇阅读后，浩浩能够干练地概括文章的主要内容，也能明确地提取文章的中心思想并进行口头表达或书写。节选某一句话和某一段话让浩浩进行仿写也能较好地完成。由此可认定浩浩的语文能力不存在明显的障碍，暂不考虑阅读障碍。

之后开始现场检测浩浩的数学能力。在纸上分别画了6根、7根及8根火柴，让浩浩写出相对应的数字，浩浩把6根火柴对应书写为“5”，7根火柴对应书写为“8”，8根火柴对应书写为“6”，计数写数考验全军覆没。随后，又对浩浩进行了简单加减计算测验，题目为“48+9”“36+11”。浩浩对于“48+9”给出的答案是“44”，“36+11”则计算为“50”。询问浩浩计算过程，浩浩给出解释，自己把“48+9”当作“48+6”进行计算了，而“48+6”的正确答案是“54”，浩浩给出的答案为什么是“44”呢？因为浩浩忘记向十位进位了。对“36+11”进行计算时浩浩再次把“36”当作了“39”，用“39+11”进行加法运算得出了“50”。紧接着进行了稍复杂的计算测验，给出的题目为“16×4”“200+700÷7”。浩浩对“16×4”的计算答案为“124”，计算过程浩浩考虑为：第一步计算“6×4=24”，第二步浩浩将进位到十位的“2”先行与十位上的“1”进行相加，结果为“3”，最后“3×4”计算为“12”，最后加上第一步计算中个位上保留的“4”，答案就成了“124”；而正确的计算步骤应为“6”与“4”相乘得出“24”，个位书写为“4”，向十位进位“2”，而原有十位的“1”应先与“4”相乘，再与进位上来的“2”相加，可得出正确答案“64”。第二题正确的计算步骤应先进行除法计算，计算结果再与“200”相加，正确答案为“300”。可浩浩在计算时并未遵循先除法再加法的运算法则，先将“200”与“700”相加，得到“900”，随之再除以“7”，“900÷7”的口算过程浩浩根本无法完成，因此这道题浩浩没办法给出答案。测试结果表明，浩浩的计算能力存在明显的问题，父母反映这些问题在上小学以后的绝大部分时间里都是存在的，此外还有其他类型的计算问题存在。之后医生又让浩浩进行了应用题测验，考虑到浩浩的数学能力确实存在问题，就给了他两道较简单的一年级水平应用题。第一题：大象家门外有 70 根木头，它第一次搬了 10 根给奶奶，第二次又搬了 40 根，问家门外还剩多少根木头？正确的解题列式为“70－（40+10）=20”。浩浩读题后觉得自己还是能够计算解决的，给出的列式为“70－（40+10）=40”，询问其这道题的解题思路发现，浩浩的思路正确，先计算已搬走的，然后用总木头数减去已搬走数即可，但在运算的时候没有遵循先括号内再括号外的运算法则，因此答案错误。第二题难度稍提升，题面为：12 元钱可以买 1 个文具盒，买 1 个文具盒的钱可以买 2 个笔袋，买 1 个笔袋的钱可以买 3 个练习本，求 1 本练习本的价格是多少元？读题上浩浩没有困难，读完之后也能理解题面意思，但让他选择解题策略时遇到了困难，他不知道应该选择何种更简洁有效的解题方式。对于已经三年级的浩浩而言，除法是解题更为高级的策略，浩浩却没有想到，他开始在草稿纸上画点计数解题。这样不仅需要花费更多时间，而且浩浩本身计数也常出现错误，导致该题的最后计算结果错误。事后询问浩浩是否想到运用除法进行计算解题，浩浩低头自责地表示“对呀，我怎么就没有想到，我怎么总是想不到更好的解题办法呢”。医生在浩浩身上感受到了深深的挫败感和自责。

根据现场一系列测试的结果，医生已对浩浩的情况有了一定了解与考虑。为了更准确地进行判断，医生又给浩浩开具了学龄期的韦氏智力测试、注意力测试、头颅 MRI、脑电图等检查，并请浩浩家长前往学校取得语文、数学老师对浩浩的课业评价，约定下次就诊时与家长就浩浩的情况进行进一步讨论。

各项检查报告很快出炉，浩浩的韦氏智力测试总 IQ 108，其中操作 IQ 低于语言 IQ；注意力测试不考虑存在 ADHD（注意缺陷多动障碍）；头颅 MRI、脑电图等一系列躯体相关的检查均未查出异常。语文老师给予浩浩的课业评价为良好，而数学老师的评价则与浩浩现场测试的表现相吻合，存在数学学习困难。

基于浩浩的智力正常，学习环境条件并无异常，言语能力无障碍，注意力无异常，在幼时即已表现出一些数字方面的困难，上小学后长期明确存在数学学习困难，表现出与其智力不相匹配的数学学习能力的情况，考虑其存在计算障碍。

浩浩的诊断结果出来了，那么后续我们则要去思考，到底该如何帮助浩浩提高数学学习能力呢？在此之前，我们先来详细地了解一下计算障碍吧！

【科普】

计算障碍即发展性计算障碍（Developmental Dyscalculia，DD），又被称为数学障碍、数学失能、发展性算数困难、特异性算数技术困难。不管它拥有如何万变的名称，但万变不离其宗，其都与数学算数紧密相关。发展性计算障碍是一种特殊的数学学习障碍，发生在儿童认知发展过程中，儿童拥有正常的智力、教育条件和社会背景，感觉技能、言语等均没有明显的受损现象，但是在学习和提取计算事实及执行计算程序技能等多方面存在显而易见的不足。发展性计算障碍发病率为 3% ~ 6%，发病率并不存在明显的性别差异。

与获得性计算障碍儿童不同，发展性计算障碍是一种发育性的学习障碍，而获得性计算障碍则是因为后天神经损伤而导致的计算障碍。

发展性计算障碍儿童的核心缺陷为数学计算和（或）数学推理能力

困难，包括对数量和数字命名、列举、对比，处理、阅读、书写数学符号，理解概念，计算操作等方面[1]。部分儿童还常常合并存在阅读障碍、注意缺陷多动障碍、抽动障碍等其他一种或多种神经发育障碍疾病。

发展性计算障碍考虑是中枢神经系统的某种功能障碍所导致的，具体病因尚未明确，可能还是与生物学因素和环境因素相关。发展性计算障碍有家庭遗传倾向，被认为是由一个或一组基因异常造成的。多数发展性计算障碍儿童的父亲或母亲幼年时可能也有过学习问题或行为问题。从神经结构上而言，部分发展性计算障碍儿童可能表现出右侧大脑半球更小、第三脑室扩大、左右脑室不对称、脑白质髓鞘化完成延迟等异常。早产和低出生体重儿童为发展性计算障碍高危儿童。发展性计算障碍可能与某些神经递质异常、微量元素如锌等缺乏或铅中毒有关。研究也证实，母孕期铅暴露、缺乏营养、不良情绪状态、饮酒吸烟都可能导致发展性计算障碍的产生。儿童幼年期时出现严重的营养不良或必需微量元素缺乏亦可影响儿童脑发育与学习技能的发展。从神经心理因素来看，发展性计算障碍并不是由单个大脑区域的问题所致，可能是将大脑中各部分信息引导到集中区域的过程存在困难，致使信息不能被整合和理解导致。目前的某些研究还发现母亲小学时成绩越好，儿童参加乐器培训、阅读与作文培训、更多的课外阅读量都可能降低发展性计算障碍的产生[2]。

发展性计算障碍对儿童的学业、情绪与行为都可能造成不良影响，那么如何能做到尽早发现呢？可以从以下几方面多加关注，若出现此类情况应及时重视：①幼儿早期若好动、易哭闹，对外界刺激敏感或容易产生过激反应；建立亲子关系困难，如不愿意被养育者拥抱；有不同程度的语言发育延迟、啃咬指甲、扔东西、哭闹、视觉认知不良、协调运动困难等。②学龄期出现语言理解和（或）表达困难、阅读困难、视觉空间障碍（如上文中的浩浩将“6”和“9”混淆）、书写困难（手部动作笨拙，使用筷子、执笔困难）、情绪或行为异常（多动、冲动、焦虑、强迫行为或动作、理解社会场景困难）等。

【建议】

发展性计算障碍的干预重点还是在于早期预防，发现后及早干预。早期如围生期需注重保健，避免烟酒、有毒有害物质的暴露侵害。对于高危儿童应给予重点关注，尽早诊断，若发现上文所描述的异常先兆，使其需尽早就诊，及时获取改进养育条件和方式的指导。应为家庭提供心理教育与支持，帮助家长更科学全面地认识发展性计算障碍，缓解家长的担心与焦虑，以便家长能为儿童提供更好的干预治疗。

对于已诊断为发展性计算障碍的儿童建议根据年龄、表现、严重程度等实际情况，给予有针对性的综合干预，包括特殊教育、药物治疗、心理治疗。干预计划应避免高起点、坚持个性化。具体的特殊教育矫治方法有：感觉统合训练、行为疗法、游戏疗法、结构化教育训练等。药物治疗方面，现无特效药，可以根据是否有伴随情绪行为问题，给予针对情绪行为症状的治疗药物。避免尝试用那些没有科学依据的药物或食物治疗。目前有研究证实经颅直流电刺激对发展性计算障碍有治疗效果。心理治疗上通过认知行为干预、游戏治疗等帮助发展性计算障碍儿童改善不良的自我认知，增强自信心及学习动机，并可以更细化地根据存在的问题给予针对性的心理治疗。

家长、老师及同伴对于发展性计算障碍儿童宜秉持接纳、理解、支持与鼓励的态度。家长、老师应对他们的困难、错误多一分耐性，多给一些时间，以发展性的眼光去看待他们的数学学习，及时地给予鼓励和肯定。

父母应当调整期望值，设置合理的目标要求，增加互动交流，尤其是母亲，母亲良好的沟通方式可以缓解儿童对学习困难的焦虑情绪及抵触心理。营造良好的学习氛围，多鼓励儿童参加乐器、阅读培训，增强体育锻炼，积极参加社会实践活动，将数学知识与生活实践经验相贯通，做到在生活中再学习[3]。

在学校的教学层面，尽可能地从视觉、听觉、嗅觉等方面着手，刺激发展性计算障碍儿童的感官，运用多感官学习，弥补某一感官缺陷造成的学习困难。在家庭层面，可以积极利用生活的实物教学，让发展性计算障碍儿童能够获得更为直观的学习体验。对于缺乏数学技能的儿童，可以引导其识别数字与物体之间的关系，利用数字卡片与相应数量的物体进行匹配学习。对于缺乏数学策略的儿童，可以反复教授其解题策略，帮助他们寻找解题规律，引导他们逐步学会归纳和总结解题策略[4]。

同伴的支持也是发展性计算障碍儿童在数学学习上的良好助力。可以选择有耐性、有责任心、乐于助人、学业成绩良好的同学进行培训，为发展性计算障碍儿童提供课堂内容复习巩固、作业检查订正、鼓励等各项帮助，以便让发展性计算障碍儿童尽可能地跟上学习进度。

条件允许的情况下，社区可以多加宣传有关发展性计算障碍的科普知识，为发展性计算障碍儿童家庭及时提供专业帮助，营造良好的社会氛围，使人们正确看待发展性计算障碍儿童。

参考文献：

[1] 邹冰，林节 . 特殊发育障碍 [M] //陶国泰，郑毅，宋维村 . 儿童少年精神医学 . 南京：江苏科学技术出版社，2008：182–187.

[2] 李强 . 发展性计算障碍的成因与亚类型研究 [D]. 重庆：西南大学，2017：8–9.

[3] 骆艳 . 儿童发展性计算障碍的家庭环境影响因素研究 [J]. 中国校医，2012，26（7）：485–487.

[4] 李晓娟 . 小学计算障碍学生的数学学习问题及教学对策探讨 [J]. 现代特殊教育，2015（12）：38–41.

阅读书写双困难

文／周爱萍

【案例】

小帆，男，9 岁，三年级学生，因“学习困难”就诊。

孩子自幼小衔接时就发现有学习问题，当时学了一个月的拼音和数学，老师反映孩子学习拼音慢，学得吃力，容易忘，经常把“b”和“d”、“p”和“q”、“m”和“n”等混淆；一年级后发现“ie”“ei”“en”“ue”“ou”“er”等复韵母学习困难；二年级升三年级的暑假，妈妈提前让孩子学习 26 个英文字母，教了两个月，妈妈教得非常吃力，因为孩子时不时会把拼音和英文字母混淆读错。小帆一直以来不喜欢指读和读出声音，阅读时容易跳行读错或漏字加字；听写和默写困难，即便当晚多次复习听写过，次日回校听写错误率依然很高；作文质量差，文字组织困难，没有中心思想，错别字多，同音异形字容易搞混，不会写的字常用拼音标注（老师要求三年级的学生不会写的字需查字典，不能用拼音标注）；口算或应用题自己看题目做容易出错，但如果口头念给他听错误率明显下降。小帆在二年级后成绩常不及格，目前语文、数学 50 ~ 60 分，英语 60 ~ 70 分。上学前，妈妈认为小帆是个聪明的孩子，没想到进入小学后，小帆的学习如此困难。父母均是本科，公职人员，他们自述在孩子的教养和学业辅导上非常用心，但常常感觉力不从心。老师常有批评，好在妈妈对于孩子的学习困难能理解和包容，能给予其更多的鼓励和支持，目前孩子情绪尚可，和同学相处融洽。

【评估】

父母反映

小帆为足月剖宫产，出生体重 3700 克，没有窒息抢救史，11 个月会爬，15 个月走路，14 个月开口，3 岁前曾经感觉孩子语言表达的复杂性较同龄人慢，但入幼儿园后就慢慢追上来了；孩子曾有轻度口齿不清，比如，会混淆“n”和“l”的发音。妈妈回忆，小帆和他同胞妹妹相比，在小时候差异还是比较明显的。比如，妹妹喜欢儿歌童谣，唱得摇头晃脑，而小帆以前对于朗朗上口的儿歌不感兴趣；妹妹讲故事相对比较流畅，而小帆讲故事常断断续续，频繁使用“然后……然后……”；妹妹在大班时看绘本喜欢让妈妈指着字读，出去看到路标、指示牌想让妈妈读给她听，但小帆更喜欢看图片而对字不感兴趣，对路标也无感；走迷宫类、拼插类游戏，如乐高积木小帆也一直不喜欢玩，到了二年级暑假，开始玩颗粒偏大的拼插类积木（此类积木包装盒外面标注适合年龄为 1.5 ~ 5 岁）。妈妈现在回想，从小帆小时候与妹妹的这些差异来看，发现可能小帆在这些方面的能力欠佳，只是当时父母不懂也没有留心这些。曾经担心孩子的一些问题可能是视力造成的，去眼科检查发现视力是正常的，但眼球追踪能力欠佳。妈妈小时候学习数学偏困难，看书速度慢，但语文成绩尚可。

结合作业及现场评估

小帆学习困难、成绩不良，曾经有语言发育的问题，为探寻是否存在智力方面的问题，我们进行了韦氏智力测验：结果显示语言IQ 88分，操作IQ 93分，总IQ 89分，属于正常范围。

1. 拼音读写

孩子单音节、双音节、多音节可读，但是在书写拼音上存在较大的问题，如把“轮”的拼音“lun”写成“lue”，告诉他错了后又写成“luen”；把“候”的拼音“hou”写成“lou”，把“闻”的拼音“wen”写成“ue”，把“东”的拼音“dong”写成“do”，把“摔”的拼音“shuai”写成“cuai”等。

2. 字词的阅读和书写

孩子识字量较同龄人少，能比较流利地阅读课文后面的生字表，但对于教过的无相关性的词语孩子阅读不流利。给其一篇没有标注拼音没有图片没有学过的同等难度的课外书，孩子阅读不流畅，偏慢，每分钟阅读88个字。阅读时常见加字、漏字、读错字，或者词语颠倒现象，总体错误率为4%。阅读时声调偏平，无抑扬顿挫。词汇的理解方面，如果抽象一些会理解偏困难，如“和颜悦色”，孩子会理解成和颜色有关的意思。书写词语方面也存在明显困难，如“所以”“东西”“沉下”等一二年级学过的常频词也常会写不出来；同音异形字出错率最高，如把“这个”写成“着个”，把“眼疾手快”写成“眼急手快”，把“提心吊胆”写成“提心吊旦”；或者把形似字词“沉”“深”“没”等混淆。

3. 数学方面

口算100题如果单纯让孩子自己做，错误率非常高，可达到20% ~ 40%，但如果把题目念给他听，错误率可以降低到5%左右。询问孩子得知，数字“487+352”，他可能会看成“847+252”去算，运算中有进退位的尤其容易出错，如果是列竖式可以降低错误率。应用题的计算也是，自己做错误率高，但如果念给他听错误率会明显降低。孩子自行阅读时易因加漏字或理解错误而曲解题意。妈妈回忆说，幼儿园大班时，因为数数和简单加减不错，老师曾在公开课时特意让孩子回答问题，说孩子数学这方面不错。

4. 阅读理解

阅读理解中，凡是需要找出文本中的同义词、反义词的题，错误率就高，典型错误如把“信任”的反义词写成“陌生”，把“熟悉”的反义词写成“怀疑”。阅读理解中涉及归纳、推理推论或概括性语句表达的题目，孩子基本不会写，空着为多。

5. 作文方面

孩子作文的质和量比较差。考试时大多情况是因为应付上面的题目导致最后作文来不及，即使有时间，作文字数也达不到老师的要求，最多 100 个字左右。作文语句表达不够书面，会使用很多方言，平铺直叙，不能重点突出，老师曾要求三年级书写时不能再用拼音标注，但孩子因为不会写的字多，没耐心去查字典所以还在使用拼音标注，使用率可达 20%。常频字词常有写不出的情况，如“认识”“过”等均用拼音，拼音也容易出错，标点符号遗漏多，多见几个句号连用。作文书写字迹偏轻，加上有擦痕，非常容易看不清，总分 25 分被扣 15 ~ 20 分是常有的事。如果让他口头表达，则比书面表达要好。

【分析】

小帆在拼音、字词的读写、文章阅读和理解、作文书写等方面均存在不同程度的困难，对反复诵读的内容读得相对流利（如教过的课文后面的生字表），而对初次接触的内容（字词均已学过）阅读不流利。妈妈观察认为，孩子听觉学习优于视觉学习，大声朗读时对于内容的吸收率可达 50%，如果默读，吸收率可达 70%，而若是别人读给他听，则吸收率高达 90% 或以上。数学虽然成绩差，但如果读题给他听则错误率明显降低，结合孩子学习数数和加法运算时没有明显困难，说明出现学习困难不是数字事实和推理方面的问题，不伴数学受损，而是阅读受损所致的数学成绩差。父母均为本科学历，刚开始对于孩子的学习困难非常不解和焦虑，因为有妹妹作为对比，知道不是教养方式所致后，通过不断查找资料意识到孩子的学习困难可能是发育问题造成的，于是调整心态，对孩子没有太多苛责，能站在孩子的立场看问题，心态相对平和，能给予孩子较多的肯定和鼓励，虽然老师时有批评，但孩子目前心境尚可，比较开朗。另外，孩子在阅读习惯和阅读兴趣方面虽不及他人，涉及的阅读范围不广，但也会看自己感兴趣的军事等领域的书籍，喜欢阅读带有图片的军事书。

【科普】

特定学习障碍（SLD）[1]是一种具有生物学起源的神经发育障碍疾病。这种生物学起源导致患病者认知水平异常，继而产生学习技能障碍。也就是说，智力正常儿童在阅读、书写、拼字、表达、计算等方面的基本心理过程存在一种或一种以上的特殊性障碍。常在学龄期开始接触文字时发现，可能持续终身，其影响广泛且深远。特定学习障碍可发生于所有不同语言、文化、种族和经济条件下的社会。不同语言和文化的学龄儿童中特定学习障碍患病率为5%～15%，成人约为4%，男女比率为2：1～3：1。根据美国《精神疾病诊断与统计手册（第五版）》（DSM-5）所述，特定学习障碍临床上分为3种亚型：阅读受损、书面表达受损和数学受损。其中最常见的是阅读受损，约占80%；而书面表达受损占2%～8%，数学受损占1%～6%。据儿童发育行为专家王静进[2]报道，国内特定学习障碍患病率为6.6%，男女比例为4.3：1.0。阅读受损往往与书面表达受损同时发生，统称为“读写障碍”。文献报道儿童特定学习障碍和注意缺陷多动障碍的共患率较高，达 31% ~ 45%。

特定学习障碍的分型：

①阅读受损，主要包括三点："乱认"——单词阅读准确性不良，如混淆"B"和"D"、"U"和"V"、"认"和"人"、"左"和"右"。"乱读"——阅读速度和流畅性不良，如阅读慢、犹豫、断句和停顿不良等。"读不懂"——阅读理解缺陷，不能回忆阅读内容，不能从阅读材料中得出结论和推论，不能从所读材料中得到信息来回答问题。

②书面表达受损，指在拼写方面存在困难，如可能会添加、省略、换用元音或辅音等；在书面表达方面存在困难，如在句子中出现多个语法或标点错误、段落组织差、书面表达不清晰等。

③数学受损，指在数字感、算术事实记忆、准确流畅的计算、精确的数学推理等方面存在困难。

特定学习障碍的程度大致可以分为轻度、中度和重度。其中，70% 为轻度，指的是 1 ~ 2 个学业领域存在某些学习技能的困难，但在校期间经过他人的支持与帮助可通过代偿达到正常水平；中度占到 20%，1 个或多个学业领域存在明显学习技能困难，如果在校期间未能进行强化特殊教育，导致儿童学习技能不能得到改善，造成儿童在学校或在家需要适当的支持性服务才能准确和有效地完成活动；重度占比少，为 10%，是指严重的学习技能困难影响几个学业领域，在校期间如无持续强化的、个体化的特殊教育，儿童不可能学会学习技能，即使在学校或家中有适当的支持性服务，儿童仍不能有效地完成所有活动。

特定学习障碍的孩子往往在进入小学需要学习文字后才被发现，且症状内隐，不像智力障碍、孤独症谱系障碍、注意缺陷多动障碍的孩子行为表现外显，且能在更小的年龄被发现。若一个智力正常的孩子出现不想阅读、不想书写、成绩不良、学习动机不强、伴发焦躁厌学情绪等，这些症状都不是特异性的，家长或老师可能首先想到的是孩子懒，不认真，学习态度不端正，而不会第一时间去思考孩子是否碰到读写算方面的困难和挑战。孩子的行为表现可能不被周边的人发现并理解，久而久之容易出现自暴自弃、低自尊、低自信甚至焦虑、抑郁或厌学等情况，所以特定学习障碍是一种隐性的障碍，是孩子难言的痛苦。

特定学习障碍贯穿于人的终身发展过程中，并不会随着年龄的增长而自然消失。但是，它与智力障碍、广泛性发育障碍等所造成的学习问题有着根本性的不同，特定学习障碍是可以依靠合适的教育训练加以改变和逆转的。由于它是一种异常复杂的现象，涉及心理、教育、医学、神经学等多个领域，所以早期的发现、诊断和干预显得尤为重要。有学者对早期干预特定学习障碍的研究进行综述后发现，一年级时对学习障碍进行干预，可使其预计发生率从 12% ~ 18% 降低至 1.6% ~ 6.0%。当干预延迟至三年级（9 岁）时，约 74% 的儿童的学习阅读困难将持续至高中[1]，所以早发现早干预很重要，可以减轻其对孩子生活的影响。阅读问题早期主要表现在语言领域[1]，若学龄前出现语言方面的延迟、障碍或认知功能（如语音意识、工作记忆、快速连续命名）损害，须提前预防以后在阅读和书面表达方面出现特定的学习障碍。5 岁儿童的语言特征可预测其 7 岁时的阅读成绩，所以在学龄前期如果有以下情况，需要我们警惕是否可能存在特定学习障碍风险。

①家族遗传（一级亲属或其他直系亲属中患有特定学习障碍）；

②有语言发育迟缓史；

③有构音障碍史（单词发音有问题）；

④说话时容易找不到合适的词运用而经常用“嗯……嗯……”等拉长语气词；

⑤不喜欢朗朗上口的儿歌或童谣，押韵困难；

⑥学习字母、数字、颜色、形状时，一周中有几天有困难。

【建议】

总体干预原则[3]：早期（小学及之前）预防与尽早干预，晚期（初中及以后）采取调适或替代策略；早期发现有风险因素的幼儿，尽早进行鉴别和预防。

一般干预和心理建设：需要家校共同努力，形成孩子行为并非偷懒、不认真所致，而是切实存在困难的共识。在作业持续完成不了的情况下尽可能取得老师的理解，适当减少作业量，或者以孩子擅长的方式完成部分作业，如书写困难的，尝试部分用口语录音的方式上交。让孩子有完成作业后的掌控感和成就感，提升孩子对学业的信心。同时，告诉孩子，我们理解他的困难，相信可以并肩作战，一步一个脚印，慢慢提升自己。

特殊教育：可以使用奥顿－吉林汉姆（OG）的教学方法。OG为儿童提供最佳阅读书写支持，运用多感官方法教授儿童阅读和书写技能，它的教学原则主要有：①以语文的本质和结构为基础；②认知而不是胡乱猜测；③以结构、序列和积累的方式组词造句；④同时使用听、看、触动感等多重感官来学习；⑤以学生的需要与能力为中心，尊重孩子的个体差异，结合孩子的能力、兴趣和动机来教学；⑥教学时注重情感，给予孩子更多鼓励等。这种教学可以激发孩子学习动机，使他们能够举一反三，同时促进文化熏陶和提高自主探索能力。拿阅读困难举例，阅读包括两个方面，字词识别和意义建构，首先需要知道孩子目前阅读困难是字词识别问题还是意义建构问题。如果是字词识别问题，那么需要增强字词识别能力，根据OG教学原则，以文字的本质和结构为基础认知汉字，而不是胡乱猜测，提升大脑对文字信息的识别能力；如果是意义建构问题，那么需要增加生活体验，促进知识经验的积累，以提升大脑对言语的理解。总之，需要针对孩子的不同发育状况有的放矢地干预，提升孩子的能力。

参考文献：

[1] 杨斌让 . 特定学习障碍 [J]. 中华实用儿科临床杂志，2015，30（11）：810–817.

[2] 王静进 . 对儿童学习障碍的理解及其诊疗 [J]. 中国儿童保健杂志，2011，19（3）：195–198..

[3] 王久菊，孟祥芝，李虹，等 . 汉语发展性阅读障碍诊断与干预的专家意见 [J]. 中国心理卫生杂志，2023，37（3）：185–191.

阅读、计算混合困难

文 / 汪贝妮

【案例】

小森，独子，父亲是公务员，研究生学历，母亲是本科生，在某公司做人力资源管理工作，家境还算不错。来门诊时小森已是9岁（四年级）的大男孩了，表现得有些内向，妈妈说他有点胆小，怕陌生人。孩子在妈妈陪同下进入诊室，用妈妈的话说就是，小森这个孩子除了学习不好，其他都还好。小森自幼生活自理能力还算可以，不用父母过多操心，师生同学关系融洽，社交能力也不错，和幼儿园小朋友互动正常。孩子虽然和爸妈一起生活，但日常主要由外婆照料，外婆非常宠溺他，基本上有求必应。虽然小森比较内向，但自幼小衔接起，家长便发现他有坐不住的情况，用手指着阅读绘本都有加字、漏字现象，经常错把拼音“m”看成“n”，“b”与“d”、“p”与“q”经常镜像识别错误，三年级了拼音识读还不时出现低级错误。数学应用题给其读题时会做，但让其自己读题时则时常做错或做不出，父母尝试辅助其读题的过程中发现，即使错认的字一一纠正，但读完后孩子仍讲不出题意。从小小森就数学差，幼儿园时数数差，把数字“6”写成“9”，把加号写成减号，且似乎搞不懂加减乘除的运算规则，反复将乘法做出加法的结果，将减法做出除法的答案，竖式计算，如竖式加法会将所有数字加在一起。父母感慨辅导作业常气到“血压升高”，每次辅导作业都会鸡飞狗跳。孩子不认识钟表的时间，现在成绩在班级倒数，放学后也是先玩再说，不愿意做作业。老师反映小森跟不上学习进度，平时在自己喜欢的事情上能集中注意力，体育课、美术课、音乐课都是小森喜欢上的课，表现也还不错，特别是跳舞方面非常有天分，在外面和别人交流也没有任何问题。一年前家长曾带小森到当地妇幼保健院就诊过，当时怀疑是注意缺陷多动障碍（AHDH），因担心药物不良反应，未服药治疗。再次就诊是因为小森出现回避上学的情况，每周一家长好说歹说才能哄其去上学，督促其做作业很困难，辅导作业更是让家长崩溃……

【评估】

父母反映

小森出生时的体重是3500克，早产1周，剖宫产，母亲孕期产检未发现明显异常，出生后的发育与同龄人无差异，1岁左右开始走路，开口说话，开始喊“爸爸、妈妈”。幼儿园开始，父母发现小森不喜欢看绘本，每次妈妈带着他读绘本时，总表现出抗拒、不乐意，10以内的数数也是反复教不会，但是学习各种生活技能很快，进入小学后，学习上的困难越来越明显。

现场评估

小森在门诊进行了拼音识别与书写、汉字识别与书写、词语理解与书写、阅读理解、数学计算与数学理解能力测评。

1. 拼音识别与书写能力测评

汉语拼音分单拼音节、双拼音节、三拼音节，对于简单的三拼音节小森的准确率还可以，而复杂三拼音节拼写则错误很多，如穷（qiong），逐一用手指读也不能完全正确。复韵母易混淆和辨识不清，如把“ai”看成“ao”。混淆镜像字母，如汉字“比”，可以说出是“bi”，但是让他写拼音就写成“qi”。错把“m”看成“n”，“b”和“d”、“p”和“q”经常镜像识别错误。

2. 汉字识别与书写能力测评

（1）汉字识别

不同音节的多音字错误率就很高，如“暴”（bao，pu）；同音节但音调不同的多音字，如“奔”（bēn，bèn）和常见的声母或韵母不同的多音字准确率就更低了。

字形复杂的不同音形近字易混淆，或认成其中一个较熟悉的字，如“聘”和“骋”都认成“聘”；还会将两个并不是形近字，只是字形略微相似的字混淆，如“普”和“曹”；同音形近字的辨识准确率低，如“墓”和“幕”；简单形近字有时弄错，如“太”和“犬”；等等。

与生活经验关系密切的字多能准确认出，同音不同义字测试准确率尚可，不常见的易读错。

（2）汉字书写

小森在写汉字时易写错偏旁部首，如“祈祷”的偏旁写成“衤”。上下、左右结构容易写得很开，被认为是2个字，如“的”写成“白勺”。复杂字形的字书写错误，如“曦”总是容易写成错别字，有时多一横或少一竖。

3. 词语理解与书写能力测评

（1）词语理解

通过词语完形填空同时对语义和词语的理解进行测试：测试结果显示，小森对词语的理解存在困难，很多时候并不能理解词语意思，依据合适的语境选择正确的词语准确率低。数学应用题同前文在家情况，给其读题时会做，但让其自己读题时则时常做错或做不出。

（2）词语书写

书写词语的过程中孩子会将词语中的两个字写反，如“积极”写成“极积”，或组一些不是词的词，如“情”（情风）。由于小森不能理解字在词里的意思，把字当成图片机械地记下来，故而出现组词错误。

4. 阅读理解能力测评

通过对文章信息的理解和解释来考查，小森对全文的内容和思想把握不准，不能概括文中关键信息。

5. 数学计算与数学理解能力测评

从小数学差，幼儿园时数数差，把数字“6”写成“9”，把加号写成减号，且加减乘除的运算规则似乎搞不懂，反复将乘法做出加法的结果，将减法做出除法的答案，竖式计算，如竖式加法，会将所有数字加在一起。在二年级下学期第三次月考、期末考试及三年级上学期第一次月考共 3 次数学考试中成绩不及格，同时 3 次数学考试成绩均稳定居于班级后 10%。数学教师对其评价为不能有效掌握数学学习策略，学习习惯差；学习数学的兴趣不浓厚，缺乏学习数学的自信心；学习数学的目标不明确，自我效能感差；对数学学习有畏难情绪，学习意志薄弱 4 个明显特点。

【分析】

经过测评，小森的拼音识别与书写能力、汉字识别与书写能力、词语理解与书写能力、阅读理解能力、数学计算与数学理解能力均呈现不同程度的欠缺，在校学业成就低，自我效能感差。经过门诊医生的问诊和评估，初步判断小森是特定学习技能发育障碍，具体分型为阅读障碍及计算障碍。本书会从不同角度对学习障碍进行分析，笔者想从学习障碍的概念、认知特点，如注意力、控制力等，以及共患 ADHD 时认知特点的角度进行浅显的分析。

关于特定学习技能发育障碍（学习困难）的定义，国内较普遍的看法是学习困难学生一般指那些智力正常，没有感官障碍，但在知识、能力、品格、方法、体质等要素的融合方面存在着偏离常规的结构性缺陷，智力得不到正常开发，不能达到教学大纲规定的基本要求，需要通过有针对性的教育措施或医疗措施给予补救或矫治的学生[1]。学习困难是多种异源性失调，表现为听、说、读、写、推理和数学能力的获得和使用方面存在明显障碍。这些失调源于个体的内部因素，目前推测是中枢神经系统的机能失调，这种失调可能伴随一个人的一生。学习困难者可能会在自我调节、社会知觉及社会交往等方面出现问题，但这些问题并不是导致学习困难的原因，而是一种衍生结果。学习困难可能同时还伴随其他障碍，如感觉损伤、智力落后、严重的情绪紊乱等，或同时受到某些外部因素的影响，他们的神经心理功能存在着一定的不平衡性，这种不平衡正是影响他们学习成绩的因素之一。与正常学生相比，学习困难学生有不同程度的神经心理缺陷，如解决问题、言语理解和长时记忆，这些缺陷的严重程度与学业成绩低下的程度呈正相关，加上由于学习困难学生的神经心理功能不平衡，大脑左半球功能受损更明显，严重影响了学业成绩。这种孩子往往会表现出感觉统合失调，不能有效地调动自己的各种感觉器官对刺激做出适宜反应，尤其是面对新的刺激或刺激过多、强度过大时，会表现出反应不良，如焦虑、笨拙、忙乱等。学习困难学生感觉统合失调率高于学习优良学生，且学习困难学生感觉统合失调程度更为严重，他们的躯体运行和精细运动协调能力较差，动作比较笨拙，前庭觉、触觉、肌肉运动知觉的统合较差。学习困难学生的心理和能力常常表现出与普通孩子不同的类型与特点。

汉语阅读困难儿童存在语素意识缺陷。阅读障碍儿童存在视觉注意广度缺陷，且有年级差异。动作视频游戏干预能够在一定程度上改善阅读障碍儿童的视觉注意广度能力。学习困难儿童容易产生行为问题，更容易引发家长情绪问题，因此在对学习困难儿童进行学习技能训练的同时，还应对儿童进行行为干预，并给予家长一定的心理支持，以期更大限度地促进儿童身心健康。

【科普】

关于学习障碍的科普，本书从不同的角度进行了详细的描述，笔者根据自己的工作经验，从如何养育学习障碍儿童的角度进行相关科普。

阅读能力是儿童未来参与社会活动所必需的重要能力。阅读是一个复杂的心理加工过程，这中间的任一环节出现问题，必将会导致阅读障碍。家庭环境是影响患儿阅读能力的重要因素，家长的情绪极有可能影响患儿的阅读能力，并且阅读障碍患儿更容易引起其主要照料人情绪的改变，更容易有攻击性和违纪行为，情绪自控能力更差。

家庭环境是影响患儿阅读能力的重要因素，但二者之间的关系复杂，从结果中不难看出，阅读障碍患儿的家长存在情绪问题的可能性更大。阅读障碍的影响是多方面的，包括行为、情感、认知、社会适应等，这不仅影响儿童语文、英语等学科的学习，还影响儿童数学及其他学科的学习。阅读障碍患儿的家长在教育过程中的经济和精力上的投入较其他家长存在更大压力，这无疑会对其情绪产生负面影响，而家长的负面情绪又会给患儿带来更多不利的影响。研究发现，社会情感中的保护性因素与阅读能力之间存在“互惠”关系，良好的情绪会给阅读障碍患儿带来积极的影响，家长避免表现出明显的负面情绪对阅读障碍患儿来说十分重要。

父母的教养方式对学习困难学生的特质焦虑有显著影响。母亲的情感理解对学习困难学生的焦虑有显著的缓解作用，父亲的过度保护会显著加重学习困难学生的焦虑。这种差异说明学习困难学生更需要母亲的理解和关怀，母亲向来被认为是“爱的象征”，母亲的关爱更能化解学习困难学生的焦虑。而父亲在传统意义上来说本是“力量的象征”，应更多地帮助孩子学会勇敢地面对困难、解决问题。但在现代社会父亲由于竞争的激烈和生活的压力，平时难得与孩子相处，一旦有时间和孩子在一起，往往带有一种补偿心理，对孩子给予过度的保护、溺爱。这对学习困难学生的性格影响十分不好，容易使他们产生更多的焦虑。所以，对于学习困难学生来说，母亲需给予更多的关爱、理解，而父亲应更多地教会孩子如何面对困难、解决问题。学习困难学生父亲的人格对其教养方式有影响，父亲的情绪越不稳定，越易对孩子采取拒绝否认的教养方式；父亲的精神偏移倾向越高，越易对孩子采取过度保护的教养方式［艾森克人格（成人）问卷（EPQ），由英国著名心理学家 H. J. Eysenck 教授编制，由湖南医科大学龚耀先教授引进修订。问卷包括 88 个条目，反映 4 个人格维度，其中一个是精神质（P）；反映精神偏移情况，P 分高者倔强、固执、粗暴强横、不关心人，残忍、缺乏同情心、古怪、孤僻等。］。但学习困难学生母亲人格的各个维度对其教养方式各因子均无影响。另外，对学习困难学生来说，父母的人格对孩子的特质焦虑均无影响。

【建议】

需善于运用各种学习困难相关的评估问卷，协助判断是否存在学习困难，可在干预一段时间后再次施测评估干预的效果。比如，周兢教授团队主持编制的《幼儿早期阅读能力测查工具 A、B》（试行）在句法和语义、视觉辨别能力、语音感知、故事理解方面能够有效地鉴定幼儿阅读发展水平[2]，是低年龄儿童阅读水平的鉴定工具之一，建议结合教师、家长问卷和观察法共同使用。

笔者建议尽早发现阅读困难低年龄儿童并及早干预，这样可在一定程度上缓解和改善孩子在学习上的落后状况；针对低年龄儿童认知水平和心理发展特点进行阅读干预是切实可行的；再针对儿童具体情况采取针对性的策略能获得更明显的效果，长期预后也会更好。

对低龄儿童阅读困难进行干预是个长期的过程，不是短时间可以一蹴而就的，需要家长、教师的共同努力。研究指出，快速的、会思考的阅读是一个小学生应该具备的能力之一，不善于阅读的人就不善于思考，隐藏着“智力生活贫乏”的严重危险。“为什么有些学生在童年时期聪明伶俐、理解力强、勤奋好问，而到了少年时期，却变得智力下降、对知识的态度冷淡、头脑不灵活了呢？这与他们不会阅读有一定关联！人的脑子是一个复杂的整体，如果它的一部分不够发达，就会阻碍整个大脑的工作。在大脑两半球的皮层里，有一些区域是管阅读的，它们跟脑的一些最活跃、最富有创造性的部分是密切联系的。如果在管阅读的那些区域里出现了死角，那么皮层所有部分的解剖生理的发展就会受到阻碍。”教育家苏霍姆林斯基如是说。同样地，教育家杜威说，幼儿期是人生打基础的时期，不仅是接受中高等教育的基础，更是他一生事业、习惯、嗜好的基础。他曾强调：“书写和阅读的能力严格地被看作工具。儿童必须学会使用这些工具，正像他要学会使用别种工具一样。阅读的目的是要儿童熟悉使用语言，视之为不掌握就无法了解他人及事物的手段；视之为和别人分享他所发现的事物的手段。”现代神经学家认为：阅读的能力发展最重要的时期是在 4 ~ 8 岁。美国心理学家埃尔凯指出，早期阅读能力的培养具有举足轻重的作用。也就是说，一个人阅读能力的强弱，与其儿童时代所受到的阅读训练密切相关。建议学校、医院、家庭重视阅读困难现象，及早发现阅读困难儿童，并且进行适当的干预。

参考文献：

[1] 陈栩，雷万胜 . 20 年来国内学习困难学生研究综述 [J]. 河南科技学院学报，2006（1）：103-106.

[2] 李静 . 幼儿阅读困难个案研究 [D]. 南京：南京师范大学，2003.

阅读、计算、书写混合困难

文 / 汪贝妮

【案例】

小林，八年级学生，14 岁，家中排行老大，有一个比她小 5 岁的弟弟。父母为普通工人，高中文化。母亲孕期产检无特殊情况，小林足月顺产，母乳喂养 10 月，断奶比较顺利，11 个月左右开口说话，1 岁多走路。父母工作忙，照顾小林较少，3 岁左右父母至宁波工作，小林在老家由祖父母养育，爷爷奶奶文化不高，无法在学习上予以辅导，小林的学习成绩一直都靠后，字写得不整齐，结构分散，如把“的”写成“白勺”，作业本经常看上去脏乱不堪。自发书写时难以辨认，易写错别字，如把“应该”写成“应刻”。直到四年级了还要掰着手指头计算，一年级时教学还能勉强及格，二年级后基本在 20 ~ 30 分徘徊，三年级时母亲回老家辅导小林的学习，教的过程使母亲倍感无力，弟弟的降生，更是让母亲分身乏术。2 年前（2020 年）父母在宁波买房落户后，将小林转来宁波读书，这时各种问题、冲突逐渐凸显，如父母发现小林不做作业，催促、骂、打都没有用。七年级孩子学习动力提升，高度自律，要求补课，雄心勃勃宣布一定要提高成绩。遗憾的是，无论小林如何努力奋进，成绩原封不动地停留在原地，随之而至的网恋失败，更使小林的信心瞬间崩塌，“破罐子破摔”，说什么都不肯学习了。深夜躺在床上久久无法入眠；心情压抑，疲劳乏力，自我感觉差，有种莫名的失落感，做事提不起兴趣，感觉自己没用，没有安全感，不敢与他人对视，一定要对视时会出现心慌、出汗等反应。开始回避上学，父母因此狠狠地揍了小林，此后小林便整日窝在自己房间玩手机游戏，当小林发现父母断网后，竟径直跑到厨房拿刀威胁父母。父母被震慑住了，陷入无助和无奈中，很多时候只能默默看着小林作息颠倒，与世隔绝地窝在房间，这样煎熬了半年，父母强行将小林带至儿童心理科就诊。

【评估】

父母反映

在和小林父母收集信息的过程中，笔者发现父母对小林的情况是不太了解的。3岁前，尽管父母和小林一起生活，但多数时间忙于工作，对其发育情况很难准确概述，只能大概表述与同龄人无差异。入读小学后，小林除了学习成绩差，与人相处等其他方面均未发现异样，起初家人都认为是“懒”“不认真”，抓一抓就能提高，后期母亲管学习时，发现她有些方面理解很差。

现场评估

小林在门诊进行了拼音识别与书写、汉字识别与书写、词语理解与书写、阅读理解、数学计算与数学理解、汉字书写能力测评。

1. 拼音识别与书写能力测评

声母与韵母混淆：将“y”写成“i”，由于这两个字母的读音相同，所以在拼音中存在这个字母的时候，容易写反，如“药”（iao），可能因为小林不懂拼音法则，不清楚只有将声母和韵母拼在一起才能算是构成拼音。我们知道汉语拼音中拼音分为单拼、双拼和三拼音节，小林的单拼和双拼音节准确率尚可，三拼音节拼写错误很多。

2. 汉字识别与书写能力测评

（1）汉字识别

小林在识别不同音节的多音字时准确率尚可，但在识别同音节但音调不同的多音字、常见的声母或韵母不同的多音字时准确率较低，如“辟”（pì，bì）。同音形近字的辨识度低，如“清”和“情”；分不清形近字的差别，如“未”和“末”。同音不同义字测试准确率尚可，对于不常见的字容易认错。过于抽象的字不会读，如“矣”。

（2）汉字书写

小林的字写得大小不一，左右、上下结构分散，自发书写时字体难以辨认。仿写：近端抄写和远端抄写速度尚可，字体结构不良，抄写作业时错别字稍微少点，但辨认依旧困难，易写错别字。自发书写：写自己的名字顺利，但已经学过的字 10 个有 5 个不会，给其听写一个长句子，有 3 个字不会写，1 个错别字。写作：句子简单，标点符号不会用，同音异形字出错偏多，如“与”和“予”，考试时作文经常写不完。

3. 词语理解与书写能力测评

（1）词语理解

通过词语完形填空测试语义和词语的理解，结果显示小林对词语的理解存在困难；在语素意识的测验中，小林不能依据合适的语境选择正确的词语。

（2）词语书写

从小林的既往作业来看，多数情况下不会字词提示一下她也能完成，但同音异形字出错率偏高，如把“闹钟”写成“闹种”，形近字错误率高，如把“刻舟求剑”写成“该舟求剑”。字体结构或者偏旁部首写得很开，如把“地”写成“土也”。

4. 阅读理解

该部分测试了小林在一分钟内词汇阅读和三分钟句子阅读的速度，结果显示阅读速度每分钟 104 字，流畅性一般，偶有漏加字、错读字，阅读后对句子和篇章的意义理解较差。

5. 数学计算与数学理解能力测评

小林在七年级下学期第三次月考、期末考试及八年级上学期第一次月考共 3 次数学考试中成绩不及格，同时 3 次数学考试平均成绩稳定居于班级后 10%。直到四年级了还要掰着手指头计算，一年级时还能勉强及格，二年级后基本在 20 ~ 30 分徘徊。数学教师评估小林不能有效掌握数学学习策略，学习习惯差；学习数学的兴趣不浓厚，缺乏学习数学的自信心；学习数学的目标不明确，自我效能感差；对数学学习有畏难情绪，学习意志薄弱。

6. 汉字书写能力测评

Detailed Assessment of Speed of Handwriting（DASH）量表得分低于同年级平均水平 1.5 个标准差；The Concise Evaluation Scale for Children’s Handwriting Hamstra（BHK）量表得分大于 28 分；小林在最近的期中、期末、上学期第一次月考共 3 次语文考试的成绩处于不及格水平，该水平在百分制试卷中分数均低于 60 分。同时，3 次语文考试平均成绩稳定居于班级后 10%。

韦氏智力测验：语言 IQ 87，操作 IQ 101，总 IQ 94 分。

匹兹堡睡眠质量指数：6 分，提示睡眠质量还行。

艾森克人格测试：中性不稳定型。

焦虑自评量表：原始总分 65 分，标准总分 81 分，提示存在重度焦虑。

儿童抑郁自评量表：总分≥ 24 分，肯定存在抑郁障碍。

父母养育方式问卷提示：父亲不太关心被试者的成长，较少参与被试者学习生活各方面的活动，较少鼓励被试者的发展。母亲虽然担心被试者的安全和健康，不会过分限制被试者的行为，不会过多干涉被试者的个人生活，但被试者不能从母亲那里获得想要的资源，母亲总是觉得被试者很糟糕，表现不能令她满意，

青少年生活事件量表：人际关系因子，被试者人际关系方面可能存在困难，可能被人误解或被人错怪，受到他人冷遇，与朋友或同学发生纠纷，受到了来自家庭成员的学习压力，可能会感到丢了面子。学习压力因子，被试者可能存在学习压力。可能是学习负担较重，考试成绩不理想或考试失败，家庭经济困难，未得到预期的荣辱，面临升学压力。受惩罚因子，被试者可能经历了或面临受惩罚。受惩罚应激源来自自己的家庭和学校。家庭成员之间有矛盾或遭到父母的打骂。不能得到预期的荣誉，在学校受到批评或处分，面临转学、休学等。也不能排除与家庭和学校以外的人打架、被罚等原因。

【分析】

经过测评，小森的拼音识别与书写能力测评、汉字识别与书写能力测评、词语理解与书写能力测评、阅读理解能力测评、数学计算与数学理解能力测评、汉字书写能力测评中均呈现不同程度的困难。经问诊和评估，初步判断小森是特定学习技能发育障碍混合型，也就是阅读、计算、书写混合困难，同时伴存抑郁、焦虑等情绪问题。

约 50%的学习困难者常共患其他神经发育（如 ADHD、交流障碍、发育性协调障碍、孤独症谱系障碍）或精神障碍（如焦虑障碍、抑郁和双相障碍）。学习困难与儿童、青少年和成人中自杀观念和自杀企图风险增高相关。20% ~ 25%的阅读困难者共患 ADHD，而 10% ~ 50%的 ADHD 者共患阅读困难。这些共患病并不一定排除学习困难的诊断，但

可能使测试和鉴别诊断更困难。因为每一种共患病均会独立地干扰患者包括学习在内的日常生活，所以临床上必须判断这些损害是否是由于学习困难所致。如果有证据表明另一诊断可解释学习困难中关键学习技能（阅读、书写、数学）的获得存在困难，就不应考虑学习困难。

【科普】

关于学习障碍的科普，本书从各个章节不同的角度都进行了详细的描述，笔者根据自己的工作经验，从本案例着手，分析父母应如何早期发现学习困难，从而及早干预。

关于阅读障碍和计算障碍，笔者在其他章节有部分介绍，而书写障碍在小学的发生率约为 9.7%。目前，我国个别抽样研究表明，儿童严重和轻度汉字书写障碍比例分别为 3.8%和 8.6%。因此，我国儿童的汉字书写障碍问题需要引起关注。本案例同时存在阅读、计算、书写困难。

对于学习困难学生，我们更多地是从学习品质来看学习困难的形成过程，并认为动力不足、没有养成良好的学习习惯是其学业不良的主要问题，于是我们总想调动这类学生的学习积极性，激发他们的学习兴趣，培养良好的习惯。但单从学习品质角度分析这一问题似乎不够，需时也长。人生而向上，因而学习困难学生刚开始接触学习时，应该不会厌恶学习，然而在学习中挫败带来的负面情绪会大大影响学习兴趣的培养，会逐渐出现害怕、厌恶、回避学习的负性情绪。

关于学习情绪障碍的定义国内外尚未有统一和明确的看法，不过大体上有如下几种说法：学习情绪消极说，将学习情绪障碍描写成学习的情绪消极，认为学习的情绪消极主要表现有：①消极情绪体验，视学习为沉重的精神负担；②过度焦虑，导致思维迟钝。知识消极情绪说，以辽宁师范大学金洪源教授为代表，他们认为学生在学习过程中，形成了某种潜意识的消极心理结构，就像强迫症、恐惧症一样顽固地限制着学生的学习行为，使其产生学习困难。笔者倾向后者观点，并且相信，知识消极因素形成是产生学习情绪障碍的主要原因。而对于如何帮助他们，有以下建议：①帮助学生形成合理的认知结构。从改变认知结构入手，建立积极心态；进行行为干预。针对学生具体的症状，设计在家做练习、在课堂听讲，以及考试等几个刺激情境，使学生在这些情境中知道应该如何进行专心程序性知识练习；②帮助学生形成积极的知识情绪体验。在塑造了学生积极认知结构与心态后，还需要帮助学生形成积极的知识情绪体验。当学生知识消极情绪的条件反射消退到一定程度时，教师或家长可以采取小步子学习方法，巩固学生应用新掌握知识解答新的练习题。③改变家庭教育方式。家长与学习困难孩子交流时，往往具有敌意性和不满性。所以我们有必要帮助家长对孩子建立适当的期望值。运用家庭系统疗法，对父母进行家庭对话训练，使父母懂得孩子的作业效率与激奋水平存在着“倒 U 型曲线”的关系，并坚持让父母在家庭中练习与孩子沟通，通过交流确定孩子学习的激奋水平度。使孩子的学习激奋水平尽可能保持适中的状态。

【建议】

笔者结合自己的工作经验，给阅读此书的家长们提几点浅显的建议：

首先，基于早发现早诊断早治疗的原则，当家长发现孩子在学业上表现落后时，或当孩子上小学后经常接到老师的电话或短信时，家长可以带孩子到儿保科或儿童青少年心理科进行筛查、评估。无论是哪一种学习困难，干预的原则是从易到难，从孩子现有的发展水平入手，而不是这个年龄应该具备的水平。增加孩子对阅读、计算或书写的兴趣，利用脚手架技术［（脚手架（Scaffolding），最早是由美国著名的心理学家和教育学家布鲁纳从建筑行业借用的一个术语，用来说明在教育活动中，儿童可以凭借由父母、教师、同伴及他人提供的辅助物完成原本自己无法独立完成的任务。一旦儿童能独立完成某种任务，这种辅助物就像建筑竣工后的脚手架，会被逐渐撤离。这些由社会、学校和家庭提供给儿童、用来促进儿童心理发展的各种辅助物，就被称为脚手架技术］，让孩子掌握各种技能。接下来对于养育有特殊需求或特殊困难的孩子的读者，结合本案例，笔者也有一些建议：

我国祖父母或外祖父母帮着甚至代替养育孩子是一件很常见的事，我们不能随意评价对与错，有时确实是迫于生计不得不做的选择，但如果有一线可能，我们还是建议父母自己养育，且有质量地养育。如果不得不将孩子留给老人养，也建议父母一定要定期和孩子视频联络，且一定要做到准时视频，给孩子一个稳定的感觉（如每周六晚上8点视频），如突发有事一定要提前告知孩子，以免引发失望、不信任的亲子关系，不利于孩子的心身健康发展。有些远赴他乡就业的家长，一年下来与孩子会面的时间通常只有春节或寒暑假，有两种比较常见的养育陷阱家长容易“踩雷”，一种是“哇，好久没有见孩子了，我要把所有能给的都给孩子”，满足孩子绝大部分要求，无论合理还是不合理；另一种是“天啦，孩子被爷爷奶奶带得一点规矩也没有，我得赶紧趁机把规矩做好！”，开始在为数不多的相处时光里严厉地管教孩子，让孩子透不过气来，想要远离父母。两种方式都过于极端，无论是远距离还是短期共处，都应遵循类似的养育原则，理想状态是两边的养育基本保持一致，或者有了冲突后能够以协商一致的态度对待孩子。如果是隔代养育，当发生养育方式冲突时，首先应把两代人的养育观念统一。大家都是为了让孩子更好地成长，将来更好地独立融入社会。互相理解和涵容对方的养育方式是我们提倡的。祖辈可以通过媒体、视频等了解新的养育理念和方式，父母也需多表达祖辈们帮忙带孩子的辛苦和付出。其次，家庭内部允许提出不同的方案，每个人养育孩子的方式不同，父母和祖辈们可以一起商量提出自己的想法。需要注意的是，应事先说清家庭会议的规则：不能批评和指责、贬低别人的养育方式，可以相对客观地表达自己的反驳意见。父母对于希望祖辈们做的事情，可以用请求商量的语气，而非命令、指责的语气，这样他们会易接受采纳。家中有祖辈帮忙带孩子的家庭，或者与祖辈共同居住的家庭，由于养育理念的差异，也会对养育孩子造成困扰，有的过于溺爱，有的过于严格，中间还夹杂各种诸如婆媳、翁婿的矛盾，以上种种，都挑战着父母。但无论如何，针对孩子有统一的或有一个主导的养育理念是最基本的原则。

另外，多数孩子是由母亲来养育的，母亲也成了养育失败的“背锅侠”。本案例中的小林由祖父母养育，祖父母自然也成了那个“背锅侠”。医生解释小林发育中的阅读、计算、书写困难后，祖父母终于不用“背锅”了，父母也豁然了，同时对小林也有了更多理解，未来也会尽量提供更多支持。养育从来都不是一个人的事情，需要父母双方通过协商、磨合，形成一个相对一致的养育理念，然后应用到日常养育孩子的点滴中。

如果已经过专科医生确诊为任何一种类型的特定学习技能发育障碍，家长们肯定会迫切地想要知道如何去治疗。建议家长通过一些权威的科普平台了解这个障碍或困难，根据孩子的发育，基于个体差异等，调整养育方式，设立合理期望，为孩子营造一个积极健康的学习和生活环境。

除了和医生一起为孩子制定个性化的治疗干预方案外，还可以引导孩子认识到自己的发育短板，引导孩子明白每个人都有自己的长处、短处，我们可以努力让长处更长，让短处逐步改良。当然有些家长对于告知孩子有一定顾虑，怕引发自卑、“躺平”，此时建议可以以幽默轻松的方式引导孩子逐步认识，尝试以角色扮演的模式教会孩子如何应对困难，促进孩子自信成长。

参考文献：

[1] 刘荣，李荣文，周博阳 . 儿童书写障碍表现及干预策略研究 [J]. 语文建设，2021（4）：15-19.

发育性协调障碍

文 / 周爱萍

【案例】

天天，男，11 岁，小学五年级学生，因“动作慢，作业磨蹭”来诊。

天天自幼动作慢，洗漱、吃饭、穿衣等慢吞吞，动作笨拙，家长未重视，入小学后发现作业磨蹭、拖拉、书写慢、字迹潦草，一二年级作业量少，勉强能完成，三年级后到现在，作业量增加，尤其是书写较多的语文，很会磨洋工，每晚做到 11 点还不能完成。在学校里，老师反映孩子在课堂上书写慢，需要不停提醒、催促，桌子乱糟糟，基本不整理，找东西会比别人慢，但是听课等注意力尚可，回答问题也还好，思路清晰，知识面广。无明显丢三落四、似听非听及前说后忘等情况。一二年级时成绩 80 ~ 90 分，现在英语和数学 70 ~ 80 分，语文及格线左右。爸爸妈妈为了督促孩子的作业，经常陪到深夜，周末大多数时间也用于陪伴督促孩子的作业上，实在苦不堪言。特别是爸爸的耐心不足，经常弄得“鸡飞狗跳”。老师认为孩子的作业问题是因孩子偷懒，习惯没有培养好。妈妈则心有余而力不足，不管是行为管理还是说教，都不能持久有效。妈妈曾怀疑自己管教太多，所以在四年级上学期时尝试给予孩子更多陪伴但学习上逐渐放手，结果孩子作业情况更糟，成绩也有下降，老师不断告状。妈妈认为得不到他人的理解和支持，孤苦无援，内心也很苦闷。目前孩子有畏难情绪，容易自暴自弃，近半年爱生气发火，与同伴相处不良，因为动作慢、成绩差有被边缘化的倾向。经常在早晨临去上学时说肚子痛，而在周末或节假日却没有这些症状。曾去消化科就诊，没有发现器质性疾病，医生建议去心理科咨询，考虑该症状与孩子焦虑情绪有关。

天天是个相对安静、腼腆的男孩，不喜欢运动，一年级时跳绳很困难，每天加练后，目前跳绳每分钟 130 次左右；球类活动情况不良，接抛球僵硬，抛球不会用手腕发力，接球把握不好方向和速度。日常生活中自理能力弱，用筷子姿势不良，夹不了豆子等细小食物，扣纽扣困难；穿裤子习惯坐着穿，独脚站着时人会摇晃；因为系鞋带慢，家长至今买鞋时仍避免买有鞋带的。

【评估】

父母反映

天天是 32 周早产儿，出生时体重 2.1 千克，没有窒息抢救史，未曾入住新生儿室。但生后 3 天很安静，很少哭闹，曾让妈妈担心孩子是否有什么疾病。孩子说话时间正常，但运动发育偏落后，7 ~ 8 个月会翻身，1 岁内不会爬，18 个月才会走，走路后很长一段时间里都容易磕磕碰碰撞到东西或摔倒，家长认为孩子早产 2 个月，所以发育迟一些问题不大。入园前外婆带养，平时包办代替多。入园后，老师发现天天动作慢，做游戏、做操等动作总会慢一拍；到大班时吃饭还会洒饭粒，午睡后起床穿衣和鞋袜，基本上都是最后一个完成，生活老师曾反映说天天动作这么慢，上小学后可怎么办呢？妈妈没有太当真，认为孩子还小，长大一些应该就会好。在妈妈的记忆中，拼插类的玩具、贴贴纸、迷宫拼图积木等孩子也没怎么玩过，现在回想起来，也许这些都是孩子的短板，但以前也不懂，没太关注这些，认为孩子语言表达啥的都没事应该不会有什么问题。

现场评估

孩子作业磨蹭、字迹潦草、书写慢、成绩不良，需要排除智力和注意力方面的问题。采用韦氏智力测验和美国《精神障碍诊断与统计手册（第五版）》（DSM-5）注意缺陷多动障碍（ADHD）诊断标准进行评估，智力测验及 ADHD 症状评定：语言 IQ 101 分，操作 IQ 90 分，总 IQ 93 分。译码得分的高低可以一定程度上反映书写的速度，主要测试短时记忆能力、视觉动作的协调和心理操作的速度，天天的译码量表分只有 3 分，和正常 8 ~ 12 分区间差异大，2 分钟译码 30 个，且有错误 1 个。做译码时，孩子看一下写一下，速度慢。DSM-5 注意缺陷条目与多动 / 冲动条目数量分别为 5/9、1/9，由此可见天天总体智力水平正常，注意缺陷程度未达诊断标准。

阅读：阅读字词和文本较流利，无明显漏字、加字等情况。

书写：自由书写落笔慢，有涂改，抄写慢，看一个写一个，笔顺错误率高，抄写中出现相同的字，发现其抄写时笔顺可能不一样。坐姿不良，身体两侧不协调对称，手握笔姿势偏低，拇食指近笔尖，虎口狭长，稳定性不良，桡尺侧分离不良，手指握笔轻，勾手腕，书写时侧头看，书写几个后，手臂会向右移动一下，而不是匀速移动手臂，导致整行字体有几处高低不齐，一行字整体逐渐向右下倾斜。字体结构不良，部件拆开或拥挤，大小不一、不整齐，笔画之间有连笔，字迹潦草。回看一二年级时书写的字迹（妈妈手机相册中），字体大，结构松散，犹如画出来。

书写意愿问题

翻看平时作业发现，孩子数学作业完成率达到 75%，英语作业次之，语文作业完成率不足 50%。在数学上，中间的算式可以不列，计算过程变成心算，他说这样更方便。语文作业的选择题、是非题等类型完成尚可，文字书写多的作业和作文是他最反感的，孩子比较沮丧，说："即便我努力去写还是会写不快、写不好的。"

日常活动及运动（视频呈现）

使用剪刀：让其剪一个圆形和一辆卡车图，发现孩子剪出来的刀口不平整，参差不齐。

做书签：用树叶做书签的活动中，孩子需要用刷子在树叶上做刷的动作，别的孩子轻轻松松刷了 2 片，他才刷好半片，让他刷得快一些，孩子说他需要盯着看有无动作偏轻或偏重，这个速度是他的最快速度了。

洗碗：左手拿碗右手拿抹布需要双手协调完成的洗碗动作，不流畅，卡顿，看着别扭，手指肌肉力量感弱，动作计划和协调性不良。

下山坡：孩子下一个不太陡的山坡，妈妈早就下来了，可他还在下山坡且非常小心谨慎，眼睛盯着地面，弓着身子，手上抓着能抓的小树等，一步一步试探着下山，即便妈妈告诉他安全的，放心下来好了，他却回答："你说这些话没用的，我要自己觉得安全才好。"

2021 年儿童动作协调能力标准测试（MABC-2）：手部精细动作百分位 3%，身体协调百分位 5%，动态静态平衡百分位 8%。

【分析】

天天是早产儿，从小表现出运动发育和协调性方面的不良：爬行和走路偏迟，容易磕碰和摔倒，自我服务方面，如用勺用筷、穿脱衣服、扣纽扣、系鞋带等方面“笨拙”，入园后老师口中的动作如此“慢”，到小学后体育的不及格、书写的困难和抵触、学业方面的受挫，其实都是因为发育性协调障碍（Developmental Coordination Disorder，DCD）所致。当然，动作慢、作业磨蹭需要排除 ADHD，但天天的评估结果未达诊断标准。一直以来因为动作不够灵巧，家长包办代替得多，有意无意中错失了在生活中很多的练习机会，导致持续在日常生活中动作慢、不协调，学习上书写慢、字迹潦草，影响学业成绩，进一步引发社交和情绪问题，不合群，有畏难情绪、焦虑等。

书写，在常人看来很简单的一件事，其实是一个复杂的过程，书写时需要良好的姿态协调控制，需要稳定的躯干核心力量、上肢的稳定性和动作协调能力、手部活动的灵活性、手指力量控制的精确性及手眼脑的协调，而 DCD 儿童运动和协调能力不良，握笔姿势、用力（运动控制）、笔顺（运动计划）不良，因此书写速度慢，写出来的字容易歪斜、大小不一、结构差、字距和行距不良。天天字迹潦草，曾经被班主任带到办公室罚抄，班主任发现他的字是可以写工整的，坚定了天天字迹潦草是他的态度问题。其实对于部分 DCD 儿童，短时间内确实可以把字写工整一些，但书写速度更慢且无法长久保持。

【科普】

发育性协调障碍（DCD）主要指由于运动能力不足导致学习成绩受到影响和日常生活受限的一组神经发育障碍性疾病[1]。DCD 又称为“笨拙儿童综合征”，以动作协调能力障碍为主要特征，表现为精细动作、大运动和平衡能力等方面的缺陷，易伴发肥胖和社会适应能力不良，可影响学业成绩和日常生活能力，是迄今为止最常见的与日常活动相关的运动障碍。根据 2013 年美国心理学会（APA）的统计数据，学龄期儿童DCD患病率达5%～6%，城市地区高发，且呈逐年上升趋势。根据我国在2016年做的常模统计，中国儿童DCD的患病率为7.46%，男女比例为2∶1，在早产儿或有围产期高危因素的儿童中更为常见，其发病机制尚不明确，就目前来说，该病在国内尚未得到广泛关注。

DCD是一种临床常见而诊断率低的神经发育疾病，与发育障碍性疾病，如孤独症谱系障碍（ASD）、特定学习障碍（LD）、注意缺陷多动障碍（ADHD）高度共病，其中与ADHD共患可达50%以上[2]。DCD儿童动作笨拙、身体平衡及协调能力不足、书写技能差，从而直接影响其学习成绩或导致其产生焦虑、抑郁等心理情绪方面的问题，间接影响包括成年期肥胖、心血管疾病和精神疾病等病症的发生率。由于家长和老师甚至医生对DCD缺乏认识，儿童患病无法及时被识别和诊断，延误干预训练，最终可导致学业、社交、情绪等方面受影响。

DCD儿童，除了“动作慢，动作笨拙”外，不同的个体可能会有其他不同的表现。比如，有些孩子握笔力量重、握笔累、手心容易出汗、书写时易戳破纸张，或者在翻书时易损坏书页；有些孩子握笔很轻，书写字迹不清晰，分辨困难；有些孩子会伴随说话口齿不清，说话断断续续或重复；有些孩子方向感差，分不清左右；有些孩子对声音、光、味觉过度敏感或特别不敏感等。

在学龄前期，家长除了需要关注孩子语言认知能力的发展，也要关注孩子的运动和协调能力的发展。有研究表明，即使婴儿期开始爬行和行走时出现轻微延迟，也会增加儿童后续患运动障碍的风险。另有研究发现独生子女的运动协调能力、平衡能力低于非独生子女。独生子女家庭DCD的患病率（8.7%）高于多子女家庭（5.9%）。独生子女与多子女家庭的儿童相比，精细运动、大肌肉运动和平衡能力更低，原因可能是多子女家庭的孩子通过模仿年长儿，通过与兄弟姐妹互动促进运动发展。而独生子女通常会接受更多父母的关心和过度保护，从而缺乏日常活动机会和户外活动机会。

【建议】

因为孩子动作慢、动作笨拙、做事拖拉、动作计划能力和协调能力不良，在日常生活中显得比较“邋遢”，家长有时为了追求速度，无意中包办了孩子的生活起居，这样其实是剥夺了孩子学习练习的机会。DCD 儿童的症状不会随着年龄增长而自动改善，常常直到青春期，仍有 50% ~ 70% 的儿童患有运动障碍，这时还可能并发一些其他问题，如注意力差、执行能力弱、开始焦虑抑郁并伴有低自尊表现。所以，早发现早治疗对于改善预后具有积极的作用。

至于 DCD 的干预与治疗可以在有监督的环境或小组中，使用主动视频游戏作为传统的活动导向和参与导向干预措施的辅助手段[3]，将体适能（如力量、耐力、柔韧性）训练作为干预计划的一部分，常规的治疗模式包括个人干预和小组干预。研究表明，4 ~ 6 个儿童为一个小组的干预模式对儿童的整体运动表现改善更大。当 DCD 的儿童通过针对性的干预学习了基本技能（提供了适当的反馈和策略）后，应给他们额外的机会和时间在特定的环境和情境下去练习这些必需的技能，如在家庭、学校、社区和休闲场所活动及进行体育运动等从而强化能力。任务导向训练是基于运动控制和运动学习理论，通过引导患者积极参与特定的任务来实现目标的一种训练形式，在训练过程中会逐步增加任务要求和难度。现有的研究表明，任务导向训练的干预措施中，小组或个人训练对协调困难、有 DCD 风险或诊断为 DCD 的儿童在运动表现、生活质量和预防身体损伤方面都有积极的影响。可以将足球训练、跆拳道或其他体育活动等补充活动作为干预并治疗有 DCD 风险或诊断为 DCD 儿童的首选辅助措施。另有研究发现，足球训练可提高儿童的速度、敏捷性、力量、耐力和协调能力；跆拳道可改善儿童平衡能力和减少因控制不好腿部力量而导致的身体损害；社区的其他体育活动，特别是儿童感兴趣的个人体育运动，有助于培养孩子对身体技能的自信，可以在良好的监督下发展成为团队运动。

书写障碍是 DCD 儿童中的一个特定问题。尽管由于现代技术（智能手机、平板电脑和笔记本电脑）的普及，使儿童在一定程度上（取决于文化背景和社会环境）对手写的依赖程度有所降低，必要时可以进行键盘输入打字，以提高作业的可读性和整洁度，但书写困难对 DCD 儿童来说仍是一个难题[4]。如果 DCD 儿童存在书写问题，建议采用以活动和参与为导向的干预措施来提高书写的质量。另外，家长尽量及时和老师沟通，取得老师的理解和支持，减少书写作业量，每天抽出一定的时间来锻炼孩子的本体觉、前庭觉、触觉区辨、视动统合、躯干核心力量、手腕和手指的协调用力、虎口稳定性等，结合个体具体情况选择训练。

多数 DCD 儿童在达到青春期甚至成年时都不会自愈，从而导致其在个人健康、参与体育活动和社会生活等方面均存在潜在问题。因此，父母与儿童都应该认识到，DCD 是一种长期存在、需要长年持续进行间歇性干预的疾病。

参考文献：

[1] 吴德，唐久来 . 发育性协调障碍的诊疗研究 [J]. 中国康复医学杂志，2020，35（5）：513–516.

[2] 刘明霞，花静，柯李，等 . 中国儿童发育性协调障碍现况分析 [J]. 中华儿科杂志，2021，59（11）：928–934.

[3] 吕臻，黄美欢，康贝贝，等 . 美国物理治疗学会发育性协调障碍的物理治疗管理循证实践指南（2020 版）解读 [J]. 中华实用儿科临床杂志，2021，36（22）：1710–1715.

[4] 黄美欢，郭岚敏，曹建国，等 . 欧洲儿童残疾学会发育性协调障碍国际临床实践指南（2019 版）解读 [J]. 中华实用儿科临床杂志，2021，36（14）：1041–1048.

注意缺陷多动障碍（注意力不集中型）

文／刘　艳

【案例】

朵朵，女孩，9岁，四年级学生。自幼性格内向、胆小，平时文静乖巧，交往被动，有2个好朋友；与家长、老师相处时乖巧听话，大人们常夸她“很听话”“从不调皮”。但自幼儿园时期开始，朵朵就做事磨蹭，洗漱、吃饭、收拾东西、写作业都慢吞吞的，经常事情做一半就不由自主地玩手边的东西或被其他事情吸引了注意力；丢三落四的情况也很多，玩具、文具常不见，常忘带课本、作业之类，做作业时也常漏字、漏题；课堂上朵朵表现很乖巧，考试也能考90多分但老师渐渐发现她经常发呆、走神，有时提问时她竟然不知道老师问的什么问题，也不知在想些什么，还经常不自觉地抠手指、抠橡皮。自一年级起，朵朵的作业一直是个问题，课堂作业常要放学留堂才能完成，家庭作业经常晚上9点还没写完，爸爸妈妈催促她赶快写完要洗漱睡觉了，朵朵却总是急得哭，说自己来不及。三年级开始朵朵这些拖拉磨蹭、作业完不成的现象加重了，晚上作业经常要写到10点多，多次考试漏题，甚至完不成，成绩好的时候90多分，差的时候不及格。爸妈一度担心朵朵是不是“不聪明”，或有“书写障碍”，但父母坐在她旁边辅导学习时发现朵朵理解能力、反应能力都不错，写的字也还工工整整，看起来并不笨啊，那为什么朵朵学习效率越来越低呢？

【评估】

父母反映

朵朵是独生女，足月、顺产，自幼言语、运动能力发育正常。家中三代同堂，爷爷、奶奶、爸爸、妈妈、朵朵。爸爸高中文化，职业为出租车司机，经常早出晚归，脾气急躁、讲话嗓门大，母亲大学文化，为公司职员，脾气温和一些。白天基本是祖孙三人在家，老人没什么文化，但对孙女很宠爱，常追着喂饭喂水、嘘寒问暖，也经常逗孙女玩，生活上照顾得算是无微不至；因为怕孩子磕磕碰碰，或被人欺负，也很少带她出去玩，有时出去也不敢让她离开身边。上小学后，每天下午4点钟放学，回到家洗手，吃点东西，就让她回自己房间写作业，但经常直到晚上七八点她作业还剩下很多，爸妈经常因为她作业做得太慢而生气骂她；后来爷爷奶奶也经常催促她写快一点，不然又要挨骂了，但结果还是做不完。学校老师都觉得这孩子挺乖的，就是做事太慢了，后来发现是不专心，经常人端端正正坐在那里，问她问题却不知道是什么，老师提醒几次后发现她话越来越少，总是低着头，也不敢多说她了，就让家长带来看看医生。

现场评估

刚进入诊室时朵朵比较拘谨，安安静静听父母讲自己的情况，医生问她问题时显得害羞，总是看向妈妈。后在医生耐心引导下，朵朵能顺畅地与医生交谈，注意力集中在话题上，理解、反应能力都不错，情感反应也挺灵敏。后来完成了注意力、行为问题、智力等相关检测。

①注意力相关测试：显示朵朵注意力严重不集中，小动作较多；

②儿童行为相关（他评）量表：家长及老师评估，显示朵朵注意力不集中、学习问题因子分较高；

③儿童智力测试：显示朵朵智力处于正常范围；

④感觉统合测试：显示朵朵的前庭功能轻度异常，本体感觉轻度异常，学习能力中度异常；

⑤脑电图：未见明显异常。

【分析】

朵朵存在“注意力不集中”症状群，这些特征导致朵朵无法长时间主动集中注意力做一些需要“费脑”且“无趣”的事情，如听课、写作业、整理东西等，这样朵朵在学习上会表现得效率不高，集体活动中有时也会表现得不够好。同时，朵朵的个性属于内倾、被动、敏感的类型，不主动、不善于表达，这类性格的孩子遇到有挑战的事情，如被威严的长辈说教、遇到困难等情况时，不会主动表述自己的困难，不敢主动寻求帮助，更习惯自己默默地着急、担心，并不自觉地“大开脑洞”“做白日梦”，沉浸在大量想象之中，表现为发呆、走神、心不在焉等，这就导致朵朵的学习、工作效率更受影响，各方面表现得越来越不如同学们。而当家长、老师询问她时，她也只会急得手足无措地哭泣或抱怨，不能用丰富、生动的语言表述自己的困难，如果老师、家长缺少相关知识，就会以为朵朵“娇气”“不努力”，当朵朵受到这样的批评或评价后，会进一步加强内心的挫败、自卑感，不能轻松自在地学习、生活，问题就越来越多，不仅表现出学习困难，甚至会有厌学、忧郁等情绪问题出现。

【科普】

注意是什么？

注意（Attention）是心理活动对一定对象的指向和集中，是伴随着感知觉、记忆、思维、想象等心理过程的一种共同的心理特征。

注意有两个基本特征，一个是指向性，是指心理活动有选择地反映一些现象而离开其余对象；另一个是集中性，是指心理活动停留在被选择对象上的强度或紧张度。指向性表现为对出现在同一时间的许多刺激的选择；集中性表现为对干扰刺激的抑制，它的产生及其范围和持续时间取决于外部刺激的特点和人的主观因素。

我们日常生活中所讲的注意通常是指选择性注意，即注意是有选择地加工某些刺激而忽视其他刺激的倾向。它是人的感觉（视觉、听觉、味觉等）和知觉（意识、思维等）同时对一定对象的选择指向和集中（对其他因素的排除）。人在注意着什么的时候，总是在感知着、记忆着、思考着、想象着或体验着什么。人在同一时间内不能感知很多对象，只能感知环境中的少数对象。而要获得对事物的清晰、深刻和完整的反映，就需要使心理活动有选择地指向有关的对象。有选择地使精神活动指向某一定的对象时称主动注意，由外界刺激引起的探索反射为被动注意。

主动注意是指个体有目的、有意识地集中注意力于某个对象或任务，并努力保持注意，以保持对任务的持续关注和思考。主动注意需要意志力的参与，并且个体能够控制和调整自己的注意。例如，当学生在课堂上听讲时，他们需要主动注意以理解和记忆老师所讲的内容。

相比之下，被动注意是指个体没有明确的目的或意识，而只是自然而然地被某个对象或情境所吸引，并对其产生反应。被动注意通常是由外部刺激引起的，并且个体无法控制或预测自己的注意。例如，当一首动听的歌曲在耳边响起时，人们可能会不自觉地被其旋律所吸引，这就是被动注意的表现。

主动注意和被动注意在认知和行为表现上有所不同。主动注意需要意志力的参与，并且个体能够控制和调整自己的注意；而被动注意则是由外部刺激引起的，个体无法控制或预测自己的注意。此外，主动注意通常与任务相关，需要个体对信息进行加工和处理；而被动注意则更多的是对刺激的直接反应。

需要注意的是，主动注意和被动注意并不是完全独立的两种注意类型。在实际生活中，人们往往会在不同的情境下交替使用主动注意和被动注意。例如，当人们在阅读书籍时，他们需要主动注意来理解文本内容，但可能会被其中的插图或背景音乐等外部刺激所吸引，从而表现出被动注意。

注意缺陷多动障碍（ADHD）

注意缺陷多动障碍（Attention Deficit Hyperactivity Disorder，ADHD）也称为多动性障碍（Hyperkinetic Disorder），是儿童最常见的神经发育障碍之一，主要表现为智力正常或接近正常的孩子出现与年龄不相称的注意力易分散、注意广度缩小、不分场合的过度活动和情绪冲动，并伴有认知障碍和学习困难。它的问题主要是主动注意功能减弱，被动注意相对增强，注意不能持久和难以集中。

ADHD 常见于学龄期儿童，但有 70% 的患儿症状持续到青春期，30% ~ 50% 持续到成年期。常共患学习障碍、对立违抗性障碍、心境障碍、适应障碍等，ADHD 对患病者的学业、职业和社会生活等方面产生广泛而负面的影响。目前，儿童精神科学者们普遍认为 ADHD 是一种影响终身的慢性疾病。

ADHD 的患病率为 3% ~ 5%，男女之比为（4 ~ 9）：1。其中，

单纯 ADHD 仅为 28.1%，另 71.19% 共患其他疾病。ADHD 是学龄儿童患病率最高的慢性健康问题之一，它的症状基本在学前出现，9 岁时最为突出；随着年龄增长，共患学习困难和其他精神障碍的概率明显增加[1]。

目前，学者们的基本共识认为 ADHD 是遗传与环境共同引起的一种复杂疾病，其发生的危险因素主要如下。

1. 生物学因素

①遗传因素：目前多数学者认为 ADHD 是一组复杂的人格特征，为多基因遗传。如果一个儿童患有 ADHD，其一级亲属罹患本病的风险为普通人群的 5 倍。

②环境因素：孕产期不利因素，如母系孕期吸烟、饮酒、感染疾病，分娩过程中受到意外伤害，如窒息、早产，此外还有铅暴露等因素。

③大脑发育异常：ADHD 人群存在大脑中特定化学物质发生改变或特定脑区活动下降、发育不成熟和体积缩小等症状。前者以多巴胺功能不足、去甲肾上腺素功能不足、5- 羟色胺功能过高或不足等神经递质代谢失调为主。后者则与大脑额叶区发育异常有关。大脑额叶皮层的许多连接通路经过神经纤维与尾状核相连，而尾状核与大脑深层的边缘系统相连，这些脑区可帮助我们抑制行为、保持注意，并且控制我们的反应；还可以抑制和控制我们的感情与动机，帮助我们使用语言（规则或指示语）来控制行为和对未来做出计划。

2. 社会心理因素

①心理行为因素：个性特点为情绪不稳定、容易激动、行为不顾后果、自控能力差，自我意识水平低，对自己的行为、智力，以及在学校的表现评价较低，幸福与满足感较低；父母存在心理问题，如抑郁、焦虑或其他情绪问题，父母性格不良，与子女关系对立等，均可促进儿童 ADHD 的发生发展。

②家庭环境因素：家庭关系不和睦或不当的教育方式也可引起

ADHD，如粗暴打骂儿童、干涉儿童的活动、频繁挫伤儿童的自尊和自信心，或放任型教育，使儿童缺乏适当的关心、爱护和适宜的管理；家庭经济条件差，包括父母受教育程度、经济收入低，住房拥挤、学习环境差等，均是 ADHD 的危险因素。

③学校因素。教师对儿童缺乏理解、采取打骂或侮辱人格的方法教育，处理学生问题不当，可引发“情景性活动过多”和注意力不集中。

④社会因素。不良的社会风气，如周围人吸烟、酗酒、打架、父母离异，甚至吸毒；生活节奏快、学习压力过大等导致儿童社会心理压力增加、精神紧张，引起儿童心理行为障碍，包括 ADHD。

ADHD 的症状表现

ADHD 的损害方面包括注意力、组织、动机、情感调节、记忆及大脑管理系统的其他功能。

ADHD 主要有两组核心症状，即注意力不集中、多动冲动，并据此将 ADHD 分为 3 种临床类型：以注意力不集中为主的称为注意缺陷型，以多动、冲动为主要表现的则为多动冲动型，两组症状均明显的则为混合型（注意缺陷 + 多动冲动）。两组核心症状具体症状条目主要如下。

1. 注意缺陷

儿童（≤ 12 岁）符合 9 项症状中的 6 项，持续时间≥ 6 个月；青少年和成人（≥ 17 岁）符合 9 项症状中的 5 项，起病年龄≤ 12 岁，持续时间≥ 6 个月。

①在学习工作或其他活动中常常不注意细节，容易出现粗心所致的错误；

②学习或游戏活动时，常常难以保持注意力；

③与其讲话时常常心不在焉，似听非听；

④往往不能按照指示完成作业、日常家务或工作；

⑤常常难以完成有条理的任务或其他活动；

⑥不喜欢、不愿意从事那些需要精力持久的事情，常常设法逃避；

⑦常常丢失学习活动所必需的东西；

⑧很容易受外界刺激而分心；

⑨在日常活动中常常丢三落四。

2. 多动冲动

儿童（≤ 12 岁）符合 9 项症状中的 6 项，持续时间≥ 6 个月；青少年和成人（≥ 17 岁）符合 9 项症状中的 5 项，起病年龄≤ 12 岁，持续时间≥ 6 个月。

①常常手脚动个不停，或在座位上扭来扭去；

②在教室或其他要求坐好的场合，常常擅自离开座位；

③常在不适当的场合过分地奔来奔去或爬上爬下；

④往往不能安静地游戏或参加业余活动；

⑤常常一刻不停地活动，好像有个机器在驱动他；

⑥常常话多；

⑦常常别人问话未完就抢着回答；

⑧在活动中常常不能耐心排队等待轮换上场；

⑨常常打断或干扰别人。

各个年龄段的症状演变表明，多动和冲动是儿童期被发现的主要症状，但随着年龄的增长，注意力不集中变得普遍，而 ADHD 共患病随时间逐渐增加，如学业 / 职业困难，家庭无规划，如“信用卡族”、家庭不和，焦虑、抑郁情绪，物质滥用或成瘾行为，如酗酒、吸毒、嗜赌、病理性网络使用，冲动行为，如打架、“路怒症”等。

ADHD 的治疗

1. 药物治疗

目前国内常用化学合成药物有中枢兴奋剂，如哌甲酯速释片或控释片；非中枢兴奋剂，如盐酸托莫西汀胶囊及口服液，可乐定透皮贴等，部分中药也有治疗效果。家长们常担心 ADHD 儿童药物治疗会引起长期药物依赖，药物不良反应或其他健康问题，但实际上使用恰当药物治疗的风险很小，相反，未采用有效药物治疗，任由疾病存在并发展所导致的损害较大，甚至会影响患儿的一生。

2. 父母培训及家庭心理治疗

为患儿家长提供疾病和治疗相关知识、儿童行为管理培训；对 ADHD 儿童开展家庭干预，创造温馨、和谐、尊重、接纳的家庭气氛，促进 ADHD 儿童身心健康发展。

3. 行为治疗

针对 ADHD 儿童特点，主要采用强化原则。如果儿童出现了积极的行为，如上课认真听讲，可给予表扬；若在家中完成了某件家务，可予小的奖励，使得这些良好的行为得到积极强化，使这种正性行为反复出现。而对于其不良行为，如插话和引人关注，则可以忽视，从而消极强化，以达到减少这类行为的目的。针对 ADHD 儿童的训练，不是提高其缺乏的技能，而是增强其自我激励和工作记忆，从而让他们将自己的能力发挥得更好。

4. 物理治疗

目前正在研究与临床使用的物理治疗有神经反馈治疗、经颅磁刺激治疗、经颅直流电刺激治疗等，但疗效并不确定。

从发病原因可见，ADHD 儿童的治疗需要采用心理支持、行为矫正、家庭和药物治疗一体的综合措施以促进其神经发育，需要家庭、学校、医疗及社会的共同参与，“家—校—医结合”，提高公众对 ADHD 的正确认识，早发现、早治疗、系统治疗，才能最大幅度地改善症状、降低功能损害。

ADHD 和执行功能

执行功能（Executive Function，EF）是个体在设定目标、制订计划并有效实施计划中所需的互相协同的一系列高级认知功能，其本质是对其他认知过程进行调节和控制。换言之，执行功能就是人们为达成目标或遇到困难时解决问题的能力。EF 的发展贯穿整个儿童时期，主要包括冲动控制、自我管理、注意分配、组织计划、灵活性、工作记忆等。

与正常儿童相比，ADHD 儿童的执行功能较差。ADHD 执行功能损害主要取决于多巴胺和去甲肾上腺素这两种神经递质，与 ADHD 相关的注意和记忆损害主要由大脑内依赖多巴胺和去甲肾上腺素的神经网络功能失调所致。而治疗 ADHD 的化学药物其主要机理为：在和重要执行功能相关的神经突触内，促进多巴胺和去甲肾上腺素的释放及抑制其重吸收，并在突触间隙中维持足够的时间来传递信息[1]。

“我家孩子玩游戏很专注，不可能是 ADHD”，对吗？

注意分为主动注意和被动注意，主动注意又称随意注意，需经过一定努力才能达成；被动注意也称不随意注意，不需任何主观努力就能实现。

ADHD 注意障碍的特点是主动注意减弱，注意的集中性、稳定性和选择性等异常；而被动注意相对增强，缺乏对无关刺激的抗干扰能力。正常人和 ADHD 患者对感兴趣的游戏、电视节目、书刊等活动，注意模式多为不随意注意，不需付出努力就可轻易使大脑兴奋、产生愉悦感，故均可表现出“注意集中”。但对于需付出较大努力才能使注意力保持在目标上的任务，如听课、做作业，ADHD 患者的主动注意就难以维持了。

【建议】

由于 ADHD 是一种神经发育障碍，故“优生优育”是防止其发生发展的基本理念。在重要的神经发育时期，包括婴幼儿、儿童、青少年阶段，促进神经发育水平的营养措施、行为治疗、物理治疗等干预措施可产生积极作用。根据 2011 年美国儿科学会《儿童青与少年 ADHD 诊断、评估和治疗的临床实践指南》，对于学龄前 ADHD 儿童，首选行为治疗；6 ~ 11 岁学龄期 ADHD 儿童，若学业或人际互动等功能受损，需考虑药物治疗，推荐联合行为治疗；12 ~ 18 岁的 ADHD 青少年，若学业或人际互动等功能受损，需考虑药物治疗，可联合认知行为治疗等心理治疗模式。而在干预之前，ADHD 儿童的家长或 ADHD 成人自己需要对疾病知识进行基本了解，与专科医生建立稳定的治疗同盟，综合评估症状表现、影响因素及继发问题，再采用恰当的治疗措施并监测治疗成果，如此是避免 ADHD 治疗“事倍功半”的必要策略。

本文中的朵朵以“注意缺陷”为主要表现，学龄前开始出现症状，持续时间大于 6 个月，严重影响学习、生活、情绪，持续损害其自信心，属于典型的 ADHD（注意缺陷型），并伴随“学习困难”，建议采用以药物治疗为主，联合心理治疗、行为干预、家长指导等措施的综合治疗方案。

参考文献：

[1] 王玉凤 . 注意缺陷多动障碍 [M]. 北京：北京大学医学出版社，2019.

注意缺陷多动障碍（多动冲动型）

文／刘　艳

【案例】

小帅，男孩，8岁，小学三年级，自幼性格外向、急躁、没耐心。平时话多，爱与人交往、自来熟。平时精力充沛，除睡觉外都像装了一个“发动机”一样一刻不停，撒手就跑，以跑代走，动作鲁莽，常磕磕碰碰。上幼儿园后表现出话多、爱管事、爱指挥他人、做事没耐心的特点。上小学后课堂表现积极，总是第一个举手抢答，主动帮老师管理同学，班主任觉得他就是个负责任的“小助手”；每天回家就主动跟妈妈分享学校里的大小事情，还管东管西、操心家里的大小事情。但是从二年级下学期起，小帅常因同学不听他的话而生气、起争执，课堂上也多次因抢说答案而被老师批评，需要排队、等待时，他总是忙着管前管后，就是不能安静地待在自己的位置上；平时做作业时，经常离开位置去做别的，字越写越潦草，遇到难题就着急、发脾气。由于这些情况，小帅常常觉得自己“好心得不到好报”，而且他经常因为操心别的事情，听课、写作业，甚至考试时都没办法全心全意，学习成绩也时高时低，经常出一些不该出现的错误，如漏题、看错、写错等，各方面的积极性、自信心也开始下降，父母尝试了劝说、管教、补课等方法，都没什么效果，不得不来求助医生。

【评估】

父母反映

小帅是独生子，父亲硕士学历，经营一家外贸公司，母亲大学文化，为全职主妇，家庭经济条件优渥，家庭关系也挺和睦。小帅在妈妈肚子里时就很好动，出生后也明显比别的小朋友活泼、精力旺盛，婴儿时期爱爬、爱笑，但脾气也很大，饿了、拉了就扯着嗓门大哭；会说、会走之后就一刻不得停歇，趁大人不注意就往外跑，妈妈总是跟在他屁股后面追，追着喂饭、怕他摔跤、防止他跑丢。上幼儿园后，小帅明显不怕陌生人，话多，爱管事，爱发号施令，因为大多数小朋友也愿意听他的，所以老师也觉得挺不错，还经常表扬他积极帮助同学和老师。他自尊心很强，做游戏时输了就很懊恼，要发脾气，或大哭，但只要老师哄一哄他也就好了。上小学后小帅表现也很积极，总是第一个举手回答问题，上课、下课都会主动担任老师的“小助手”，帮着维持班级纪律，看到同学有困难就会主动去帮忙，每天放学路上就叽叽喳喳地跟妈妈分享学校里发生的事情，看到爸妈闹矛盾还主动去调解，非常操心、贴心。

但是自二年级起渐渐地有些同学不喜欢他管自己的事，他经常也很犟，一定要按照自己的想法去要求别人，硬要人家听他的，别人不听他就生气，经常气得眼泪汪汪，还冲人发火。课堂上老师叫别的同学回答问题，那个同学没有答出来，小帅就迫不及待地大声说答案，这种情况发生好几次后，老师就批评了他，他很生气，气得满脸通红地冲老师大声喊：“他都不会，我为什么不可以说！”这种情况发生了好几次。平时排队做操或参与其他需要排队、等待的活动时，小帅总是忙着管前管后，老师叫他安安静静待在自己位置上，他总是做不到；而平时做作业、考试时，小帅经常遇到难题就急得面红耳赤，不想再继续做下去。班主任说，经过这几个学期观察下来，觉得小帅过于爱管事，并且很没有耐心，总是“眼观四面、耳听八方”，周围的一点点事情他都会忙得热火朝天，但如果事情没有按照他的想法去发展，他就很着急，甚至很生气，而且发起脾气来不管不顾，真的很吓人。而在家里，小帅表现也过于活泼，写作业时隔几分钟就出来转一转，跟妈妈讲讲话、喂喂鱼、上个厕所，或者找点东西吃，作业总是要到睡前最后一刻才能完成，甚至会拖到超过规定好的睡觉时间；吃饭时也不停问东问西，或者离开餐桌去摆弄一下玩具；几个家庭聚会时，他也是个“孩子王”，带着一群小朋友玩耍，但别人一定要听他的，不然他就很生气。妈妈跟小帅谈过好多次，小帅总说“我控制不住自己呀，看到他们弄不好，我就着急”“我不知不觉就做别的事情去了呀，我又不是故意的”。

二年级下学期时老师见小帅跟同学矛盾越来越多，学习也急躁草率、效率不高，就建议小帅妈妈带他去看看医生。妈妈跟爸爸说起这些事情，爸爸却很生气，觉得是老师和妈妈小题大做、对孩子不耐心，并且说自己从小也是这样的急脾气，不也功成名就了吗？三年级起爸爸就自己来管理小帅，经常给他讲道理，但往往是讲不过几句话，父子俩就争吵起来，结果总以爸爸发脾气、小帅哭闹结束。最终，在妈妈的坚持下，爸爸也同意带小帅来看医生。

现场评估

小帅很有礼貌，进来诊室就主动跟医生打招呼，说“阿姨好”，接着又搬动椅子“妈妈你坐这里，我坐那里。”当母亲反映病情时，小帅不时补充一下，或为自己解释几句，同时身体及手脚不时调整位置，肢体动作很多，给人一种“坐不住”的感觉。当谈及自己在学校和家中的表现时，小帅很委屈，觉得他们做错了，自己看不过去就去管了一下，明明是好心，却不被老师同学理解；至于学习上，自己也是很想学好，但不知不觉就忙其他事情去了，遇到难题时确实很烦躁，忍不住发脾气或放弃，自己也希望能变得仔细一些、耐心好一些。

医生观察到小帅的语言、情感表达能力很好，也有很强的正义感和荣誉感，但人际交往中的“边界感”有些欠缺，遇挫时情绪容易像火箭一样升级、爆发。

辅助检查时，注意力相关测试显示小帅注意力较好；儿童行为相关（家长、老师）量表显示多动、冲动症状较明显；智力测试结果正常；感觉统合测试提示感觉统合能力良好。

【分析】

根据其日常表现，小帅符合 ADHD（多动冲动型）诊断标准。

小帅自幼表现出的好动、一刻不停、爱发号施令等现象，常让大人认为是儿童正常的活泼、外向，并有“领导才能”；爱插话、爱管事等现象，大人们习惯性地认为是“热心”性格所致。因此，在养育过程中会对这些行为加以赞赏、许可，并忽略了在他“活泼、热心”时加以规则、界限的限定，使小帅这些需及时满足的需求一次次被强化。而且，小帅父亲自身也是急躁、强势的行为模式，遗传因素和言传身教也让小帅认可、坚持这种为人处事模式。在进入学龄期后，重复、枯燥、越来越需要付出努力的学习过程渐渐无法让他快速获得成就与满足，由此产生厌倦、烦躁心理；而没有边界、不客气的“管事”行为，让渐渐长大的同伴无法平心静气地接受，产生社交冲突是必然的。

【科普】

AHDH 症状与正常儿童的活泼好动有何区别？

幼儿本身活动水平高，不能持久地停留在一个地点，但没有社会功能损害，他们的活动过度常常是在环境允许的场合，且能够有效控制自己，没有 ADHD 儿童的行为缺乏计划性、组织性的特点。

ADHD 会遗传吗？

ADHD 有遗传倾向。ADHD 发病中遗传因素起了主要作用，是一组复杂的临床特征，常由多基因决定。

ADHD 长大了就会好吗？

如前所述，ADHD 儿童有 70% 的症状持续到青春期，30% ~ 50% 持续到成年期，也即成为“ADHD 成人”，甚至影响终身。随着年龄增长，ADHD 的症状会有所变化，他们的一刻不停、注意分散症状可能会减轻，但贯穿在生活、学习、工作、社交各方面的急躁、自我、草率、好高骛远、不能脚踏实地，以及粗心大意、效率低下或差错率高可能持续存在，并导致成年后工作失败、胡乱投资、亲密关系难以保持、教育自己孩子的方式粗暴等后果[1]。

成人 ADHD 如何治疗？

成人 ADHD 治疗的首要目标是改善 ADHD 的主要症状，最大限度地改善 ADHD 的功能缺陷，提高其在社会生活、工作及人际交往中的能力[2]。具体包括：

①改善注意分散，减少冲动和破坏性行为；

②提高工作效率和按时完成任务的质量；

③改善与家人、同事、上司的关系，提高社交技巧；

④改善自尊，减少挫折感；

⑤提高生活质量及情绪自我管理能力，合理安排生活；

成人 ADHD 治疗措施包括：

①药物治疗：中枢兴奋剂、托莫西汀、抗抑郁药等。

②心理治疗：放松练习、个体心理治疗、家庭和夫妻治疗等。

【建议】

当家长、老师观察发现儿童存在持续的多动、急躁特点时，需要及时予以温和而坚定的行为问题干预，促进儿童形成有安全感、有规则感的性格及人格。如果儿童上述特点逐渐导致学习、社交、家庭生活等方面的功能损害，就需要警惕他可能存在 ADHD 问题，及时带至专业的医生处就诊。

文中的小帅，属于典型的注意缺陷多动障碍（多动冲动型），处于学龄期，建议采用药物治疗为主，联合心理治疗、行为干预、家长指导等措施的综合治疗方案。

参考文献：

[1] 郑毅，刘靖 . 中国注意缺陷多动障碍防治指南 [M]. 2 版 . 北京：中华医学电子音像出版社，2015.

[2] 布朗 . 注意缺陷障碍：儿童和成人注意力涣散 [M]. 王玉凤，译 . 北京：北京大学医学出版社，2007.

注意缺陷多动障碍（混合型）

文／刘　艳

【案例】

阳阳，男孩，7 岁，一年级，因“自幼急躁、话多、鲁莽，发现注意力差半年余”就诊。阳阳自 2 ~ 3 岁起就表现好动，在家爬高爬低、一刻不停，妈妈反映他“除睡着时，其他时候都动个不停”。出门后撒手就跑，不能好好走路，总是以跑代步，也很鲁莽，常磕着碰着，或撞到别人。上幼儿园后总是东张西望、东摸西弄，不时搭话、插话，对老师的指令总是记不住；粗心大意，自己的东西总是找不到；脾气很急，做游戏时输了就很懊恼，要发脾气、摔东西、对小朋友推推搡搡。上小学后，上课注意力无法集中，不能安坐听课，不停玩书本文具等，甚至钻到桌子底下去；影响他人，上课也常找人讲话、踢弄同学桌椅等；作业极其拖拉，常拖到晚上十点还完不成，简单题目也总出错；写字歪七扭八、大小不一，还总写错抄错、漏字跳字、左右上下颠倒等。老师多次提醒阳阳父母他可能有“多动症”，家长辅导其学习发现实在过于困难，故来诊。

【评估】

父母反映

阳阳家三代同堂，父母都是中学文化，经营一个五金配件作坊，还有一个弟弟，现在才11个月，平时爷爷、奶奶和妈妈一起带孩子，家里几个大人脾气都还算好，但这几年也被阳阳不听话的行为气得越来越没耐心了。阳阳是足月顺产儿，婴幼儿时期开始患有湿疹和过敏性哮喘，至今仍时有哮喘和过敏性鼻炎发作。其他身体生长发育都正常，学说话、学走路都挺顺利的，就是毛手毛脚的，总是磕磕碰碰，或碰到别人；协调性也不太好，动作掌握不了轻重，总是不小心摔坏、弄坏东西，洗漱时常弄得身上、地上都是水，吃饭、喝水也总弄洒。平时做什么都不专注，三心二意非常明显，拖拉、磨蹭不在话下，很没有时间观念，起床、上学、睡觉都要大人反复催促才拖拖沓沓地做。老师多次反映课堂纪律很差，经常东摸一下、西摸一下，踢前面同学的座位，或起来搬一下自己的椅子，手上总是玩笔、玩橡皮、撕纸、卷书角等，经常钻到桌子底下捡东西，不时找邻近的同学讲讲话，不能专心听老师讲课，无法老实听从指令，课堂知识常学不会，题目不会做，做作业时常写几个字就忍不住东张西望，或在旁边乱涂乱画；也不会收拾整理，自己的东西总是乱糟糟的，座位下的地面上也总是乱七八糟散落着文具、书包、垃圾等物，书包里的书本文具也是又脏又乱，老师多次批评教育都没用。很喜欢凑过去跟别人玩，但又没轻没重，总把小朋友惹哭、不愿跟他玩。放学回家后把作业本铺在桌子上，人却一会儿吃东西，一会儿玩玩具，几个小时都写不完一页，还把家里搞得乱七八糟，饮料、饼干屑洒得到处都是，垃圾往沙发上、桌子上、地板上随意乱丢。父母辅导时发现他的学习问题很多，一些很简单的题目也出错，写字总缺笔少划，还很难看，总抄错、漏字、跳行，还很磨蹭、不断开小差，一年级作业通常要做到晚上九十点钟才勉强完成。最终父母无奈地盯着他写作业，又发现他过几分钟就不停问“这个题怎么做？”难以耐心思考答题，还不时离开位置找东西，根本无法集中注意力做作业。阳阳父母也发现辅导孩子学习太困难了，就希望医生能帮助到阳阳。

现场评估

阳阳由父母带来就诊，进入诊室后听妈妈安排坐在自己的位置上，之后一边按压桌上放置的“免洗手消毒液”洗手玩，一边晃着双脚听大人讲话，渐渐地对医生和家长的交谈内容失去兴趣，站起身来在诊室里四处转悠，不时跟医生讲点什么，如“阿姨你为什么有两个打印机？”“为什么这里有红色的纸？”“我要一张绿色的”，后来又去水池处洗手、玩水，表现出明显的注意力涣散、行为多动。

辅助检查发现注意力很差，小动作很多，感觉统合能力多方面异常，智力水平正常。

【分析】

阳阳符合 ADHD（混合型）诊断标准，也就是说，他同时存在 ADHD 注意缺陷型和多动冲动型两组症状，且两组症状条目基本全部符合。

阳阳的多动、冲动、注意缺陷等症状自幼儿时期就很明显，但家长误以为是“活泼”“长大懂事就好了”，未予重视，直到上小学后无法正常学习、遵守学校纪律，并且在辅导其学习过程中屡屡受挫，家长才正视这个问题。

【科普】

ADHD 与感觉统合失调

感觉统合是各感觉系统（视觉、听觉、味觉、嗅觉、触觉、前庭觉和本体觉等）将来自身体各部位的感觉信息进行分析和组织，再由大脑进行统合，最后使个体做出适当的反应的过程。它是一种大脑和身体相互协调的过程，与大脑和身体的发展息息相关。

感觉统合失调是感觉输入的信息没有在大脑中得到适当的整合或组织，从而导致大脑对输入的信息反应不足或反应过度，造成个体整合功能性紊乱，因此感觉统合失调的儿童会在生长发育、信息处理和行为方面产生不同程度的障碍。

几乎所有儿童都存在一些感觉统合失调的症状，而 ADHD 儿童存在感觉统合失调的比例较一般儿童更高。通过有效的训练能改善感觉统合能力，儿童的部分执行功能能得以提高，ADHD 症状可同时得到部分改善。

ADHD 与过敏

ADHD 与过敏性疾病呈高共病现象[1]，ADHD 与大脑中多巴胺、去甲肾上腺素和 5－羟色胺等化学神经递质之间的失衡有关，而在过敏性疾病中也观察到这些神经递质的失调，因此推测过敏可能是 ADHD 的危险因素之一。患有过敏性疾病的儿童除常见的呼吸道症状（如打喷嚏、鼻塞、喘息、气促）及皮肤症状（如皮疹、红肿、瘙痒）外，还常伴有睡眠障碍（如入睡困难、易醒及睡眠时间短等），导致儿童白天注意力不集中、易怒、多动或冲动等异常行为，这些症状均和 ADHD 的核心症状相似。大量研究表明过敏性疾病和 ADHD 之间存在关联性，过敏性疾病本身也可独立作为 ADHD 危险因素。

【建议】

对于患有过敏、哮喘、糖尿病、肥胖、营养不良等慢性疾病的儿童，需关注其是否存在神经发育障碍类疾病，如 ADHD、抽动障碍、孤独症谱系障碍等，并关注它们所引起的功能损害，如学习困难、社交损害等。早发现、早干预，身心共治，才能使患儿的身心健康发展。

本文中的阳阳患有慢性过敏性疾病，共病 ADHD（混合型），严重损害日常生活、社交、学习。需在控制过敏症状、增强体质的同时，对 ADHD 采取综合有效的干预措施，以药物治疗为主，联合行为干预、家长指导、物理治疗等。

参考文献：

[1] 方圆，孔维延，马晨欢，等 . 注意缺陷多动障碍儿童过敏性疾病发生情况的调查 [J]. 中国儿童保健杂志，2022，30（4）：431–435，440.

边缘智力

文 / 胡长舟

【案例】

琳琳是个13岁的女孩子，平时乐呵呵一个人，妈妈说起女儿就是没心没肺，整天开开心心，不知愁滋味。从小到大虽然学习成绩一直不怎么好，但父母对成绩没有要求，学校老师同学似乎也对琳琳的成绩没有什么大反应，因此琳琳整个小学阶段过得很顺利。进入初中后妈妈发现琳琳变得不一样了，话少了，有时候会发呆，看着闷闷不乐。和妈妈前一秒还在聊着天，回头妈妈就发现琳琳在偷偷抹眼泪。妈妈关心琳琳，询问情况，琳琳总说没事。家人听了琳琳的话就不再纠结。只是妈妈留了个心，时不时会在暗中观察琳琳。2023年春节左右，琳琳的心情变得更糟糕了，大部分时间都不开心，情绪不高，家人看电视、聊天，琳琳都不参加，不爱说话，不想出门。晚上还睡不着，早上起不来，一整天人就像蔫了似的。偶尔家人和琳琳说上几句日常的话，琳琳会突然悲伤地大哭起来，问原因，也问不出个所以然，琳琳只说自己不知道怎么回事，就是控制不住想哭。时不时感到头晕、头痛，吃饭都不香了。整个春节假期琳琳都处于低气压状态，家人都担心不已。琳琳自己都觉得状况不对，大概是生病了，要求妈妈带自己去看病。

妈妈带着琳琳去了当地的人民医院，化验检查，把身体仔细查了个遍，结果没毛病，健康着呢！医生提醒妈妈，琳琳可能是情绪出了问题，得看心理科。妈妈赶紧将琳琳带来了心理门诊，进入诊室的琳琳坐下就开始大哭，哭了十来分钟，才慢慢开始和医生交谈。琳琳告诉医生自己也不知道是怎么了，就是莫名其妙感到很伤心，就是忍不住想哭。交谈时琳琳一直低着头，讲话内容比较简单。从交谈中了解到，琳琳小学三年级前考试还能及格，四年级开始学习明显感到吃力，语文能得六七十分，好的时候能考个80分，数学始终是难题，常在及格边缘徘徊，有时候甚至不及格，英语学起来一直有困难，单词容易忘记，语法不会用。起初琳琳自己对成绩的变化没有太在意，就想着认真学一学，应该能提高。结果不管自己上课再怎么认真听讲，不懂的就问同学和老师，成绩都仍然没有起色，琳琳开始着急、害怕，并且琳琳发现有些同学会对自己的成绩表现出嫌弃，会笑话自己。渐渐地，有部分同学就不和琳琳来往了，琳琳感到伤心、失望、不开心，琳琳都不敢将这些告诉家人，害怕父母担心。父母因为自身学历不高，但能够开店谋生，养活家人，因此对于成绩没有要求，哪怕琳琳小学后期成绩下降，也并未过多苛责或要求琳琳做出什么改变，只告诉琳琳成绩差不要紧，开心就好。对于琳琳在学校成绩、人际关系上遇到的具体困难并不是很清楚，也未曾料到琳琳心情上的变化。

到了初中，学习的功课数目增加，难度更高，对琳琳而言更是难上加难，成绩在班级中垫底，门门功课都不及格，给了她巨大的打击。雪上加霜的是老师因为琳琳成绩差多次找她谈话，希望她多多努力，想办法把成绩提上去，琳琳感受到了沉甸甸的压力。大部分同学因为琳琳学习成绩差，基本不和她来往，能说得上话，还保持来往的就那么一两个女生。琳琳觉得自己被同学“瞧不上”了，情绪郁闷，每日都昏昏沉沉，什么都不想做，对什么都没有了以往的劲头，一下子从过往的“开心果”变成了“小苦瓜”。平日在家独自伤心落泪，不想去学校，去了学校上课听不懂，作业不会写，也不想写，没什么同学朋友能倾诉心中的苦闷。琳琳开始怀疑自我的价值，认为自己什么都做不好，真没用，长这么大没有一件事能办好，爸爸妈妈辛苦赚钱，照顾自己，但自己不能为他们做什么，还变成现在这个情况，太对不起父母，拖累父母为自己操更多的心。白天常常头痛，晚上睡不着的时候就胡思乱想，各种负面的想法在脑海中交织，甚至会冒出“生活为什么这么难，自己好像什么都做不好，找不到解决的办法，还能怎么办，不如一死了之吧，省得再烦恼”的想法，因为顾念着家人，琳琳并未把脑海中的“死亡”想法付诸实践。春节过年期间，看着电视里的喜庆热闹，家人的团圆开心，琳琳的眼泪却不受控制地掉。家人明显感觉到了琳琳的异常，琳琳也主动想就医，这才辗转有了后续的心理门诊就诊。

【评估与分析】

通过和琳琳的交谈发现小姑娘言语表达能力一般，用词简单，深入交谈时情绪、心理感受的表达比较模糊，对事情的想法简单，表达逻辑性稍差，因此初步考虑在情绪问题以外是否存在智能发育的落后。首先，琳琳妈妈反映家庭中没有人表现出某一方面或整体发育的落后；其次，和琳琳妈妈共同回顾琳琳的生长发育史。妈妈反应琳琳出生后身体一直很健康，未曾罹患任何重大的疾病，大概在一岁半以后开口讲话，在 1 周岁左右独立走路。口语表达能力确实比同龄人弱，如其他同龄孩子能绘声绘色地讲故事时，琳琳的故事总是比较单薄、简单。生活中教导新技能或新知识时琳琳的接受速度比较慢，学会了有时又会忘记，需要多次重复学习。琳琳妈妈对于教导孩子的描述大致为——学得是稍微慢点，但多教几遍还是能够学会的，没有到难教的程度。加之琳琳学习的态度很认真，老师也曾和家长反映琳琳上课听讲的态度是端正的，因此妈妈对琳琳“稍慢”的学习能力未多加怀疑，觉得这样也还行，过得去。

与琳琳确认日常上课及学习状态，琳琳描述为：想认真听老师讲课，可年级越高越听不懂，听不懂了就会走神，所以上课开始时是专心的，实在听不懂了就会自己也管不住地开小差，注意到自己开了小差，就会告诉自己要好好听课，但注意力越到后面越不受控制。写作业状态也是如此。交谈时观察琳琳未发现特殊面容，表情无呆滞、过分幼稚，无兴奋多动、怪异行为等。查看琳琳外院躯体相关检查，如头颅 MRI、胸部 CT、血常规、大生化、甲状腺功能等也未发现明显的异常。

医生根据对琳琳生长发育史的回顾、接触交谈的观察、躯体情况的确认，考虑琳琳存在智力发育的障碍，注意力发育水平需要进一步确认，合并存在情绪问题。为琳琳开具了学龄期的韦氏智力检测、注意力测试、婴儿—初中生社会生活能力量表、儿童青少年抑郁障碍量表、脑电图等检查。

检查结果提示琳琳脑电图无异常，婴儿— 初中生社会生活能力量表反应轻度落后，学龄期韦氏智力测试结论总智商 79，处于边界状态，注意力测试提示注意缺陷型 ADHD，情绪相关量表提示很可能存在抑郁障碍、轻度焦虑情绪。

医生根据注意力检查结果再次详细询问了琳琳生活中注意力维持等方面的表现，确认其存在 ADHD 症状。结合以上种种，综合考虑琳琳存在焦虑抑郁情绪、注意缺陷型 ADHD、边缘智力。回溯琳琳的情况，不难发现其存在整体的神经发育落后，边缘智力可谓所有事件的“源头”，使琳琳在认知、语言、社会能力等各方面不同程度地落后于同龄人，引发了学业、人际关系等的困难，最终导致形成抑郁焦虑的情绪。

【科普】

智力发育障碍（Intellectual Developmental Disorder）是指发生在发育阶段，即神经系统发育成熟（18 岁）以前，以智力和社会适应能力发育迟缓，未能达到相应年龄水平为主要临床表现，即精神发育迟滞、智力低下或学习能力低下。智力发育障碍者的智商在 70 以下或低于同年龄人群均值 2 个标准差。社会适应能力包括个人生活能力和履行社会职责的能力两方面。社会适应能力低下者表现为认知、语言、情感、意志和社会化等方面能力显著落后于同龄儿童，可同时伴有其他精神症状或躯体疾病。智力发育障碍根据智力低下程度及社会适应能力缺陷程度分型为轻度、中度、重度、极重度。

智商在 70 ~ 84 为边缘智力（部分观点认为智商 70 ~ 86 为边缘智力），属于智力发育障碍与正常智力之间的过渡状态，严格意义上不归入智力发育障碍，但其智力发育水平明显较正常人迟缓。

是何原因导致智力发育水平的迟缓呢？病因太为复杂，涉及范围广，包括生物学和心理社会等诸多因素。

遗传及先天因素

1. 染色体异常

常染色体和性染色体的染色体数目异常，常见的有唐氏综合征（Down Syndrome，DS），又称 21- 三体型综合征或先天愚型。患病者染色体结构异常，如倒位、缺失、易位、重复、环形染色体和等臂染色体等。常染色体异常会导致猫叫综合征，性染色结构异常会导致脆性 X 染色体综合征等。

2. 基因异常

DNA 分子结构异常使机体缺乏代谢所需酶或所需酶的活性不足，

导致发生遗传代谢性疾病，并伴有智力发育障碍。其中，苯丙酮尿症、半乳糖血症、黏多糖病、脑白质营养不良等常见。少数智力发育迟缓是在多个基因的累积效应基础上加上环境因素的影响所致，如结节性硬化、神经纤维瘤、先天性甲状腺功能减退等疾病均导致智力发育迟缓。

3. 先天性颅脑畸形

如家族性小脑畸形、先天性脑积水、神经管闭合不全等疾病都可能导致智力发育迟缓。

围产期有害因素

1. 感染

母亲孕期感染各种病毒、细菌、螺旋体、寄生虫等，如巨细胞病毒、风疹病毒、流感病毒、肝炎病毒、HIV 病毒、弓形虫、梅毒螺旋体等均可能导致胎儿智力发育迟缓。

2. 药物

母亲孕期使用某些药物，特别是作用于中枢神经系统、内分泌和代谢系统的药物，以及抗肿瘤和水杨酸类药物可能导致胎儿智力发育障碍。

3. 毒物

母亲所在环境、所食用食物和水被有害物质污染，如铅、汞等。

4. 放射线和电磁波

5. 妊娠期疾病和并发症

孕妇患各种疾病，如糖尿病、严重贫血、肾脏病、甲状腺疾病，孕期出现先兆流产、妊娠高血压、先兆子痫、多胎妊娠等。

6. 分娩期并发症

前置胎盘、胎盘早期剥离、胎儿宫内窘迫、脐带绕颈、产程过长、产伤、早产等使胎儿颅脑损伤或缺氧。

7. 妊娠期其他危险因素

母亲年龄偏大、营养不良、抽烟、饮酒，遭受强烈或长期的心理刺激产生持续的情绪抑郁、焦虑等都可能与幼儿智力发育迟缓有关。

出生后不良因素

影响中枢神经系统发育的疾病和环境因素都可能导致智力发育迟缓。

1. 新生儿疾病

未成熟儿、低出生体重儿、母婴血型不合所致黄疸、新生儿肝炎、新生儿败血症、胎儿颅缝早闭等。

2. 儿童期疾病

脑炎、脑膜炎等中枢神经系统感染，颅内出血，颅脑外伤，脑缺氧（溺水、窒息、癫痫、一氧化碳中毒），甲状腺功能减退，重度营养不良，特殊感官缺陷所致听觉或视觉障碍。

3. 环境因素

儿童智力的发育需要良好的社会环境刺激，缺乏关爱、缺乏受教育机会、缺乏人际交往、与社会隔离、亲子关系不良，甚至受虐待都会影响智力发展。

智力发育迟缓的儿童往往存在一些早期表现，如喂养困难、睡眠多、不爱哭闹、较难唤醒、哭声异常、对外界刺激反应迟钝或缺乏反应、对周围事物兴趣短暂等[1]。

上学以后边缘智力儿童不能完成高级、复杂的脑力活动，学习和适应社会对于他们而言是一件具有巨大挑战的事，总是存在非常多的困难。学习、解决问题、人际交往等方面的能力都落后于常人，在学习上常常表现出注意障碍，记忆力差，语言较少，语言内容简单，阅读速度慢，阅读后理解能力不佳，难以完成复杂性较强、思维逻辑性强的数学题等情况。在人际交往上表现出沉默寡言、孤僻，情绪发生缓慢，不善于应对处理周边发生的变化，如果遇到较大的刺激，情绪容易不稳定。边缘智力的儿童可能因长期在校的挫败感，对学校环境产生抵触情绪，将自己与同学、老师隔离起来。并对自身产生失败无用感，出现消极抑郁焦虑情绪。

【建议】

总体而言，边缘智力儿童需要医疗、教育、训练、心理治疗等多方面结合的综合措施以争取将来更好的生活。

医疗方面，部分边缘智力儿童可能本身即存在原发性躯体疾病，对于此类儿童需要积极查找病因，给予针对性的治疗。例如，案例中的琳琳共患 ADHD，在后天的发展过程中出现了情绪障碍，则需要就 ADHD 与情绪障碍提供对症的药物治疗，否则将进一步造成其学习、社会适应等方面的困难，病情与病因恶性循环，会给后期的教育、训练带来更大的困扰，不利于琳琳的康复及发展进步。

教育与训练方面，需要学校、家长、社会相互配合，共同采取有效措施帮助边缘智力儿童达到更优的学习效果。学校可以为边缘智力儿童提供一个有爱的集体氛围，让孩子感受到被接纳，帮助他们培养自尊心、自信心，使他们更好地融入集体。家庭保持安全、稳定、关爱、包容的环境，有利于形成乐观开朗的性格，避免孩子出现孤僻、冷漠、情绪不稳定等情况。家长要对边缘智力儿童有更多的耐心及信心，尽早进行科学的训练。智力是多元化的，边缘智力儿童在传统的言语、数学逻辑等智力方面落后于正常儿童，但他们极有可能在其他方面存在“优势智力”，学校、家长可以积极地观察、评估并发掘他们的兴趣、优势和特长，共同制定个性化的发展目标与计划，确立具体的实施步骤，保持培养的持续性。家校可改进教学方法，如利用更直观的教学或操作方法，激发他们的学习兴趣。不论学校还是家长，都应给予边缘智力儿童更多的肯定与鼓励。家校保持紧密联系，及时了解、反馈孩子的发展情况，共同处理孩子可能出现的情绪、行为、学业等问题。社会层面可以加强科普宣传，引导大众更为客观地看待智力发育迟缓儿童，减少歧视，为他们提供更加多元自由、包容的社会环境。最好可从法律上为边缘智力儿童提供保护，让他们能有机会接受更多更为平等的治疗、教育等权益。再比如完善社区康复服务，提供更为普及的训练康复设施与机构，培训更多专业性的指导老师等[2]。

心理治疗方面，可以针对边缘智力儿童的异常情绪及行为提供相应的心理治疗，如行为治疗、游戏治疗。尤其可以为其家庭提供心理教育和家庭治疗，介绍相关知识，让父母对边缘智力有更科学、更全面的了解，以缓解家长的焦虑情绪，稳定家庭关系，为边缘智力儿童的未来发展提供更好的“土壤”。

参考文献：

[1] 策安珀野 .【精神病学基础】智力发育障碍 | 导论 [EB/OL].（2023-04-10）[2023-04-28]. http://zhuanlan.zhihu.com./p/361294337/（2023/4/10）.

[2] 方丹 . 边缘智力对学生学习的影响及对策 [J]. 韶关学院学报：社会科学，2006，27（4）：82-85.

Asperger Syndrome（阿斯伯格综合征）

文 / 付福音

【案例】

浩浩，今年 10 岁，是个长得很壮实的男孩子，目前在上小学三年级。在一年级至二年级期间，浩浩的学习成绩一直在班级里名列前茅，各科成绩都非常优秀，虽然在课堂上经常容易走神，小动作不断，不遵守课堂规则，但这丝毫没有影响浩浩优异的成绩。可是上了三年级之后，由于经常与同学发生矛盾，浩浩的成绩开始发生了翻天覆地的变化，甚至在教室里听课和完成家庭作业对浩浩来说都是极其困难的。

在大家眼里，浩浩是个聪明但有点奇怪的孩子。浩浩从小就爱看书，从会说话不久就认识了很多汉字，可是除了看书没有其他明显的兴趣爱好。他没有朋友，如果想和哪个同学玩，他就直接走到这个同学面前，拖着人家讲话，不管人家愿不愿意，而别人稍微碰到他，他就会认为别人对他有敌意。他在讲话时只喜欢聊自己感兴趣的话题，不容许别人换话题，也不看听者的表情，一个人自说自话，不能理解别人的反话。浩浩喜欢楼下的邻居，就直接推开邻居家的门，随意摆弄邻居家的东西，喜欢看同学的课外书，就会直接拿去看，从来不管别人的看法，经常招来别人疑惑的眼神。

浩浩很喜欢看课外书，他看过的书籍数不胜数，几乎每周都会去书店看书和买书，对自己喜欢的自然类书籍会翻来覆去看很多遍，在看书时不容许别人打扰，否则就会发脾气。三年级刚开学不久，浩浩看到同学有一本新的课外书，就想拿来看，同学把书收起来不愿给浩浩看，浩浩就很生气，回到座位上发脾气。有一天浩浩直接从同学的位置上把书拿走了，同学知道后要把书要回来，浩浩就把书扔掉了，两人都很生气，随即打了起来。老师对两人的行为进行了严厉的批评，浩浩顿时崩溃，在教室里大发脾气，浩浩认为整个班级的同学和老师都不喜欢自己，处处针对自己，不愿进到班级里上课。

自进入小学以来，督促浩浩写作业都是父母无比头痛的事，浩浩认为作业太简单写了没意思，可是对于有点难度的作业，浩浩每次做错就会发脾气，因而也不愿意写。一二年级时，浩浩凭借自己良好的记忆力，即使经常不写作业也能保持很好的成绩，可是三年级开始学业难度加大，浩浩与同学冲突很多，上课时不认真听讲，经常看课外书，课后也不完成作业，成绩一落千丈。父母因其与同学冲突较多，排斥上学和写作业而前来就诊。

【评估与分析】

从浩浩的行为表现来看，浩浩在与人的社交互动上存在本质性的缺陷，如说话时缺乏眼神接触，不理解别人的肢体动作及眼神的含义，行为幼稚，未发展出与年龄相称的同伴友谊，自我中心、我行我素，在分享自己感兴趣的内容时，只一味输出，缺乏社会和情感的互动。刻板兴趣明显，浩浩从小就痴迷于书籍等文字材料，不容许被打断或打扰，在强度和专注度上异于常人。

浩浩因其社交互动的缺陷经常与同学发生矛盾，认为老师和同学都不喜欢自己，对自己有敌意，因而产生了逃避学习环境的心理；浩浩总体智力正常甚至有较强的记忆力，但同时有较强的畏难情绪，挫折体验感强，难以接受自己出错或受到别人的批判，对于有难度的学习任务通常以逃避的方式应对；此外，浩浩沉迷于自己看书的爱好，在课堂上也不例外，这些缺陷在临床意义上导致了社交、学业等功能的严重受损，医生诊断浩浩患有阿斯伯格综合征，以上症状表现是导致浩浩学习困难的根本原因。

【科普】

什么是阿斯伯格综合征？

阿斯伯格综合征（Asperger Syndrome，AS）是一种以社会交往异常、局限且刻板的兴趣和行为模式为主要特征的神经系统发育障碍疾病。“阿斯伯格综合征”其实是一个已经从临床诊断中取消的病名。在美国《精神障碍诊断与统计手册（第五版）》（DSM-5）中，阿斯伯格综合征被归为孤独症谱系障碍，属于高功能孤独症。但由于学界对其分类一直存在争议，阿斯伯格综合征的叫法现在依旧普遍存在。阿斯伯格综合征具有与孤独症同样的社会交往障碍，局限的兴趣和重复、刻板的活动方式三类症状，但又不同于孤独症。阿斯伯格综合征没有明显的语言和智能障碍，社交困难是本病的核心问题，这种障碍自婴幼儿期起病，病程长，会严重影响社会功能。

阿斯伯格综合征的病因及发病机制目前尚不明了，但一般受家族遗传影响，男性发病率高于女性。有理论推测是在胎儿发育早期，胚胎细胞的移行异常，影响了脑结构和神经连接特性，从而使控制思维和行为的神经回路受到影响，因此患儿有其独特的思维特征和行为表现。主要临床表现包括：①社会交往损害；②语言交流困难；③局限的、重复的、固定模式的行为、兴趣和活动；④运动笨拙[1]。

部分阿斯伯格综合征患者智力正常甚至超常，但由于缺乏同理心和具有沟通上的障碍，在社交方面一塌糊涂。患者在幼儿期就已经呈现出较明显的不合群、不会交朋友甚至各种捣乱等情况。随着孩子进入小学、中学，现行教育制度对于学生全面发展的要求和注重分数的现状，加之家长和教师对本病缺乏了解，孩子的一些与众不同的思维和行为常常不被理解，经常在学校遭受校园欺凌，因不善辩解而常委屈万分，严重影响其自尊、自信。随着孩子逐渐长大，各种挑战和困境会接踵而至，使孩子适应学校和社会难上加难，乃至出现各种行为问题，甚至是抑郁症、焦虑症等精神问题。

早发现早干预

与孤独症相比，阿斯伯格综合征的预后较好，越早干预，越利于患儿的正常发展。即使在沟通、交往等方面仍存在一定的困难，但提前干预能大大改善环境的接纳、包容与了解程度，大部分患儿成年后能和正常人一样结婚生子、有自己的职业。

其实，阿斯伯格综合征是孤独症谱系中功能最高的，患儿智力发育水平普遍正常，甚至有15%的患儿还具有超常智力，因此阿斯伯格综合征也被称为“天才病”。如果能早干预，不仅有利于孩子正常发展，还能更好地释放他们的特质与潜力，甚至取得极为优秀的成绩。遗憾的是，很多患儿早期通常难以像孤独症那样被家长关注。有些孩子因对某个特殊领域特别感兴趣，或是阅读水平可能高于同龄人，或是有一些特殊的能力等，常常让人觉得天资聪颖，而隐隐表现出来的社交困难则往往被“聪明、有个性”所掩盖；还有些家长虽然感觉到孩子有些与众不同，但总是期待随着其年龄的增长会逐渐好转[2]。

到医院来就诊的，通常都是阿斯伯格症状非常明显的，已经严重影响孩子正常的学习和生活了。此时多数孩子已 8 ~ 11 岁，这个年龄再干预、训练，效果要逊色得多。

社交沟通障碍是核心问题

阿斯伯格综合征的行为干预疗效与康复训练的开始时间密切相关。孩子日常如果有下列行为特征，建议尽早就诊评估。

①社交沟通困难：这是阿斯伯格综合征的核心问题。患儿幼儿期就明显不合群，难以与同龄孩子相处。实际上，患儿内心是非常渴望甚至尽力想与其他人交往的，却往往缺乏技巧，如察言观色的能力差、不能关注对方的反应、忽视别人的感受等；此外，患儿对语言的理解能力有限，常按照字面去理解别人说的话；患儿说话的音量、语调、变化和速度比较单一刻板，喜欢咬文嚼字，缺乏幽默感，给人以古板、生硬、夸张的感觉。

②行为刻板：阿斯伯格综合征患儿只要认同某个规则，就会非常刻板地遵守它，最受不了的就是改变，如上学必须走相同的路线、只用同样的被子和枕头、东西必须放在固定的地方等。一旦这些被改变，便会表现出焦虑不安，甚至大吵大闹。

③常有“特殊的爱好”：阿斯伯格综合征患儿学龄前期或学龄期就会表现出对某些方面的过分兴趣，如不同的门锁结构、外星人等，也可能是数学、科学知识、阅读、历史等；有的还会表现出惊人的记忆力、计算能力等。

【建议】

阿斯伯格综合征的治疗着重于核心症状的改善，包括改善交流技能或刻板的行为模式。干预的方法根据孩子的具体情况而有所不同，但总的原则应该是在接纳理解的基础上扬长避短。

理解与接纳

养育一个特殊的孩子，生活中处处都是艰难，常常让人陷入焦虑。家长首先要调整好自己的心态，通过各种途径了解阿斯伯格综合征的知识，明白自己的孩子确实跟正常孩子有区别，意识到孩子不是一般的调皮捣蛋、不听话、发育落后、胆小内向，他的正常成长是需要辅助的；建议不要让阿斯伯格综合征孩子就读竞争过于激烈的学校，尽量在宽松环境下成长，这样往往会有意想不到的效果；必要时减少正常作业量，允许患儿用感兴趣的方式（如用电脑操作代替手写）完成作业，对于某些特别抗拒的课程必要时可以申请免修；建议和老师做好沟通，尽可能地获取老师、同学的理解与帮助。

结合孩子的能力和情绪，顺势干预

并非孩子的所有问题都需要干预解决。比如，孩子上学一定要走某一条路、喜欢辨识汽车牌照、读数公交车站牌，这些刻板行为或特殊兴趣爱好，如果不影响他自己的学习生活，也不会给周围人造成麻烦，这些刻板行为也许是孩子获取安全感的一种方法，或者是确认记忆的一种方法，对于他来说是有意义的，就不一定非得要“改掉”。家长可以从孩子的兴趣入手，逐渐拓展他的视野和学习范围。而且随着年龄的增长，这些行为可能慢慢地有所改变。

家长需要做的是帮助孩子去改善那些最影响个人发展，也影响周围人的行为（如严重扰乱课堂纪律，伤害他人或自己）。当然，即使很重要的行为，也不能苛求能改变得跟普通孩子如出一辙甚至水平优秀。比如，尽管待人接物仍然不那么灵光，但不擅长交际的人有很多，只要学业发展还行，将来能有一定的专业技能就可以了。一切改变都是以孩子良好的情绪为基础，阿斯伯格综合征孩子常伴有一些情绪心理方面的问题，在孩子有情绪期间，不要让孩子去做任何改变。

关注孩子的问题行为，也要关注、保护并发展孩子的潜能和优势

针对局限的、重复的、刻板的行为、兴趣和活动问题，需要做到：①将其作息时间结构化，建立日常生活、学习习惯；②环境改变前预先描述、告知注意事项和行为规则；③管教前后一致，奖惩提早告知。

针对在社会交往方面存在的损害问题，需要做到：①解释成因，理解和区别其特征性行为问题与一般行为问题；②通过角色扮演锻炼其社交技能，学习社交规则；③通过老师同学配合，使其获得交往的自信。

针对语言交流缺陷问题，可以重点培养其语言的实用能力；结合情景，传授模仿性短句，在不同场合练习应用，促使学习到的技巧得到迁移。

针对运动机能笨拙的问题，可以安排体育锻炼时间，参加感统训练。

在学业困难方面，如果注意力集中时间短，可以在学习环境中尽量减少分散注意的事物，拆分学习任务，控制课外习题量，分心时及时提醒，好行为及时进行强化；如果联想能力较弱，可以提供根据个体情况设计的高度个别化学业计划，可与老师配合实施；针对考试无法灵活应变，可创造性地用一些方法，使其能顺利连续答题，完成考试。

多数阿斯伯格综合征孩子存在对某些学科领域的强烈兴趣和优异能力，很多阿斯伯格综合征孩子成年后从事的职业往往就与儿时的特殊能力有关，并且可以做得非常优秀。因此，家长对孩子的特殊能力要给予一定关注，并适当培养。

区分一般性问题和特殊性问题

将一般孩子都会犯的问题，归为一般性问题，将与阿斯伯格综合征特征相关的问题，归为特殊性问题。比如，如果孩子偶尔会不理睬大人的指令，尤其在自己玩得兴致勃勃的时候，这属于正常现象。但如果孩子大多数时候都对别人的指令置若罔闻，仅对自己感兴趣的指令有反

应，那就可能是患儿自我中心，或者社交障碍的一种表现。学会识别症状，是家长理解孩子、帮助孩子的基础。

对于阿斯伯格综合征症状相关的问题，家长需要了解问题行为发生的背景和前因后果，理解行为的目的，找到合适的适应性行为，以患儿能接受的方式来替代其非适应性行为。因为患儿的自我中心特征与一些特殊行为不一定与亲子互动模式相关，家长需根据具体情况，给予行为指导。比如，患儿考试成绩时好时坏，可能是取决于他在做到第几题时遇到障碍。因为当碰到不会做的题目时，他会停在那里，不再继续做题，不论老师还是父母如何引导他跳过该难题继续往下做，他都无动于衷。家长根据对孩子刻板行为的判断，猜测孩子需要答出每一题的答案才能继续往下做，指导他以问号替代不会做题目的答案，这个孩子的考试问题便迎刃而解。

鼓励教育，激发内驱力

阿斯伯格综合征孩子总体智力正常，有些甚至智力超常，但这类孩子有着更强的畏难心理，经常受挫，往往学习做事内驱力不足，鼓励表扬对他们来说很重要。同时，这类孩子也比较敏感，不自信，因此鼓励及肯定教育、激发内驱力是其完成自我成长的关键力量。浩浩在记忆方面表现出色，能在较短时间内完成记忆，家长和老师可以针对这一优点及时给予肯定与表扬。对于其他方面的点滴进步也及时给予肯定，对于不足之处，采取鼓励的方式代替简单批评。

家长需要承担教育重任

对于这类孩子，倘若家长、学校和老师没有给予充分理解，很容易误认为他们是在故意捣蛋、搞破坏或是存心对抗，并采取各种各样的对待普通儿童的方法对其进行管教和约束。其结果往往是不但没有管好，反而使孩子的问题越来越严重，脾气愈加暴躁，甚至出现情绪障碍，更加厌恶学习和学校。家长对此疾病是可以有所可为的，而不是无能为力的。家长需要发现和充分利用自身力量和资源，保持健康的身体和稳定的内心状态，多给患儿和自身鼓励与赞扬。

参考文献：

[1] 陈一心 . 阿斯伯格综合征的家庭治疗 [J]. 心理学通讯，2021，4（1）：8-10.

[2] 李靖 . 阿斯伯格综合征，一种高功能孤独症：访南京脑科医院儿童心理卫生研究中心主任医师，教授柯晓燕 [J]. 江苏卫生保健，2021（9）：4–5.

我什么都做不好，才能让你们忘记争吵

文／陈礼贤

【案例】

小敏，女孩，10 周岁，四年级，对女孩来说这是一个看似长大又没完全长大的年纪。女孩子心理成熟早，10 来岁的年纪已经能理解很多事情了，只是欠缺一点阅历而已。小敏成绩很优秀，一直是班级前几名。可就在升上四年级之后，出现了成绩滑坡。一开始只是数学成绩下降，老师以为是四年级数学难度跃迁的原因，稍作叮嘱，就没有特别在意。后来到了期中的时候，她的全部课程成绩都直线下降。课堂表现也没有以前积极了，注意力不集中，发呆，经常陷入若有所思的状态，而且常常因为不适请假回家。老师联系过家长，家长的回应也是积极的，“我们会重视，我们也在努力寻找原因，老师您辛苦了”之类不痛不痒的答复，似乎也看不出什么问题。不放心的老师进行了家访，似乎看出了一些端倪。小敏的父母都是知识分子，对待老师的家访也是很重视。家访过程中没有发现小敏的家庭出现打骂，父母争吵、指责，父母职责缺失等常见家庭问题。唯一奇怪的是，小敏是躺在被窝里做作业的。追问原因，父母说是孩子最近一直睡眠不佳，精神憔悴，所以做一会儿，就需要休息一下。天冷，干脆就躲在被窝里做作业了，身边的父母一直伺候着。本来一年级就独立分房的小敏最近夜里都要求跟父母一起睡觉。

经过老师单独地仔细询问才得知，原来在半年前的某天夜里，小敏听到了父母的争吵，平时白天相敬如宾的父母，竟然半夜激烈地争吵，都表达想离婚，强调如不是为了优秀的小敏，早就受够了彼此。小敏听到这段对话后，简直犹如晴天霹雳，根本不敢相信平时看上去和谐的一家，原来都是演出来的。她的情绪尤为复杂，从开始的震惊到担忧，不信任父母，甚至开始厌恶自己等。那一夜她基本没怎么睡觉，想到了随时可能开始单亲家庭生活，想到了以后可能不能一家人一起出去玩，还有以后肯定会被同学嘲笑等。她连续过了好些天这样的日子，上课根本没办法集中注意力，连平时最爱吃的甜点都不想吃了。渐渐地，小敏想到，自己是不是能做什么来补救，既然父母觉得一切为了优秀的自己，那么如果自己变得不优秀了，他们就有更多的事情要做了。

而学习成绩一开始只是稍微不太认真，没想到后面是真赶不上了。

【评估】

父母反映

父母觉得小敏变了，以前活泼开朗，学习自觉，成绩从来不需要担心。小敏在的时候，父母双方还是很矜持，没有明显的冲突，大部分时候都是母亲在诉说，父亲在一旁沉默不语。当小敏出去，单独询问父母时，夫妻双方的理念冲突异常明显。小敏母亲是小学老师，自觉能做得最大的事情，就是利用自己教师的身份和能力，给小敏提供更好的教育理念和资源。父亲原来是公职人员，因为不满足收入开始经商，经商之后对母亲的教育理念产生很大的抵触，特别反感母亲教育中的服从意识，觉得这样的教育只会培养出考试机器人，所以很早就强调了独立思考的重要性，在教育女儿的过程中会重点强调自己出来下海时间晚了，要是早点出来，可能就会更早飞黄腾达。母亲每次听到父亲说这些时会非常反感，觉得过早接触这些理念会让女儿走向非常危险的道路。双方都坚持自己的理念，僵持不下。因为约定了不要在女儿面前争吵，所以每次都是在女儿不在的时候激辩。

关于是否要二宝，他俩也有不同的意见。母亲虽然也想再要一个孩子，但是坚信当今教育环境下，在女儿如此优秀的情况下，自己是没有这个能力兼顾好两个孩子的，而且若是因为优秀就减少关注对女儿不公平。母亲自诉了解女儿的性格，虽然她看上去很优秀，但是性格其实是敏感脆弱的。母亲在小敏面前试探过能不能再生一个宝宝，小敏因担忧失去百分之百的父母的爱而反对，母亲自此不再想二宝的事，而父亲觉得自己这样的家庭，完全可以承担培育两个孩子的开销，甚至提出了母亲完全可以放弃部分事业回归家庭的想法。

现场评估

当再次回到一家三口共同谈话时，老师逐步引导父母认识到小敏的变化确实源于父母关系紧张，当小敏出现明显的学习和身体问题后，父母的关注重心都转回小敏身上，争吵变少了，但小敏仍不间断地表述不想上学。在引导下小敏承认自己担心父母分开，担心家散了，无时不在恐慌中，学习下降后，父母对自己的关注增加了，关系也不紧张了，内心突然闪现一个念头“如果成绩上去了，爸爸妈妈会不会再次争吵……”。此后，小敏便有意识地“躺平”了，只是没想到，成绩下来容易，回去却非常困难，又不敢在父母面前暴露这个小心思，只有“生病”能更好地掩盖学不好了的事实。

【分析】

小敏的现状属于暂时性学习困难，主要原因跟小敏的家庭困境相关。

①小敏最大的问题：父母关系紧张，不知道如何改善。对于小敏来说，这不是跟爸爸还是跟妈妈的选择题，也不是爸爸对还是妈妈对的判断题，而是我只要一个爸爸妈妈不能分开的结果。小敏以请假回家、不上学引起父母关注，心理层面上可解释为面对心理困扰时的一个不成熟的应对方式，用躯体化、退行到孩童的状态来寻求父母的关注和照顾，借此形成维持一个完整的家的目的。

②情绪管理能力：大多数儿童会学会至少两种应对压力的策略并选择性使用。但是面对比较复杂的情况，如父母情感危机，要离婚的时候，他们会产生比较无助的焦虑感，因此就会出现躯体化、退行这样的比较早期的防御措施。

小敏个性敏感，对家庭的依赖程度较高，尽管在时常受到母亲的赞扬和父亲的包容嘉奖的家庭氛围下小敏的发展一直比较顺利，但也正是因此，在得知父母有分开的打算时，她的情感世界瞬间崩塌，无力面对。

③为什么小敏用与学习相关的方式来表达内心的需求？跟父母平时对其学习过度关注有关，在其父母的冲突中也多次提到她的学习及教育方式问题，对于孩子来说，自己得为糟糕的父母关系负责，这也会促使小敏想办法解决。而这个年龄段的孩子正处于勤奋与自卑心理发展阶段，当面对学习受挫，又没有被及时支持的情况时，更容易进入自卑阶段，这也是后期小敏选择“躺平”的原因之一。

小敏的个性跟母亲的教育有着密切的关系，母亲是小学老师，有丰富的预见性，很早就规避了一些常见的错误，如手机依赖、字迹潦草、缺少阅读等。她的勤奋特质离不开母亲的有意培养，父亲或许感知到孩子的独立性不够，看似反对母亲的教育理念，深层次更多的是担忧孩子离开母亲庇护后，遇到更多棘手的困境时无力独自应对。

【科普】

1. 适时分床

在心理发展上，适时分床是独立的开始，孩子和家长的边界感开始产生。心理发展过程分阶段，但在特定的情况下也会有反复，本文中的小敏，在家庭遭遇危机的时候，会睡不着，就会要求跟父母同睡。心理学中也把这个行为叫作“退行”，以退行的方式回到孩童的状态，进入父母的关系里。此时可以不用着急拒绝孩子，推荐的方式是在孩子房间陪伴入睡。如果孩子说害怕有鬼之类，最好的办法就是父母跟孩子讲述自己年幼时的糗事，承认会有这么一个过程，再明确告知需要自己去面对这种困境。

2. 如何看待普遍性性早熟

现在“性早熟”比较困扰着父母，其中很大一部分是父母无故的担忧。因为随着饮食营养结构的变化，孩子们相比父母这一代的确发育偏早一点。不要人为地定义孩子性早熟，也不要用自己的青春发育期来推断孩子是否性早熟，当有疑问的时候，最好还是找专业的医生评估。

3. 如何开口跟孩子谈青春期身体变化

大部分孩子都是在同学的玩笑中得知发育小知识，很少有学校会开展生命教育的课程。这部分知识还是需父母适时传授，一般是由同性的父母讲述，不要过于扭捏，如同普通拉家常般娓娓道来。

4. 如果父母吵架了，该如何跟孩子解释

基本上所有的父母都知道，不要在孩子面前吵架，会给孩子造成“不安全感”。但是如果真正吵架了，而且很频繁不可回避，该怎么去

修复呢？这里要做到理想父母和现实父母的区别，拿小敏来举例。

①如果小敏的家庭经常发生争吵。切记，在孩子面前不要数落对方的不是，更不要让孩子参与到夫妻吵架之间的选择中来。

②吵架后最佳表述：爸爸妈妈虽然吵架了，但不影响对你的爱，只是我们的关系最近需要调整。

③要让孩子心中有一个理想型父母的存在：大部分比较理想的父母，都是不断调整修炼出来的。孩子的成长阶段中，首先是跟父母建立良好的亲密关系，后逐步将经验应用到与他人的相处中，如果与父母建立的关系不安全、不稳定，未来也很难与他人建立稳定、安全的关系。

④现实中的父母：现实中的父母跟理想型父母有差距时，要承认自己做得不够好。可以听孩子点拨，逐步向理想型父母发展，如同我们期望孩子逐步变优秀一样，这就印证了一句古话“活到老，学到老”。

5. 如果父母关系处理不好，造成家庭关系紧张，可以跟孩子道歉吗？

当然可以，但要学会技巧。最恰当的表述，就是对事情内容本身表达歉意，而不一定强调当时当地取得孩子的原谅，毕竟情绪的消减有个过程，这么做的目的，也是引导孩子建立正确的是非观，让孩子看到父母平等沟通的姿态。

6. 学习节奏有些赶不上，有没有休学重读的必要？

目前教育层面是不提倡留级的，小敏只是学习暂时落后，个人不建议休学重读，可把这一次当作一次挫折来应对引导，当然，要共同协助其补上落下的功课。

7. 家人需要放弃大量工作，全程投入到家庭教育中吗？

个人认为这确实很难平衡，现今内卷的社会竞争氛围，父母社会成就高能一定程度平衡自身情绪，但一定要做的是减少无效的社交，尽量多陪伴孩子，尤其是在孩子需要的时候。如果工作生活难以平衡调整，也可以尽量整理出一些可居家办公的工作内容，边陪伴学习边办公，或待孩子休息后，再办公。

8. 经常吵架的家庭和表面和谐家庭，哪个对孩子的不利影响更大？

两者没有可比性，只是后面这种情况，特别容易被忽视。孩子是家庭里那个最敏感也是最无助的人。一般孩子是最能感受到家庭气氛变化的那个个体，又因为年龄关系，无法回避，只能待在这样的环境中，因此是最无助最无辜的人。我们的建议是，只要决定还是在同一个家庭里生活，就要处理好各自的症结，全心投入家庭，努力给孩子营造真实的和谐家庭氛围。如果确难做到，与其吵架或营造假装和谐实际紧张压抑的家庭氛围，不如给孩子一个更真实稳定的父母。

【建议】

综合以上评估，小敏属于暂时性学习困难。学习困难是小敏在这个年龄阶段，为了保护自己家庭的完整性做出的“无可奈何的正确选择”。那么如何破局呢？

1. 建立安全感与信任感

小敏父母隐约感觉到小敏可能是不想上学，只是他们不清楚背后的原因。母亲觉得可能是小姑娘长大了，爱漂亮爱玩了。父亲则把大部分原因归咎于妈妈的教条主义。觉得妈妈什么事情都替小敏安排好，导致孩子学习自主性不够。父母需要耐心跟孩子坦诚地交流，了解孩子的内心需求，明白症结所在，才能找到解决的办法。笔者在跟小敏坦诚沟通后建立了信任的咨访关系，告知小敏学习是她自己的事情，通过牺牲自己的方式只能暂缓父母的冲突，聪明的办法是建议父母做夫妻治疗，而自己回归正常的成长轨道。

2. 调整认知观点

核心的矛盾是小敏如何看待父母争吵的问题

①强调父母真正争吵的根源不是小敏，而是对人生的不同态度。不

同的人生态度本身没有对错之分，只有在不同的场合更具有优势。小敏自己也知道，在学校要按照母亲的教育方式来处理，在跟朋友相处时，要学习父亲的灵活、随机应变等。

②明确吵架说出来的话很多都是气话，气话不要当真。引导小敏回忆以前跟表姐吵架时，也说出过让对方去死这般恶毒的话，最后也没有真正因为这些影响跟表姐的关系，相反更加懂得了彼此的边界感和最在意的情况。

③强调有的时候就是太在意了才会发生争吵。

④解读父母那句最伤小敏的话“要不是为了小敏早离婚了”，真正的目的是双方都希望彼此接受对方的态度，就是为了争取话语权的情绪宣泄而已。

⑤当孩子总是在妈妈面前表扬爸爸的现实主义，在爸爸面前强调妈妈理想主义的重要性，看起来总是在做调和者时，家长也需要警惕孩子是否过度参与到父母关系里了。

3. 跟小敏父母沟通，不争对错，一起想办法，解决问题才是王道

①给父母以理解和支持，强调父母在小敏成长中的积极作用，尝试去表达小敏目前的学习状况跟家庭有关，跟孩子进入青春期后身体心理状态发生改变也有关。

②讨论中高考状元的经验，每一个出色的孩子背后都有个出色的家庭，同时把小敏希望传达的话，用讨论的方式表达出来，作为高知分子的父母也一下子理解并接受了，同时也进行了反思。

③探讨了挫折教育的重要性，推荐父母用一些课外兴趣比赛来总结分析，如小敏比较喜欢的音乐考级，建议继续支持，并且就每次演出和考级时成功或失败的经验进行家庭讨论。

4. 如何恢复学习节奏

针对该案例，小敏的基础总体还是不错的，症结在家庭关系里，如

果这个问题也得到解决，家庭紧张的氛围能有所松动，孩子的学习动力也就能上来了，恢复以往的学习节奏也就不是问题。同时，在这里也是跟家庭成员都讨论了，在补课阶段还是先选择较为擅长的科目，这样可以更好地增加信心。

没人督管，学习逐步下沉

文／翁小娟　刘晓丽

【案例】

辉辉是一个五年级的男生，人很机灵，好奇心浓厚，学习速度快，大家都说这孩子蛮聪明的，就是心思没怎么放在学习上，四年级前成绩在班级中上位置，家人也没特别在意。四年级开始成绩逐步下降，五年级开学不久，成绩大幅下降，期中考试居然出现了不及格的情况。当辉辉父母带孩子来门诊后，我们先了解了家庭及孩子的成长经历，原来辉辉的家庭有很多状况：

①缺位的父亲：父亲是乡镇领导，常年忙于应酬，很少顾家，早出晚归是常有的事情，基本对孩子是不管不问。

②焦躁的妈妈：妈妈是单位的中层，作为管理者事务繁杂，甚是疲倦，自诉这几年自己被家庭和工作拖累着老了很多。

③插手的爷爷奶奶：因为父母的忙碌，辉辉跟爷爷奶奶一起生活，平时由爷爷奶奶照顾生活学习，爷爷奶奶对妈妈很不满意，觉得女性应该回归家庭，所以经常在辉辉面前数落妈妈的不是，而对于爸爸就是“男人要以事业为重”一句带过。

④一家三口的亲子生活比较少，辉辉父母关系紧张，经常有争吵。

记忆中辉辉很少跟父母一起出游，甚至也很少有合影。一家三口连坐在一起吃饭的时间都很少，大部分时候都是和爷爷奶奶一起吃饭。饭桌上气氛也比较压抑，经常讨论孩子的学习或家庭的冲突等。一家三口难得的相处时光，也因为不断的指责，让辉辉倍感压抑，

【评估】

父母的反应（最真实地还原了，自己都是正确的，责任都在对方）

部分对话如下。

父亲：医生，我是一个地方的一把手。现在你也知道的，一把手肯定很忙的……

母亲：那按照你这么说，其他一把手的孩子都是垃圾咯？

父亲：你这个人，怎么可以当着孩子面这么说话的？

母亲：我最起码还经常在孩子面前，你呢？你都在哪里？

父亲：我没觉得你在孩子身边啊，不都是我爸爸妈妈在陪的，说了多少次了，女人不要事业心这么重。

母亲：我要是还没点事业心，在你们家还不得当奴隶啊。

父亲：什么叫当奴隶，现在家里都你说了算了，哪有这样的奴隶。

母亲：我说了算，我说了算，叫你别喝那么多酒也不听。

父亲；你以为我想喝啊？

母亲：哦，你是一把手，你连喝不喝酒都决定不了，还一把手。

父亲：我跟你讲，唯有女人与小人难养也。

母亲：谁知道你在外面养了多少小人。

父亲：我在外面养人，一个人我都烦，我还养人。

母亲：那你为什么经常不回家。

父亲：我哪天有不回家的，再晚我不是都回家了吗？

母亲：后半夜这种还不如不回来。

父亲：好，那我以后不回来。

母亲：你最好都别回来，反正家里有你没你一个样。

……

就这样，父母在诊室忘我地吵起来，辉辉安静地摆弄着母亲的手机，不时深吸一口气。

现场评估

辉辉的学习能力评估。

1. 韦氏智力测试

119分。

2. 注意力筛查

母亲评估辉辉专注力有一定问题，父亲未表述，辉辉表述自己专注力没问题，语文、数学老师亦反馈在校课堂专注力还好。

3. 三大主课作业评估

①语文：字迹潦草，现代文阅读错误率非常高，作文一塌糊涂。

②数学：卷面字迹潦草。计算错误，逻辑错误都存在。

③英语：比其他两科好一点，可能由于目前学习难度还不是非常高，但填空题错得非常多。

【分析】

辉辉既往学习成绩优良，五年级突然下降，与家庭氛围差，父母缺位、关系紧张，对辉辉严苛、缺乏正向激励等不良家庭环境不无关联。接触中，辉辉对于学习成绩下降一事自己内心也很苦恼，多次表述想努力提高，但却静不下心来学习，因此考虑辉辉为暂时性学习困难。

那么为什么辉辉的成绩下降得这么明显呢？推断与其父母缺位，长期家庭氛围不良有关，孩子早期学习习惯培养不当，后面的学习就会越来越吃力，即使有心想学好，却苦于无技巧无方向。比如，在书写方面：孩子早期学写字是需要监督引导的，而辉辉父母缺位，一二年级的学习都交由课外辅导班代管，父母基本未参与，而补习班一般只管作业是否完成及纠错，若发现孩子字迹潦草，也只是提醒，并不做进一步督管。三年级迎来“双减”政策，原来的辅导班关门，在家只能由爷爷奶奶督促、妈妈辅导学习，随着年级的升高，妈妈辅导起来也越来越吃力。用妈妈的话说，每天只要能完成作业就烧高香了，字迹也就忽视了。在作文表达方面：语文学习很强调平时的积累，很多同龄孩子一年级就有每天记录一句话的习惯[1]，而辉辉基本到三年级才开始，平时也更喜欢看漫画类书籍，积累少了，语言表述不理想，加上字迹潦草，扣分非常严重。

心理分析

辉辉的家庭属于典型的整个家庭关系紧张导致的无暇顾及孩子的情况。

1. 父亲

跟目前大部分父亲相同，属于忙碌的父亲，很少参与家庭生活和孩子的教育。

①相比亲子关系，最先需要修复的是夫妻关系。接触的过程中，父亲觉得家里一点都不温暖，总是会呈现很多问题，这个父亲忽视了一点，那就是家人的埋怨也是一种表达，是整个家庭对他的需要的表达，于是他刚好处在了情绪的冲突点上。

②父亲没有意识到现在小学的教育难度，并不是简单地完成作业就行了。在咨询的过程中，医生把孩子正确的题目拿出来给爸爸做一遍，

大学学历的父亲感叹说，现在孩子的学习比自己当年确实难多了，很快就意识到参与辅导支持孩子学习的重要性。

2. 母亲

需要兼顾家庭和事业，得不到孩子父亲的理解和支持，渐生怨气。

①母亲是一位事业型女性，同样对目前的家庭氛围不满意，虽然陪伴孩子的时间相比父亲来讲多一些，但看到孩子的学习状况，也有内疚自责，觉得自己无能为力，同时也对父亲不参与而感到不满，渐生厌恶，选择情绪对抗，大家都在找他人的问题，忘了最后还是要去解决问题的。

②有几个父爱角色进入的最佳时期：第一个是孩子出生前后；第二个是 3 ~ 4 岁孩子最调皮的时候；第三个就是小学一二年级刚刚开始接触学校这个小社会的时候，母亲可以用不同的技巧激发父爱进入。

③夫妻双方都爱孩子，愿意为了孩子的前途铺路，但孩子的成长需要陪伴，良好的亲子关系是良好家庭教育的前提，没有一个良好的亲子关系是很难适应目前的教育节奏的。通过对辉辉作业情况的分析，明显可以感受到父母参与度太低。举个很简单的例子，擅长写记叙文、议论文还是看图说话，代表孩子的智力发展六维图是不同的。记叙文代表孩子记忆、语言组织，议论文是以思维逻辑为主，看图说话代表着想象力和观察力，所以不是简单的 3 个字“写作文”就能统一概括的。这些其实在幼儿园至小学一至三年级就能比较好地表现出来，随之要调整的就是如何取长补短，如何提高孩子的学习动力等。

【科普】

在当今社会中，大家都在说内卷，卷的就是父母，卷的就是家庭教育，这里简单罗列一些典型的问题家庭，以及这些问题家庭可能给孩子带来的影响。

1. 天下无不是的父母

父母常常表达出来：我们做这些都是为了你好，基本上要求孩子按照父母说的来做，不能反抗，更不能有自己的意见，这样的孩子在成长过程中会出现抗挫折能力差的情况，很多时候会因为一点很小的事情就自暴自弃。在这样的家庭环境下，有很大一部分孩子会变成妈宝或爸宝，学习成绩很多在初中阶段会大幅下降。

2. 父母职位功能缺失，就如辉辉家庭

一般来说父母需要做到满足孩子的基本物质需求；保护孩子免受身体伤害；保护孩子免受感情伤害；满足孩子对爱、关怀和更深层次的情感需求及在伦理道德方面给予孩子正确的引导等。而辉辉的父母只能部分做到，所以在竞争激烈的学习环境中败下阵来。成绩不好是整个家庭的结果，也是反过来进一步危害家庭幸福的因素。

3. 操控型父母

以爱的名义过度保护孩子，最常见的原因有以下两个。

一是父母自己在成长过程中没有得到足够的爱，所以在成为父母的时候会给予孩子过度的爱；二是夫妻感情不和或离婚了，父母某一方可能将全部情感寄托在孩子身上，形成相互依赖的关系，容易导致我们常说的那种恋母恋父情结。这样的孩子可能最常见的表现是生活能力特别差，依赖性强。

4. 酗酒型父母

家庭中酗酒的常常是父亲，笔者在工作中也有碰到过母亲酗酒，这种情况一般会合并有家庭暴力。

这种类型家庭的孩子，往往面临着生存危机，因此对外界的好奇会下降，求知欲不高，学习动力也会严重不足。不敢犯错，性格会变得胆小，家庭离婚率会很高，演化出很多复杂的社会问题。

5. 躯体虐待型父母

不得不承认，现在的虐待型父母还是有的，只是程度不同和形成原因不同而已。

①孩子存在注意缺陷多动障碍或其他神经发育障碍的家庭。这种家庭比较常见，孩子表现出与其年龄不相称的注意力缺陷和多动冲动、控制困难等，父母管教压力大，易出现躯体虐待。

②父母自我满意度不高，世界上最简单的事情之一，就是打还没长大的孩子。有些父母自我成就感低，在外受了委屈，回到家里把愤怒以“爱的铁拳”的形式打向孩子[2]。

③父母认知错误还秉承着棍棒底下出孝子的理念，有些是来自孩子爷爷奶奶的教养方式，有些是父母自己的认知问题。

④其他因素：如父母情绪管理困难，父母秉持学习第一的理念等。这类家庭的孩子出现焦虑抑郁情绪的风险增加，成绩不好可能继发于这些不良因素。

6. 言语虐待型父母

言语虐待型父母易引发孩子极度不自信，可能使孩子陷入完美主义（Perfectionism）、拖延（Procrastination）和心理瘫痪（Paralysis）俗称“3P”的困扰。

①完美主义：做事情苛求完美，不能接受不完美的东西。这看上去好像是好事，前期对孩子学习影响不大，甚至有促进作用，但随着学习难度加大、任务变重，副作用便逐渐显现。

②拖延：言语虐待型家庭中的孩子最常见的情况为：反正做什么事情都是得到不好的结果，我为什么要做呢？大部分孩子因幼小阶段无力反抗父母，发展出一种变相的对抗——拖延，也因此逐步丧失学习内动力。

③心理瘫痪：这种类型类似我们网络上常说的“空心病”，就是什么都无所谓，读不读书无所谓，考好考坏无所谓，吃不吃饭无所谓。

参考文献：

[1] 谢弗 . 发展心理学 [M]. 9 版 . 邹泓，译 . 北京：中国轻工业出版社，2016.

[2] 苏珊·福沃德，克雷克·巴克 . 原生家庭 [M]. 北京：北京时代华文书局，2018.

找不到前进方向的小芳

文 / 杨茜茜

【案例】

小芳，12 岁，是个安静内向的姑娘，小学成绩还算不错，一直在班级中上游，在校各方面表现良好，在同学眼里是个通情达理的人。

进入初中二年级后，小芳成绩大幅下降，在校表现未见异样，故班主任决定家访。老师在家访时发现孩子父母在其刚入学时离婚，小芳随父亲生活，但父亲很少参与小芳的教养，日常生活起居由爷爷奶奶照顾。虽然家境不算困难，但是爷爷奶奶时常在小芳面前说“你要听话，要努力”。母亲离婚后很少来探望小芳，起初小芳还不适应，后期慢慢习惯，甚至有点怨恨母亲。

老师家访过后询问小芳：“你学习成绩下降这么快，是有遇到什么困难吗？需要老师和家长做些什么协助你吗？”沉默良久，小芳低声答道：“我开心不起来，不知道为什么要学习，又是为了谁学习，学习又有什么用。”后面奶奶发现她左手臂内侧有一些划痕，在老师的建议下前来心理科就诊。

【评估】

爸爸和奶奶的反映

奶奶气质不错，打扮时尚，显年轻。奶奶反复提到不能理解为什么小芳会出现割手行为，爸爸则将一切归咎于玩手机，“肯定就是手机的原因，小学成绩一直不错，后来她要手机，便给了，此后每天到家手机不离身，好几次半夜被发现偷玩手机，心思都在手机上，哪还有心思学习。”

现场评估

1. 学习方面评估

①学习动力不足：小芳目前最大的问题是缺乏学习动力，不明白读书究竟为了什么？特别是每次回到家，看着经常喝醉的父亲，顿感生活一片狼藉。

②不知道为了谁学习：小学时懂事，爷爷奶奶总唠叨要努力学习，班主任肯定鼓励居多，自然而然地好好学习，成绩优良。但到了初中，发现爷爷奶奶还是那套唠叨话术，又感受不到父母的关爱，突然迷茫努力学习到底为了谁。

③记忆力下降：以往很容易背诵的课文、英语单词，不知为什么，现在识记困难了，越背不出越烦躁，越烦躁越背不出。

④注意力不集中：自迷茫学习为了什么后，上课便很难听进去，上课所教内容也越来越似天书。

⑤反复纠结：陷入反复纠结闺蜜的背叛疏远，纠结自己到底哪里做错了的内耗中。

2. 心理评估

通过细致问诊，发现小芳有焦虑抑郁情绪，划手能暂时缓解焦躁情绪，而这一切源于唯一能谈心的闺蜜突然不理自己了。

【分析】

小芳同学目前的学习困难并非能力不够，而是源于一系列心理因素继发的学习动力不足，属于暂时性学习困难。具体分析如下。

1. 安全感缺失

刚入学阶段经历父母离异，适应校园生活的同时，还需要适应父母分开，家庭结构重新调整。双重挑战，不稳定的生活，都让小芳的安全感受损。如若父母不得不分开，但能做到对孩子的关爱不变的话，或许能某种程度上降低影响，很显然，小芳的家庭未能做到。

2. 父母缺位

父母缺位，爷爷奶奶却用此来督促孩子多听话、多努力。小学期间，貌似是成功的，因为很早就告诉了孩子，你的家庭跟别人是不一样的，你唯一能做的就是把书读好，爷爷奶奶一定会支持你好好读书的。

从发展心理学的角度理解，理论上爷爷奶奶能做好的事情主要有 3 件：①有没有生病；②吃饱穿暖；③有没有走丢。

在这个家庭中，爷爷奶奶不能说不努力，甚至奶奶有意识地在试图替代妈妈的身份，但是实际上他们很难真正做到，准确地说是做不到替代父母的许多功能，如下列四点。

①一至三年级的学习习惯养成，阅读习惯的培养，对错题的分析和解读，老师布置的作业的解析，课外读书的取舍，强化训练题目的筛选和指导等。

②四至六年级时主要是复杂题目的解读，以及强化训练在解读复杂题目时暴露出来的自身短板等。

③最重要的是带着孩子去看看世界，做一些探索性的活动。比如，

出去旅游，把所见所闻写成周末的作文；去经历一些挑战，不管成功还是失败都将锤炼孩子年幼的心智。在小芳成长过程中父母缺位，爷爷奶奶能做的外出活动便是把孩子带到亲戚家玩耍。

④同伴集体活动：四五年级，很多女生已经有了伙伴关系到朋友关系转变的意识。因为父母缺位，同学集体活动，如周末亲子游、同学聚会，小芳无人陪伴，自然也参加不了。这也在一定程度上导致小芳闺蜜稀少，而进入初中闺蜜的“背叛”，也彻底击垮了她。

3. 被动“成熟”后学习动力丢失

本案例最让人费解的是，为何小学那么乖巧优秀的小芳，初中像换了个人。从心理学的角度来说，成因主要是找不到努力学习的方向，是亲情、友情等多重因素导致的吗？让我们试着用小芳的视角去解读一下。

①妈妈在我 7 岁的时候不要我了。可是母爱不是最伟大的吗？为什么我就这样被抛弃了？最底层的安全感消失了，伴随着长时间的愤怒、害怕，我哭泣伤心了很久。有一天我听到同学的一句话“你这么不听话，你妈妈才会不要你”，是的，只有不听话的孩子妈妈才会忍心离开，所以我要做个好孩子，做一个不让爷爷奶奶和爸爸担心的孩子，我是为了不让爷爷奶奶和爸爸担心而努力读书的。

②虽然爸爸一点都不管我，但是看着他经常喝酒，突然觉得他更可怜。虽然我也讨厌爸爸不好好珍惜妈妈，但是我更心疼一个人生活的爸爸，所以我要尽量地去照顾爸爸。我对爸爸的情感非常矛盾，既埋怨又心疼，但是爸爸却很少关心我。

③我有一个闺蜜，是我从小学到现在的同班同学，她承载了我太多的安全感需求，包括友情、亲情，她是我具有不可背叛性的唯一寄托。她的离开似乎有其隐约的必然性，但我再也无法承受再次被抛弃。

④在“不操心”的爸爸眼里，手机依赖是最能解释“找不到前进方

向”而成绩下降的理由，但恰恰是手机给了无人理解的我暂时的情感寄托，至少还有能读懂我的网友。

那么小芳抑郁了吗？

从症状学和心理测评结果出发，小芳目前存在焦虑抑郁情绪，同时伴存记忆下降、认知迟缓、自残行为等症状，那是不是抑郁了呢？显然，小芳目前处于抑郁状态。

【科普】

父母离异后的修复

我们当然希望全天下的家庭都幸福美满，但现实却很骨感。居高不下的离婚率给当今的教育事业留下很多伤痛。现在有一个难点，就是在离异降临到不同的家庭后，我们是否有足够多的补救措施。市面上的书籍大部分都没有涉及这个领域，最多也只是进行隐晦的表达。下面根据孩子的发展规律，发表一下我的想法。

1. 不到万不得已，请别离婚

对孩子来说，幸福美好的瞬间总是短暂的，不如意才是生活的常态。如果把时间轴拉到很长，那么每个家庭都会经历各种各样大大小小的考验和磨难。在面对考验和磨难时，每个家庭采取的态度，决定着这个家庭未来的发展。如果离婚只是为了逃避问题和责任，那么这个症结将始终困扰着这个家庭的成员。

2. 在孩子的不同年龄阶段离婚，对其的影响是不同的

总体来说孩子年龄越小，受到的影响会越大，对孩子学习的影响也不同。

（1）在孩子 0 ~ 3 周岁时离婚

此时离婚对孩子安全感的影响是终生的，这里的不安全感主要是由

于孩子的成长过程缺少完整的家庭呵护，以及缺乏心理支持导致。缺乏安全感的孩子，最大的表现是缺乏好奇心，而好奇心是驱使孩子学习、引起孩子学习兴趣最重要的武器。这样的孩子，除了性格会变得内向敏感，还会表现出克服困难的动力不足。

（2）在孩子 4 ~ 6 周岁时离婚

4 ~ 6 周岁是亲子互动最重要的时期，此时离婚的几种情况单独分析。

①男孩缺母亲：会因为缺乏明确的保护对象——“妈妈”，而变得注意力分散，做事情不能专心。碰到困难的时候，随时可能放弃。而注意力分散对学习的影响是巨大的，这在本书的其他章节有更详细的解读。遇到困难就选择放弃的结果主要表现为三四年级或初二左右成绩陡然下降，原因是课业难度在升高，在学习过程中遇到困难孩子很容易直接放弃，从而和同学拉开差距。

②男孩缺父亲：会因为探索欲下降，继而对参与一些冒险类活动的兴趣下降，并会在冒险行为过程中被母亲制止。在探索欲下降后，其思维的逻辑性和解决问题的能力会大幅度下降。在成绩中表现为理科分数不足，解决问题能力下降，并会反向依赖母亲，大部分困难会希望由母亲代为解决。有一部男孩则会过度成熟，具体表现为用充满攻击性的行为来保护自己，特别在青春期，容易变成打闹捣乱分子，因此影响学业。

③女孩缺母亲：会缺乏细腻温柔的部分。比如，做笔记并进行整理总结分析的能力下降。在竞争异常激烈的学习环境中，随时会被甩远。

④女孩缺父亲：如果有个女孩，在家里有一个很爱自己的父亲，那么自信的成长可以帮助其克服成长中的很多困境。缺乏父爱的女孩，特别容易早恋，并且在失恋后很难从情绪沼泽中走出来。学习方面，一般在小学五六年级开始受影响，初中出现问题的概率会更大，容易分不清楚友情和爱情的关系。

（3）在孩子 7 ~ 9 周岁时离婚

这段时间是孩子学习习惯养成的最重要的时期，也是考验父母夫妻关系的最重要的一段时期。很多家庭在角色转变的过程中失败，最后以离婚收场。离异的原因千千万万，如果一定要用一句话总结那就是：家庭成员角色转型失败。这段时间离婚的家庭带给孩子最大的问题就是，孩子还没有建立起良好的独立学习习惯，但是整个家庭变故太大，导致无暇顾及学习习惯的建立。而学习习惯如果没有建立好，将会使孩子在未来漫长的求学生涯中面临各种难题。比如，因为字迹潦草而被扣分；因为缺少阅读而缺乏阅读技巧；无法合理规划时间导致学习进度变得混乱等。

（4）在孩子 10 ~ 12 周岁时离婚

这段时间是孩子逐步离开父母转向与小伙伴社交的初期阶段，会出现很多家庭意识和社会意识的磨合碰撞。在这个阶段，孩子往往还会回家跟父母探讨自己的困惑，而不完整的家庭会缺乏沟通交流，一味去认同一种价值观。但是这种单一的价值观并不能很好地处理校园问题，还可能导致孩子和父母冲突争吵，给人一种青春期提前的假象。还有一些孩子会选择故意不读书来对抗父母的要求。

（5）在孩子 13 ~ 15 周岁时离婚

此年龄段稍微跟前面的年龄段重合，即我们熟知的青春期。大部分老百姓都有一个常识，就是孩子青春期时最好不要离婚。主要原因就是孩子们这时会经常思考人生三大问题：“我是谁，我从哪里来，我要到哪里去”。这段时间，孩子的身体长开了，父母已经很难在身体上对孩子进行压制。如果这段时间离婚，对孩子最大的影响是：“离婚后我是谁的孩子？”“他们既然不爱我，为什么要把我生下来呢？”等此类困惑。有了这些问题，学习自然被丢在一边。

（6）在孩子 16 ~ 18 周岁时离婚

这段时间大部分孩子处于高中阶段。高中是孩子外部动力内化的关键时期，大部分孩子在高一前后会调整好自己的学习动力。比如，初中还可以为了父母的表扬奖励来努力学习（外部动力），而到了高中之后，一定程度上还会在意父母的表扬和奖励，但是一定要和自己内心的需求相匹配，有了自己的主见。总结来说，如果父母在这段时间离婚，影响最大的将是失去跟孩子商量关键抉择中一半的力量。

3. 如果一定要离婚，我们该怎么跟孩子开口

①关键是让孩子明白离婚是父母的问题，与孩子无关，也不会影响未来对孩子的爱。

②一定要优先照顾孩子的情绪，再照顾孩子的需求，情绪消化可能需要一段时间。

③真诚的表态是非常关键的，因为在未来孩子的回忆中，最起码父母双方都是真诚的。

【建议】

低动力学习困难的处理

小芳的低动力学习困难需修复的东西很多，既要调整小芳的心理状态，还需抽丝剥茧，一点点改善家庭问题。现实情况是，将以上这些分析详细地解读给家人，爷爷奶奶不一定能消化，而父亲也许都不一定愿意听完。

问他父亲听懂了吗？好像听懂了，又好像不懂。对父亲来说，听懂了心理医生给我解读的真相，又能如何？

小芳说：“我找不到前进的方向，你也给不了我前进的动力。”我想说的是，我或许给不了你前进的方向，也给不了你前进的动力，但我们会努力引导你成为你自己，找到学习对你的意义。

同胞竞争伴发的学习困难

文／林　辉

【案例】

小军，二年级男生，最近不知道为什么，在校时经常肚子疼，到医院看了几次，也没查出什么，在家时很少表述肚子疼，但经常哭诉在校被同学欺凌。爸爸特意跑到学校了解情况，一圈问下来，发现只是同学下课的嬉戏打闹。此后，小军学习成绩逐步下降，在班主任的关心询问下，小军说出了自己的担忧："弟弟出生后，感觉爸爸妈妈不爱自己了。"爸爸妈妈觉得奇怪，弟弟已经3岁了，之前没听小军讲过类似话语，且生活中也会尽量照顾小军的感受。

【分析】

小军说出了父母的几大"罪状"

①以前父母每天晚上都会哄自己睡觉，自从弟弟出生之后，就用讲故事的玩具陪伴自己入睡；

②父母谩骂自己的次数越来越多，老师的指责也变多了；

③以前可以挑选玩具，现在只让挑文具；

④只有在生病的时候，爸爸妈妈才会回到原来的样子；

⑤思来想去，爸爸妈妈是爱弟弟去了。

父母反映

当父母听到小军这些控诉时，哭笑不得，但还是耐心解释。

① 8 岁的孩子应该分床，逐步独立，等弟弟到了这个年纪，也会让他分床睡；

②在纠正不良习惯时可能语气没把控好，让小军有了被谩骂的感觉；

③哪有 8 岁的小朋友还总买玩具，学生，自然是多挑挑文具了。

父母还强调，其实早在要二宝前，就给小军做了预想：有二宝的生活会有哪些变化。最后征得小军的同意才决定要二宝的，想不明白到底哪个环节出了状况。

心理医生分析

小军目前属于情绪困扰引发的暂时性学习困难。主要因为小军并未适应弟弟降临和逐步升高的年级等一系列生活转变。

①一年级与二年级最大的不同就是老师的互动式鼓励变少了。一年级的时候，大部分老师为了让孩子们更好地适应课堂，倾向于互动式教育，但到了二年级，这种互动式的课堂会逐步减少，有一部分孩子会一时难以适应。

②纠正孩子不良习惯是需要技巧的，最重要的是学会先肯定其做得好的，再指出不足。比如，小军作业错误率高，一年级都是父母检查，二年级时，父母要求小军先自己检查一遍后，父母复核时发现错误率还是很高，便不由分说地责备，小军的体验也自然不好。如何做才能让大家都满意呢？笔者觉得应先肯定小军及时完成作业的学习态度，但如果能降低错误率，那就更完美了，肯定了小军做得好的一面，同时指出了

未来努力的方向，一举两得。

③弟弟 3 岁了，小军才有同胞竞争的危机？我想答案是否定的，只能说父母确实不够细腻，观察不够仔细，当然亲子间的沟通也不顺畅。

④关于文具与玩具：小学生只能买文具？这个说法太绝对了，我们可以建议买学习用的文具，“表现好”的时候，适时给予奖励（挑选玩具），这样既满足了这个年龄段孩子的心理需求，也提升了未来“表现好”的概率。且弟弟能挑选玩具，若自己不能，难免会让小军失落，从而想到“弟弟来了，爸爸妈妈不爱自己了”。

⑤心智未成熟的表现：二胎家庭，心智未成熟的大宝突然经历待遇变化，很自然会将其归因为“小宝夺爱”。

⑥学习成绩下降，有时是孩子对抗“被压迫”的一种手段。小军学习成绩下降，有因为请假多，学习被耽误的客观原因，但更多则是主观性地用父母最关心的成绩来表达对抗不满。面对这种情况时，不需要戳破“演技”，我们要理解他的感受，陪伴他逐步走出此类“反压迫”的心理误区。

二孩、三孩家庭精力、财力分配不均会带来很多潜在问题，如何巧妙处理、促进孩子成长尤为重要。接下来分享一些关于多胎家庭的育儿技巧。

理解同胞竞争理论

一句话解读同胞竞争理论：本就是独生子女的父母无法很好地识别处理不同阶段的孩子的需求。以下根据发展心理学的内容，简化出不同年龄阶段的孩子最大的需求。

0 ~ 3 周岁：亲情的抚养亲密关系的建立，母爱是先天的，父爱则需要在鼓励和引导中激活；

4 ~ 6 周岁：亲子互动中品德的教养；

7 ~ 9 周岁：学习习惯的培养，了解孩子智力六维图；

10 ~ 11 周岁：伙伴的社交转变成朋友的社交，了解伙伴和朋友的区别；

12 ~ 14 周岁：自我意识觉醒；

15 ~ 17 周岁：以上综合引导外部学习动力内化。

现阶段同胞竞争伴发学习困难的原因——以个人经验而谈

1. 父母自己是独生子女

目前中小学生的父母以“80 后”“90 后”为主体，作为独生子女成长起来的父母，不曾有同胞相处的经验，也感受不到父母被分享的内心体验，所有的一切自然而然发生，而作为父母的他们却浑然不知。

2. 校园学生组成发生翻天覆地的变化

“80 后”“90 后”父母这代人在校时，学校承担绝大多数学生的需求，包括知识、爱好、氛围、社交、兴趣、烦恼等，校园里只有两类人：一类是想或擅长学习的人；另一类是不太想或并不擅长学习的人，但是基本都能形成有机的统一体，流传着“学习好的人长大给学习差的人打工，学习中间的人去考编制的段子”。而现在校园中分类可多了，单从学生个体来讲，我们拿初中生来举例（还不包括家庭状态、心智发育、个性基础的变量）。

①超级学霸类；

②努力优秀类；

③不太努力，优秀稳定类；

④不太努力，优秀不稳定类；

⑤努力也不太优秀类；

⑥不努力也不太优秀类；

⑦不努力，挑老师偏科类；

⑧不努力，挑兴趣偏科类；

⑨努力但学习困难类；

⑩ 不努力，学习困难类；

⑪ 躺平类；

⑫ 其他。

只有理解这些分类，才能更好地理解什么是父母的职责。

3. 教育现状对父母要求非常苛刻

我们按照前面分类一一对照，假如再有一个孩子，父母精力被分散后大宝会出现的情况。

①超级学霸类，总体问题不大，但是可能再出一个超级学霸的概率不高；

②努力优秀类，家庭的鼓励支持下降，比较考验孩子的内在动力是否足够；

③不太努力优秀稳定类，相对积极的一面更多，孩子可能更自主了；

④不太努力优秀不稳定类，好的一面，父母管得少了，坏的一面是精力不足易导致孩子养成手机依赖等不良行为习惯；

⑤努力也不太优秀类，金钱、精力被分散后，孩子的厌学情绪会增加，会责怪父母不爱自己；

⑥不努力也不太优秀类，总体对弟弟妹妹的出生会更欢喜，甚至可能会激发努力的动力；

⑦不努力，挑老师偏科类，对父母的情绪会比较在意敏感，如果父母偏袒二宝会感到烦闷与厌倦；

⑧不努力，挑兴趣偏科类，对父母的某些事情会比较在意；

⑨努力但学习困难类，大宝可能觉得父母“练小号”了；

⑩ 不努力，学习困难类，总体问题不大；

⑪ 躺平类不确定，具体看大宝跟父母的关系。

两者的年龄差距可能出现的困难

两者年龄差距可能出现的常见问题原因及处理方法如下。

0 ~ 2 周岁：母亲的精力不到位，疲于应对，特别是孩子生病时，此时最重要的是父亲尽早参与抚养（分析 1）。

3 ~ 5 周岁：不同年龄阶段的不同教育方法差异导致的冲突，3 岁弟弟摔倒可能妈妈要去扶，6 岁的哥哥摔倒被要求自己站起来（分析 2）。

6 ~ 10 周岁：大宝的成功经验，不一定能移植到二宝身上，教育理念需要与时俱进（分析 3）。

11 周岁以上：父母年纪大了精力下降，长兄如父，长姐如母，哥哥可能会过度溺爱或打骂二宝，姐姐则可能会过度早熟（分析 4）。

分析 1

家庭教育为什么这么火热？内卷导致在校学生及其家长差不多只关注学习。

相比以前的多一个孩子多一双筷子，现在教育理念就是家庭必须要共同成长。因为在校园里的教育已经远远不能达到孩子们内卷的需求。接送孩子、检查作业、完成各种考核、周末打卡等，要是再一生病，全家都得围着转。

有两个年龄相仿孩子的家庭，父母“付出量”绝不是一加一等于二那么简单。父母可能很少有属于自己个人的空间，此时多数母亲会选择放弃部分事业，回归家庭，而父亲则会面临工作晋升加班和回归家庭的两难选择。最要命的是，孩子的小学时期往往又是父母事业最关键的冲刺期。

这类家庭，最考验父亲的应对能力。如何协调好事业与家庭，如何慰藉好母亲的情绪，如何评判、放弃无效的社交等。

分析 2

妈妈，你总是偏心弟弟（妹妹）。

根据不同年龄阶段的发展，孩子的需求是不一样的。

这类多胎家庭，最典型的困境就是面对困难的时候，发现家属的态度不一致。所谓“摔倒了要不要扶”的困境。

比如，哥哥 8 岁，字迹潦草，母亲要求其必须刻意练习。而 4 岁的弟弟乱涂乱画，妈妈态度却是赞扬其想象力。这种截然不同的态度，大宝会觉得你区别对待而不愿意执行。

比如，姐姐 12 岁，过生日时选择邀请三五同学去外面过，6 岁妹妹也要效仿，准不准？6 岁年龄尚未到转向同龄人社交的阶段，笔者更倾向家人陪着这个年龄段的孩子过，同时也让姐姐看到，父母的教养是一致的。

分析 3

老大这么省心，怎么老二就……

各位初为人父母的读者们，如只能选一个兴趣班，你会为二年级的孩子选择什么？画画、音乐、象棋、围棋、跆拳道、编程、主持人还是书法？

有人会觉得喜欢哪个就选哪个。是的，这个是一个变量后统一问题。拿笔者的所在地台州举例，5 年前的答案是可以根据兴趣爱好选择。但现在的情况已经发生了很大的变化。

最大的变化就是随着“双减”政策的执行，国家也会坚决地执行普职分流。小学初中的分数不会差距太大，这样就只会让高分更内卷，犯更少的错误才能保证自己能考取更好的高中，通过一年级一年的观察，基本可以了解孩子的特长和发育特点，这时兴趣班就不仅仅只是兴趣班，还拥有了很多隐藏属性，以下举例。

①画画：除了培养一项技能外，还有培养想象力专注力的功能。

②音乐：基本班级每个同学都会具备某项音乐技能，所以不是学音乐就是往艺考努力，有时候只是增加孩子们的社交资本。现在基本一个班级的文艺会演，什么样的人才都找得出来。

③象棋、围棋：老游戏不过时，不仅是思维训练，关键是可以学会一项非电子产品的游戏。

④跆拳道：除了增强体魄，还能让孩子更好地适应考级规则，增加规矩感。各种考级都可以减轻在校文化课考前压力。

⑤编程：过早的学习编程是焦虑型父母的最好体现。如果你的孩子电子产品依赖严重，还是免了。

⑥主持人：是个童子功，看你幼儿园有没有坚持了，在家庭聚会等场合主持的机会不少，但是真正主持的机会不会很多，反而是里面的语文知识，如阅读、拼音等更重要。

⑦书法：字写得好不好没有那么重要，重要的是专注力、笔画顺序、耐性、毅力的修炼，对字迹潦草的同学非常有效果。

以上的情况只是基于这几年的政策下的分析，可能之后又有大的调整。所以如果两个孩子差距超过 5 岁，就不能照搬照抄老大的培养方法了。

分析 4

这类家庭，大部分是“80 后”早期或“70 后”末的父母。最考验这种家庭的是父母在 45 岁左右的时候，孩子可能刚好进入青春期，父母的社会学习能力、思维能力等都大幅下降。笔者经历过很多这样的例子，随着父母精力的下降，家里的大宝就承担着部分父母的责任，会出现很多典型、不典型的表现。本次只列举最常见的多胎家庭情况。

①若大宝是哥哥，哥哥自己的心智也尚不成熟，或处在叛逆期。会

用比较两极分化的方式教育二宝。要么是过度溺爱，特别是自己理想中的没享受到的补偿性的爱，这会导致二宝出现抗挫折能力下降，特别容易跟某一个不是特别温柔的老师或同学发生摩擦，最后成绩下降；要么是比较严格的打骂，若二宝不听话，大宝可能会在父母不在的时候打骂得更厉害。

②若大宝是姐姐，女性母性被过早激活，让姐姐呈现出早熟的心理状态，对二宝来说总体问题不大，但会影响大宝的心智发展，在竞争非常激烈的学习排位战中，大宝可能会败下阵来。

以上所列学习困难，往往都是暂时性的，只要找到问题的根源，处理起来并不难。

【总结】

本篇主要参考发展心理学和平时所见大量多胎家庭的经验梳理，未必非常严谨，但是这类家庭教育又没办法严谨到科学层面。本文经验多基于二胎家庭提炼，希望大家看完后不要照搬照抄，多陪伴孩子，在陪伴中观察、思考、成长，令同胞兄弟姐妹良性竞争，擅于合作，使家庭学习氛围进入良性循环。

校园欺凌

文 / 徐永明

【校园欺凌模型】

如果一个人欺负你，你可能会反击；如果两个人欺负你，你可能会逃跑；如果五个人欺负你，你可能会跪下来求饶；那么如果一群人或全部人都在欺负你呢？你会不会还没等对方动手，就先自己动手打自己呢？

【案例】

敏慧，13 周岁，初二女生。母亲在 36 周岁，一个不算大，也不算太小的年纪生的她，有一个大她 10 岁大学刚毕业的姐姐。母亲是个朴实的农民，父亲常年在外地做生意，很少回家，成长过程中大部分时间都是跟母亲一起。小学成绩一般，但是最近成绩大幅下降，已到班级垫底的程度。老师曾建议去看看心理医生，看看有没有什么心事，因为感觉她整天闷闷不乐。

在诊室的时候，敏慧断断续续讲了很多事情，主要讲了自己如何一步一步成为全班同学最讨厌的那个人。

【欺凌经过】

刚上初中时，敏慧比较老实，有个活泼开朗的好闺蜜，敏慧非常羡慕她的生活节奏，两人形影不离，简直无话不谈。

改变发生在初一第二学期，闺蜜喜欢上班级里一个帅气的男生，因怕老师发现，所以经常带着敏慧一起见面，敏慧自然成了两人间的“电灯泡”。初中期间早恋的孩子都比较自我，敏慧又自然成为他俩诉说对对方不满的对象。

有一天，闺蜜和男生分手了，分手时，男友留下一句：“你情绪这么不稳定，应该多向人家敏慧学习。”

因为这一句话，闺蜜便认为是敏慧从中作梗，全部怨气都指向了敏慧。起初是冷落、疏远，之后在QQ空间里写下“没想到，我输给了绿茶”。

闺蜜个性外向，很快融入其他交际圈，但内向的敏慧无法适应落单，一味地讨好闺蜜，为了能重新做朋友，敏慧写下了莫须有的道歉信，且承认自己是“绿茶”。一心想换回闺蜜的敏慧以为一切都过去了，却没想到这只是噩梦的开始。

一开始，班级里的一部分女同学有意无意地排挤敏慧，并恶意地编排一些，如“珍爱生命、远离绿茶”的打油诗。之后把敏慧拉到QQ群，一群人对其进行批斗。敏慧退群，又被拉回来继续批。渐渐男同学也加入到声讨大军中来，有时候会把敏慧莫名其妙地拉到角落里说：“就问你知道你错哪里了吗？”

敏慧不是没有想过反抗，如找闺蜜理论，但因为道歉信承认自己“背叛朋友”，原本有些信任自己的同学也加入到一起声讨敏慧的阵营中去。

敏慧无奈下想到求助老师，老师从中调解后，消停了一阵。但同学中又开始流传“敏慧喜欢找老师打小报告”。一次老师发现班级同学的小秘密后，大家便自然而然地认为是敏慧告密的杰作。

每天煎熬的敏慧告诉母亲在校生活太痛苦，想休学或转学，妈妈安慰道：“你们这个年龄，难免闹矛盾，不玩就不玩，我们只管学习，学习好了，人家自然跟你玩……”成绩垫底后，父母着急了，在姐姐的劝说下前来就诊。

【评估】

经问诊了解，校园欺凌让敏慧出现了焦虑抑郁情绪，无心学习，成绩下降又加重了上述情绪，仿佛进入了死胡同，害怕甚至厌恶学校生活。

【分析】

校园欺凌对学生的影响是全面而深远的，有些孩子看似学习困难，背后却是受到欺凌后社会功能退化的表现。有些校园欺凌可能会导致孩子出现抑郁症甚至更严重的疾病。敏慧的学习困难系暂时性学习困难（情绪困扰，无力学习），主要原因有以下几点。

①恐惧情绪：敏慧这一年的在校生活多在恐惧中度过。用她的话说，最害怕的是下课的铃声响了，因为很有可能是噩梦的开始。其次是同学的哄堂大笑，只要是全部同学的哄堂大笑，她就担心是在嘲笑自己，每天都在纠结寻找最佳的“逃生路线”。

②讨好型性格：在当代年轻人中，“讨好型人格”这个名词已经非常普及，敏慧反复强调自己是“讨好型人格”，通过讨好他人来融入社交，背后的原因是缺乏社交技巧。

③家庭支持不足：敏慧在跟女同学发生争执的过程中，因为受到很大的委屈而回家提出转学的想法。而妈妈给予的回答是“不玩就不玩，我们只管学习，学习好了，人家自然跟你玩”，完全没有顾虑、理解到敏慧的内心感受，更别提支持了。

【科普】

2021 年 6 月 1 日，新修订的《未成年人保护法》正式施行，首次对“学生欺凌”做出了定义，是指发生在学生之间，一方蓄意或通过肢体、语言及网络等手段，实施欺压、侮辱，对另一方造成人身伤害、财产损失或精神损失的行为。也就是说，校园欺凌不仅包括对学生身体实施暴力，还包括对学生人格进行侮辱等。

校园欺凌的表现形式

1. 言语欺凌

这种欺凌方式被视为一种软暴力，主要表现为辱骂、羞辱、讽刺对方或故意传播谣言等。在生活中，经常能够听到一些同学给别人起带有讽刺意味的外号，或者取笑某一同学的缺点等。“良言一句三冬暖，恶语伤人六月寒”，语言是把双刃剑；语言温和、用词得当会有激励的作用，而污言恶语的伤害则远远超过了身体暴力。看似一句平常的玩笑话，但是却很有可能伤害了对方的人格和自信心。

2. 身体欺凌

身体欺凌就是欺凌者对被欺凌者实施的身体暴力行为。一般来说，欺凌者都是一些身强力壮的人，对于那些通过协调的方式解决不了的问题，就利用自身的“优势”简单粗暴地来解决。在校园里会发生身体欺凌事件主要有以下几种情况：一是当同学之间意见不统一的时候，强势的群体为了自身利益就有可能对弱势群体施以暴力；二是看不惯一些人的一些行为时，就可能找茬推人、打人、踢人；三是针对弱势群体抢钱等。在校园欺凌事件中，身体欺凌占多数。

青少年校园欺凌的原因

1. 青春期独特的心理特征

青春期的中学生处在身体快速发育的阶段，这个时期他们的精力和体力都比较旺盛，需要发泄自己多余的能量，但是由于其心理上还不成熟，有时就会为了“面子”将自己所遇到的挫折和不满发泄到他人身上。一些较为懦弱胆小，或者性格孤僻、不合群的学生，很容易成为被欺凌的对象。与男生顽皮好动、处理问题的方式相对简单、直接相比，女生通常会不自觉地隐藏自己的真实想法，习惯用自己的方式发泄情绪或达到某种目的。青春期的女生敏感多疑，嫉妒心理强，情绪变化大，可能会因为别人的一句话或一个眼神而心烦意乱乃至情绪失控，通过欺凌等方式发泄自己的不满。

2. 家庭因素

家庭环境及家长的教育方式会直接影响青少年的身心健康。一些家长个人修养不好，有很多不良习惯和嗜好，如打牌赌博、抽烟酗酒、欺负弱小等；有些家长整天忙于工作，忽略孩子的教育问题；有些家长因为夫妻矛盾或其他家庭冲突在孩子面前打骂；甚至有些家长通过打骂孩子的方式来教育孩子。这些家长会在潜移默化中造成孩子缺乏安全感和责任感、攻击性强、性格野蛮粗暴等情况。对于单亲家庭、父母离异后再重组家庭、外来务工人员家庭、农村留守儿童家庭来说，孩子们也通常得不到应有的关爱和教育，容易产生心理问题，变得孤僻冷漠、敏感多疑，缺乏安全感和信任感，更易受到欺凌或去欺凌他人。

3. 学校的监督机制不健全

目前，有许多学校没有建立完善的有关校园欺凌的监督机制，忽视了对师生的安全管理。校园欺凌容易发生在学校比较隐蔽的角落，这些地方很少有人经过或有保安巡视，不易被发现，一些学生就利用学校监督不到位的漏洞来欺凌同学。许多初中为了片面追求升学率，压缩或取消诸如道德教育、法制教育、心理教育等课程，将这些课程的时间用来学习语数外也是原因之一。

4. 社会环境原因

学生通过周围人员环境、网络等渠道接收了欺压、暴力等负面信息，如果学生个体对其接收的负面行为和现象无法做出正确的认知判断，就可能会产生攻击性，造成校园欺凌事件的发生。

减少校园欺凌，家长能做什么？

欺凌问题与家庭教育有着紧密的联系，父母间的交往方式、亲子间的交往方式等都会影响孩子的性格。若父母只关注孩子的成绩，会给孩子造成很大压力，和谐宽松的家庭氛围更有益于孩子的健康成长。有研究表明，许多家庭中存在父母与孩子之间沟通交流不足，父母职能的发挥不够等现象。父母不能只作为“经济提供者”，要多关心孩子的成长，亲子间的沟通对于满足孩子的情感需求是非常重要的，父母应多陪伴孩子，及时沟通，第一时间了解到孩子内心状态，被涵容的孩子很少欺凌他人，如果被欺凌，也会第一时间求助父母，父母也能及时给予帮助。

【建议】

校园欺凌行为会对学生身体和心理造成伤害，降低学生安全感和幸福感，影响学生学业成绩[1]。此时，明确了敏慧学习困难是校园欺凌引发的，就应先处理校园欺凌，等她情绪恢复了，才能更好地投入学习。

参考文献：

[1] 周志辉 . 校园欺凌行为对学生学业能力的影响分析 [J]. 湖南理工学院学报（自然科学版），2023，36（1）：87-90.

升学适应障碍

文／金　琼

【案例】

一一，女孩，15 岁，高一年级，家里还有一个 4 岁的弟弟。母亲预约咨询，诉孩子在初中时是班里的学习尖子生，考试成绩从来没有出过前 5 名。中考女儿顺利考上了市里比较好的高中，也是家人认为理想的高中。升入高一后，孩子开始寄宿，每周回家一次。在母亲的描述里原本在父母眼里阳光快乐的孩子渐渐变得比较敏感乖张，甚至一言不合就会出言不逊。回家后也不再像过去那样会和父母叽叽喳喳聊学校里发生的事情，总是显得闷闷不乐，小考的成绩每况愈下。每当父母询问她时，一一都是默不作声，或者说父母不理解她，只会逼她，有时候还会拿弟弟出气，当父母责怪她不懂事的时候，她就哭泣，说父母不理解她只会对她有要求，对弟弟却百依百顺。父母发现孩子在夜里 12 点依旧在看手机不休息时因手机使用和其发生了争执，这让父母感到非常费解，因为孩子以前并不是这样，是个自觉安排时间、作息规律的人。在学校里，课堂上也出现注意力不集中、老师提问时走神的情况。班主任找孩子沟通，孩子只是哭泣无法交流。所以班主任在家校沟通时和父母反馈，请父母关注并及时了解孩子是否出现了心理问题。

心理师在了解了基本信息之后，邀请孩子本人来到咨询室，但是其本人并不愿意来诊，在父母再三的思想工作下，一一本人才姗姗来迟。这是一个长相清秀、身材高挑、说话细声细语、很有礼貌的女孩。起初一一对咨询比较抗拒，认为心理师和老师一样只会讲大道理，直到会谈几次，咨访关系成立，建立起一定的信任感之后，一一才开始诉说自己的烦恼。

她说自己的名字“一一”，寄托了父母对自己非常大的期望，希望自己做事情都能永争第一。上小学的时候，老师和同学都说一一很聪明。上课只用了一半精力学习，回家后稍微看看书，及时完成老师布置的作业，考试便不成问题了。小学阶段一一不仅是学校的三好学生，还是班长，是父母的骄傲也是其他人口中“别人家的孩子”。但是一一到了初中后就偶尔会感到学习吃力，却不敢和父母说，怕父母失望，也不敢提去补习班的事情，因为那样会显得自己很没用。而那个时候弟弟又刚出生，父亲老家的亲人非常喜欢弟弟，看着弟弟渐渐受宠，一一认为自己只有成绩好才能让父母的目光从弟弟身上挪开，继续成为父母在他人面前骄傲的谈资，所以一一初中的时候非常用功努力，会比别人用更多的时间在做题、备考上。别人用一个小时，她就用两个小时；别人做一套试卷，她就做两套试卷，就这样，一一终于熬过了中考，进入了自己理想的高中。

进入高中之后，一一遇到的第一个难题就是舍友关系。四五个女孩子住在一起，关系难免有些磕磕碰碰。一一在学期一开始就主动申请做了寝室长，同时制定了寝室规则，为了争当红旗宿舍，她要求舍友都像自己一样作息要有规律，安排宿舍值日表、规定熄灯后不能说话等。这些都让舍友对一一产生了不满，她想不明白自己明明是为了大家好，为何就得不到大家的支持。一一现在的班级里也没有之前的同学，而其他同学好像都有之前熟悉的同学，这也让她感受到了孤单。一一遇到的第二个难题是竞选班委失败，在开学第二周竞选班长时落选，这让一一大受打击，因为她在小学和初中都是班干部，一直是老师的得力助手。最后是一位男生竞选成了班长，但她认为那位男同学做得一点都不好，根本比不上自己，于是一一曾暗下决心，一定要努力学习超过对方，让老师注意到自己的优秀，在未来的竞选中可以胜出。但越是这样想，自己上课就越是无法集中注意力听课、记笔记，睡眠也差，和宿舍同学的关系也影响到了学习。宿舍的同学因为和一一意见不合，平时食堂吃饭、体育课合作等都远离一一，这让一一对自己的高中生活感到束手无策，回家的时候又看到家人对刚上小学一年级的弟弟的关照和鼓励，这些都刺激到了一一敏感的神经，她只有在手机上才能找到一丝安宁和愉悦。说完这些，一一在咨询室里大哭，问心理师自己是不是很失败？自己应该怎么办才好？

【评估】

通过和一一的会谈发现小姑娘正在被焦虑情绪、抑郁情绪、注意力不集中、人际关系不良、失眠等问题困扰。通过对其诉说的症状、持续时间、严重程度进行分析和评估后发现这一系列情况可归纳为高一新生学校适应不良综合征，这是新生中常见的一种适应性障碍。

【分析】

在家庭中，父母非常疼爱一一，努力给一一创造最好的条件，很少批评和指责。一一长得漂亮，成绩很好又乖巧，从小就成为家长眼里“别人家的孩子”。上小学时，一一成绩一直都很优秀，经常拿第一，还担任了班长一职，不时受到老师的表扬。因此，一一在成长过程中几乎没有体验过失败，在一一的认知里存在一种无所不能的体验，一种“我是最好的”的信念，没有对自身形成一个准确的评估和自我评价。这种信念在上初中后遇到了第一次冲击，当时一一通过自己的努力应付了过来，但还是在上高中时被无情打碎。进入高中以后，面对住宿的陌生体验、不适应的人际关系，同时学业上接连遭遇打击，导致一一产生紧张的情绪，越紧张越影响注意力。没有竞选成功班委一事又再一次打击了一一，使其产生了失落情绪。这些情绪严重影响了一一的日常学习和生活，进而使她出现了失眠、注意力不集中及抑郁情绪。

【处理】

针对以上情况，我们制定了咨询目标，帮助一一建立正确的自我认知，提高其适应新环境的能力和学习动力，逐步缓解其紧张焦虑，恢复学习信心。根据咨询目标制定出以下具体的会谈方向：①对一一的错误认知进行调整，同时配合放松训练来缓解其紧张情绪；②对各阶段的学习生活进行对比，使其认识到不同的应对方式；③进行其父母的思想工作，从而改善一一的社会支持系统；④获取医教合作，与一一的班主任沟通，获得学校支持。

在与一一的咨询会谈中尤其注重帮助其重新归因，纠正不合理信念。和一一一起对比初高中新旧两种生活模式，入学前和入学后两种环境差异，让一一了解产生这种不适应的原因，并从学习和人际两方面进行分析。在学习生活方面，一一上高中前成绩优秀，还一直是班长；上高中以后，学习成就感一般，没有对竞选班委失败进行归因，只觉得自己变得很差劲，学习生活一团糟。在人际方面，上高中前同学、老师都喜欢自己，上高中后跟同学老师都不熟悉，她非常怀念上高中以前的生活，留恋以前学校的人、事、物。

通过和一一谈话，发现一一在对上高中以后发生的事情归因时，没有就事论事，而是就事论人，以此否定自己，觉得自己没有以前那么优秀了，觉得自己很失败。我们尝试引导她一起用新的思维方式去看待当前的事物：①成绩没有以前好——我可能需要花更多时间和努力提高自己的成绩，改善自己的学习方法。与一一一起对现在的学习方法进行讨论，引导她发现自己学习方法的不科学之处，使其形成正确的学习观。在此过程中，一一发现自己以往学习过于依赖自己的好记忆去记忆知识，以后的学习应该更自主学习，主动发现问题。②没有竞选上班委，意味着我不优秀——没有当上班委，可能意味着我在学习和管理能力上还有待改进，还有许多可以学习和加强的地方，允许自己看到和接受别的同样优秀的同学，学会欣赏同学的优点。③老师、同学都不熟悉——我可能还需要在人际方面花更多的时间去认识新的老师、结交新的同学。接着引导一一对当前人际交往模式进行分析，引导一一认识到人际互动中的“黄金法则”——像你希望别人如何对待你那样去对待别人，并引导一一对自我做客观的分析，最后一一发现自己不应该把自己的方式强加于舍友，与同学应该友好相处，发现各个同学的独特个性之美。

【科普】

什么是适应障碍（Adjustment Disorder）？适应障碍是指在明显的生活改变或环境改变时产生的短期、轻度的烦恼状态和情绪失调，常伴有一定程度的行为变化，但并不出现精神病性症状。通俗来讲，当生活中发生重大改变，人们暂时无法应对时，会产生短期轻度的抑郁焦虑等情绪，或冲动鲁莽等异常行为。适应障碍多由应激性生活事件导致，如离婚、失业、转学、升学等。

适应障碍有哪些表现？在应激性生活事件发生后的 1 ~ 3 个月内，会出现多种多样的临床表现，包括抑郁情绪、焦虑或烦恼，感到不能适应当前生活或无从计划未来，还有失眠、头疼、胸闷、心慌等躯体功能障碍，使社会功能或工作能力受到损害。成年人常表现出抑郁、焦虑、沮丧、消沉等情绪症状，青少年则通常有逃学、打架、说谎、盗窃、离家出走等行为表现。

升学是常见于青少年适应障碍的应激事件。一是面对陌生的环境，人们对不熟悉的事物本身抱有不安全感，刚到新学校陌生的环境陌生的面孔又加之寄宿，举步维艰，对环境无归属感，每天都很失落；二是人际关系建立的困难，面对周围陌生的同学，不善于人际交往的同学会出现不适应的孤独感；三是学习压力，学习难度加大，使自身更没有存在感，周围有很多“牛人”，自己从原先的佼佼者变成了“小透明”，产生失重感。这些因素叠加就会产生适应障碍，严重的还会有焦虑和抑郁情绪。

很多学生从初中升到高中时容易出现“陡坡效应”。何为陡坡效应呢？即因学科内容增加、知识跨度大、知识难度增加等各种因素，导致初中和高中之间的知识衔接出现一定坡度，而在生理、心理上出现不良反应的情况。

很多原先优秀的学生在进入高中时会不适应高中的教学方式，出现学科成绩滑坡。小学老师通常会手把手教学生，初中老师的教学方式主要是引导、启发、示范，高中老师则重点培养学生的独立思考能力和自学能力。老师讲完课后，更多是要求学生自主学习。有的学生依赖性较强，思维还停留在早期阶段，听课效率不高，抱怨老师讲得太快，根本来不及记笔记，考试不理想便惊慌失措，简单地把失利原因归结为竞争激烈，怀疑自己没有别人优秀，潜在的自卑感蠢蠢欲动，甚至陷入茫然之中。

单从学科种类来说，高中与初中差不多，但高中各科知识的难度明显加大。许多知识在初中时只要求学生初步了解，而到高中时则要求学生必须深入理解，每一科的知识都要求进行严密的论证和条件分析，很多时候要依靠大脑的想象思维来完成，也更加考验学生的时间分配和管理能力。另外，高中各学科知识综合性很强，各学科之间相互影响。要解决任何一门学科的问题，都不是单纯地直接运用一种知识或一种技能所能完成的，它需要运用多种知识来解决。例如，在高中阶段学习中，如果数学功底差，就会极大程度上影响到物理、化学的学习，碰到的困难自不必说。不少高一同学感到物理难学，一方面是教材内容中有不少新的概念，具有一定的深度和难度；另一方面是由于高中物理学计算内容的增多，解题需要用到较多的数学知识，如二次方程、几何知识、对数函数等，因此数学与物理之间的横向联系能力就显得格外重要了。再比如说语文，一个高中生语文水平的高低，常常表现在质疑能力的强弱上，对各门学科的学习，都离不开阅读和记忆，但如果仅限于此而不去思考理解，就不能灵活运用学到的知识，考试成绩就上不去，受到的挫折自然也就较大了。无论哪一科知识，只有经过反复深入的阅读与思考，才会逐渐理解越来越深刻的问题。也就是说领会得越深，问得越深，理解得也越深。

同时，进入高中后，由于学习强度的加大，学生们身处学校的时间要明显长于初中，尤其是还需要寄宿的学校。一些不善于与同学老师交流的学生会觉得这种集体生活过于单调、枯燥，身边优秀的同学也比初中时多，很多学生会觉得老师不再像初中时那么重视自己，加上每个人的个性不同，学习、生活中不可避免地会和同学产生分歧甚至摩擦，时间一长难免会感到“人情冷漠”，进而出现注意力不能集中等心理焦虑症状。

【建议】

发生适应障碍，怎么办？

当学习环境有重大改变时，大部分学生都需要时间适应。“双减”政策实施后，每个家庭会有更多的亲子互动时间。家长可多关心孩子在校情况，关注孩子心理状态，帮助其进行调整，比如：

①让孩子继续与原来同学、好友保持联系，获得同伴支持与心理过渡。

②帮助孩子熟悉新环境、认识新同学，获得与新环境的连接感。

③鼓励孩子与高年级同学多交流，借鉴有益经验，找到情感共鸣。

④利用空余时间共同进行娱乐放松活动，拉近亲子距离，以更好地陪伴、理解孩子。

如果孩子出现了负面情绪，作为父母一定要耐心倾听，不要责怪孩子，让他们接纳自己的负面情绪。

如果孩子愿意和父母沟通，处理方法如下：第一，以真实、诚恳的态度交流，不讲大道理；第二，想尽一切办法帮助孩子放松自己；第三，和孩子商讨，合理制定自己的学习目标和计划；第四，条件允许的话，可以带孩子暂时离开一下压力源，出去走走，缓解一下情绪；第五，全家人都应养成按时作息的好习惯，晚上 11 点前入睡，保持充足的睡眠，同时需要适度运动，锻炼可以刺激肾上腺素、去甲肾上腺素和多巴胺的分泌，有利于保持积极的情绪和乐观的心态，应该每天保持 30 分钟左右的体育运动时间，劳逸结合。

学校方面则要加强心理健康知识宣传，畅通心理辅导（咨询）途径，让更多学生正确认识心理问题、正确对待心理问题，主动寻求心理帮助。老师可以通过班级讨论形式，鼓励学生说出自己的“开学恐惧”，以了解大部分学生产生情绪反应的原因，有针对性地提供建议和帮助。

但若在开学 1 ~ 3 个月后孩子仍存在着明显的情绪症状和生理功能障碍，并影响到日常生活，可来到心理机构寻求专业的指导和帮助，防止情况恶化。

转校适应障碍

文 / 基燕平

【案例】

珊珊，女，14 岁，初中一年级学生，身高 1.52 米，体形娇小，面容清秀。母亲是教师，父亲是个体户，家中还有一个姐姐。小学的时候珊珊在乡下读书，妈妈是学校里的老师，无论在生活上还是学习上都可以指导珊珊。妈妈对珊珊的教育比较严格，学业要求高，希望珊珊能比别人优秀。小学时期珊珊的学习成绩一直非常优异，当过不同的班级委员，热爱参加班级活动，还会开导不积极参加班级活动的同学。那时候珊珊跟同学们相处得非常融洽非常愉快，还有几个很要好的小伙伴。学习上的优秀加上有好朋友的陪伴玩耍，除了朋友间偶尔因为小事闹别扭，整个小学期间珊珊都过得非常顺心。初一上学期，家里人考虑到乡下教学条件有限，珊珊也想去外面更大的学校看看，于是下学期珊珊就转到了城里的中学，同时也转为寄宿模式。可到了新的学校，面对的都是新的老师新的同学，这里的老师没有以前的老师对珊珊关照有加，同学也没有乡下的同学亲切，这让珊珊感到有点孤单，没有朋友，没人可倾诉，在班级里感到压力很大，但又不想回宿舍，宿舍其他同学都有说有笑的，珊珊觉得自己没办法融入他们，很烦恼。珊珊以前一直都是佼佼者，成绩在班级前几名，但城里中学的同学都非常优秀，珊珊在班里只是中等，学习压力很大，上次月考珊珊成绩又下降了，对这样的成绩珊珊感到很焦虑，觉得对不起父母，如果成绩再下降都不敢面对家人了，因而最近一个月情绪非常低落，整天闷闷不乐，上课注意力不集中，独来独往，有时候不想吃饭就吃一点零食，有时整晚睡不着，很怀念以前的学校。

【评估】

父母反映

母亲说珊珊聪明伶俐，学习自觉、优秀，家长不用操心，全家人都很疼爱她。放学后孩子经常和几个要好的朋友在巷子里你追我赶，每天很快乐。转学后刚开始珊珊对新学校很感兴趣，但最近几周珊珊周末回家时感觉状态不好，临近周日下午返校情绪就很低落很焦虑，眼睛红红地说不愿意回学校，整个人闷闷不乐的，没以前活泼爱说话了，本来就娇小，现在更瘦了。父母看在眼里，急在心里，想和孩子聊聊，但是孩子不愿和父母交流。

现场评估

根据对珊珊临床资料的搜集及整理，发现珊珊的目前状态如下：

珊珊目前的情绪低落、焦虑，整天闷闷不乐，做事情缺乏兴趣，会莫名地不开心，上课注意力不集中，没以前活泼爱说话了，有时候会很容易心烦，心绪不宁，手足无措。

分析认为珊珊目前存在抑郁、焦虑等不良情绪，同时伴有睡眠障碍及躯体不适，如偶尔的睡眠不佳和食欲下降等，影响正常的学习和社交已持续超过 1 个月，属于转学适应障碍，考虑与以下因素有关。

①家庭原因：母亲是教师，从小家教严格，父母对她期望很高，学习压力大，小学时期因为聪明，生活环境、周围人的评价都很好，基本一帆风顺，没受过挫折。

②负性生活事件的影响：对转校后校园生活不适应，新环境中，优秀的同学更多，既往的优势不存在，甚至比不过其他同学；学习成绩下降，新同学中人际关系也较以前更加复杂，和城里同学的爱好习惯有差异，成绩下降后，与同学相处变得更加困难。

③个性因素：从小没有经历过挫折，性格好强，做事情追求完美，力争上游，一旦遇到困难，容易自信心崩塌，一蹶不振。

④存在不合理的信念：既往的经验，让珊珊和其家庭过于看重学习，认为学习成绩不好对不起父母，认为学习成绩再下降自己就一无是处，父母、老师和同学都要看不起自己了。

⑤家庭中亲子沟通不佳：父母和孩子之间因为缺少沟通而“渐行渐远”，孩子年纪越大，就越找不到共同话题。父母看到孩子的变化，想和孩子坐下来聊聊天，却发现彼此之间也就只剩下尴尬的气氛了。

⑥珊珊缺乏调节情绪的方法：遇到事情，无法及时察觉自己的困难和情绪，也不会主动求助父母和老师，自身困扰其中，却无法及时调整。

【分析】

像珊珊这样的转学适应不良的学生不少，面对陌生的环境，短暂的新鲜感逐渐消退后，适应问题逐步显现，通过观察、了解发现，其背后的原因主要如下。

1. 家庭方面

一是父母长期在外，孩子与老人生活在一起，会有孤单感，并形成内向性格，这样突然接受新的同学关系及适应新环境时就可能出现失落、不自信的心理。二是父母给予孩子的关注和帮助不够，造成孩子转学后产生害怕、焦虑时无处求助。

2. 人际关系方面

由于年龄过小，孩子的独立性及心理适应调整能力没有达到可以适应生活环境突变的要求，面对陌生的老师和同学，会产生一种畏惧心理，结果就会出现不适应新学校，甚至有不愿去学校的心理。

3. 学校教师方面

刚转学的孩子，对于新老师的性格特点及教学模式的适应需要一段时间；另外，学校老师、同学能不能运用各种方式去欢迎他们、接纳他们，也会影响转学生对于新环境的认知及适应情况。

4. 学生个人方面

心理学家 G.W. 布洛克普的人格理论认为心理危机的发生除了客观环境作用外，还涉及面临危机时个体人格特征方面的问题。因此，孩子本身的个性特征、心理品质、人格特点等都会影响其转学后的适应情况。

【科普】

适应障碍（Adjustment Disorder）是一种主观痛苦和情感紊乱状态，常妨碍社会功能，在明显的生活改变或遇到应激事件（应激源）的适应期发生，这些改变和事件包括重大的个人发展方面的变化（上学、初为人父母、未能达到个人的理想目标、退休等），或可能影响个人社会关系完整性的事件（居丧、离别体验），或影响社会支持系统及价值系统的事件（移民或难民状态）。但需指出，个人素质和易感性在发生本症的危险性乃至表现形式方面也起重要作用。本症的表现多种多样，包括抑郁、焦虑或烦恼，感到对目前处境无从计划、不能应对、难以坚持，处理日常事务也有缺陷，常伴有情感和品行障碍（尤其青少年）。病程至少1个月，最长不超过6个月。

适应障碍的症状

发病多在应激性事件发生后1～3个月。患者的临床症状变化较大，主要表现以情绪和行为异常为主；常见焦虑不安、烦恼、抑郁心境、无能力感，胆小害怕、注意力难以集中、惶惑不知所措和易激惹等。还可能伴有心慌和震颤等躯体症状，可能出现适应不良的行为而影响到日常活动。患者可感到有惹人注目的适应不良行为或暴力冲动行为出现的倾向，但事实上很少去实践，作为替代，有时患者会发生酒或药物滥用等情况。其他较为严重的症状，如兴趣索然、无动力、快感缺失、食欲缺乏等则相对罕见。有报道指出，适应障碍临床表现与年龄之间有某些联系，如老年人可能伴有躯体症状；成年人则多见抑郁或焦虑症状；青少年以品行障碍（即攻击或敌视社会行为）常见；儿童可表现为退化现象，如尿床、幼稚言语或吮拇指等形式。

【建议】

不少转学生由于上述原因对新环境产生不适应而逐渐变得郁郁寡欢，成绩也会逐渐下降，甚至不愿上学，我们要通过多种途径，及时调整其心理，同时争取让转学成为其进步的起点。

预防对策：

1. 教师方面

班主任应将与转学生父母的交流及素质报告单的评语结合学科成绩

评定等级及假期作业完成情况，来了解这个学生的个性特征。这样班主任第一次接触学生时，就可以有的放矢地与其谈话，进一步了解孩子的语言表达能力和性格特点等，并能提出切合实际的希望和要求，也能让转学生到新学校后产生一种被关心的感觉，便于尽快适应新环境。

2. 家长方面

当孩子在学习、思想方面出现问题时，家长应做到及早发现，和老师联系，共同开导、教育孩子，消除孩子内心的恐惧感。

起初家长尽量不要给孩子过多过高的压力，要多询问孩子在新学校的事情，感受孩子的心理状态，并多鼓励孩子，让孩子能在轻松、愉悦的环境中尽快适应新学校。

3. 转学生方面

（1）正确认识自己

自我认识是一个人对自身的生理、心理、品行等方面的自我判断，是个人心目中自我形象的确立。我们要做到让学生掌握自己的优点，发挥自己的优势，从而发现自己的价值。

（2）学会主动沟通

告诉孩子人与人相处其实并不难，只要稍微放开一点，可能别人早把你当成班中一员了。所以要多和同学们沟通，观察留意别人身上的长处和优点，就有了交流内容；也可以在别人需要帮助时，主动伸出援助之手，彼此也就会渐渐熟悉起来。

（3）遇事换个角度想想

世间事，祸福得失难预料，好坏也非绝对，所以要告诉孩子，遇事能换个角度想的人，总能从窘境中破茧而出。来到了新学校，可能一切都需要重新去了解、适应，但至少能认识更多老师，结识更多朋友，这不是好事吗？

（4）降低要求自我激励

刚到一个新环境，需要时间去适应，所以要告诉孩子不要对自己提过高要求，同时要不断激励自己去直面困难，因为当一个人把困难看作对自己的不利时，就很难有进步迹象；相反，如果学会了把握困难带来的机遇，就会有动力去努力，会有成功的希望。

总而言之，转学带来的适应不良是可以通过教师、家长、学生的努力得到改善的，面对转校生，我们要给予更多的关爱和鼓励，采取多种多样的疏导使他们能快速地融入一个新环境。适应障碍应该得到家长和教师的重视，用浓浓的爱紧紧包裹着他们，使他们可以安全地度过适应新环境的过程。

参考文献：

[1] 靳小勇 . 学生群体心理现状分析及教育引导 [J]. 中西医结合心血管病电子杂志，2019，7（4）：30.

[2] 刘广增，张大均，莫文静，等 . 青少年心理素质对社交焦虑的影响及其性别差异 [J]. 西南师范大学学报（自然科学版），2019，44（2）：91-96.

排名下降适应障碍

文 / 基燕平

【案例】

豆豆，女，15 岁，身高 1.55 米，某重点中学高一学生，从小学习成绩就一直名列前茅，老师们都很喜欢她。初中就读于全市最好的一所私立中学，初三下学期顺利通过市前三甲某重点高中的自主招生考试，进入年级“创新班”（即重点班）学习。豆豆一直觉得自己的学习能力挺强，不管是文科还是理科，成绩都很好。可是进入高一后，班上的同学都很厉害，还有不少参加学科竞赛的同学。而且由于进入高中后学习难度增加，尤其是数学和物理，豆豆想要保持初中那样的好成绩变得很困难，所以豆豆更努力学习了，几乎大部分时间都用在学习上。高一上学期两次考试，豆豆的成绩还在班上排名中上，近一个月前是高一下学期期中考试，豆豆的成绩滑落得更明显了，在班级 48 名同学中仅排 41 名，妈妈对豆豆非常失望。由于高一结束后要进行文理分科，创新班要淘汰将近 40% 的同学进入平行班。豆豆很担心如果期末考试不能取得很好的成绩，就要被淘汰了，这会在同学面前很没面子，也无法向父母交代。最近这段时间一想到这些事，豆豆就各种担心，上课容易走神，注意力不能集中，做作业时遇到一时想不出来的难题就紧张。上周数学单元考，明明会做的一道大题，考试时脑子里却一片空白，居然想不出解题方法来，结果成绩又在班级平均分之下；第二天的物理考试也是如此，不该出错的地方又错了。一想到可能会被创新班淘汰，豆豆的情绪就很低落，每天闷闷不乐，感觉做什么都没意思，有时候很烦躁，容易发脾气，晚上有时会睡不着，连胃口都不好了，不敢面对老师，也怕被同学嘲笑，因而学校也不想去了。

【评估】

父母反映

母亲反映豆豆是家中独女，母亲对豆豆的学业要求一直很高，父亲与豆豆的沟通更为顺畅，父女关系比母女关系更为紧密。豆豆性格比较内向，乖巧、文静，说话声音较小，不太敢主动和他人沟通，很羡慕性格活泼外向的同学。豆豆不爱运动，除了学习，无特别的兴趣爱好，空余时间喜欢一个人静静地阅读各类书籍。

现场评估

来诊时孩子着装整洁、举止得体，符合高中生的身份。说话时语言表达流畅，思路清晰，但语速较慢，声音较小，说话时身体前倾，喜欢低头，偶尔也会抬头与医生有眼神交流，时常有停顿、扶眼镜等体现紧张情绪的行为，感觉有点拘谨。很有礼貌，自知力正常，对自己的情绪状态有正确的认识，逻辑思维正常，能明确表述自己最近因成绩退步感到焦虑，迫切希望改变目前的情况。

目前状态的评估

①生理上：15 岁，无重大躯体疾病，睡眠不佳，食欲下降。

②心理上：注意力不能集中，紧张焦虑，情绪低落，虽能控制情绪，但心里觉得不踏实，很想解决但又不知道如何解决，内心痛苦。

③社会上：受近几次考试成绩下降事件影响，担心这样下去会离开创新班；家庭方面妈妈要求严格，对其抱有很大的期望；求助者思维逻辑能力和认知能力较好。

【分析】

像豆豆这样成绩下降明显的学生容易发生适应障碍。个人的心理落差，无法面对家长、老师、同学的想法，使相当一部分孩子产生一系列的适应问题，通过观察、了解发现，其背后的原因主要如下。

生物因素

15 岁正处于青春期，女生天然心思比较敏感，心重。

社会因素

不敢主动与同学交往，社会支持系统偏弱，人际交往能力比较差。

人际交往也称人际沟通，是指个体通过一定的语言、文字或肢体动作、表情等表达手段将某种信息传递给其他个体的过程。

社会学将人际关系定义为人们在生产或生活活动过程中所建立的一种社会关系；心理学将人际关系定义为人与人在交往中建立的直接的心理上的联系；中文中常指人与人交往关系的总称，也被称为“人际交往”，包括亲属关系、朋友关系、学友（同学）关系、师生关系、雇佣关系、战友关系、同事及领导与被领导关系等。人是社会动物，虽然每个个体均有其独特的思想、背景、态度、个性、行为模式及价值观，但是人际关系对每个人的情绪、生活、工作都很重要，甚至在组织气氛、组织沟通、组织运作、组织效率及个人与组织之间的关系上均有极大的影响。

1. 人际交往的重要性

①人际交往促进深化自我认识：在我们日常的交往活动中，有时候两方面的评价会有一定的差距，不少人会因此而产生烦恼。这就要求我们要善于调节两方面的评价，全面提高自己的综合素质。建立正确的自我认知，有助于我们找到自己的社会位置，扮演好自己的社会角色。

②人际交往促进社会化进程：人际交往是社会发展的必然产物，也是社会发展的基本前提。没有人际交往过程中所形成的各种各样的网络关系及人们所担当的各种各样的社会角色，社会就不能称其为社会，发展也无从谈起。人际交往与我们密不可分，是我们生活的一部分，贯穿生命的始终。良好的人际交往能力是青少年社会化的起点，是将来在社会立足的生存需要，也是为社会做贡献的本钱。

③人际交往是实现人生价值的桥梁：人生的意义在于奉献，人际交往是我们奉献的桥梁。良好的人际交往，能让我们掌握更多社会信息，保持和人民大众的血肉联系，了解人民的生活和需要，才能更好地为人民服务。

2. 人际交往的秘诀

①感情愉悦：大家彼此乐意与对方交往，并能从交往的过程中有所收获，交往就得以良性循环地进行下去。如果交往变成了负担，变成了没有意义纯粹是浪费时间的活动，那这样的交往就不会长久。感情愉悦往往是顺利交往的前提，作用于交往的前期。

②价值观相似：交往的过程中，彼此的价值观相似不仅可以互相获得支持和共鸣，而且可以预测对方的行为倾向，这样双方就比较容易适应。到了交往的后期价值观相似往往起很大的作用，很多人因为价值观的分歧而最后分道扬镳。

③慎重给人提建议：最大的危险，就是在别人没有征求意见的时候提建议，有些人会拒绝采纳建议，无论这些建议有多好，或者你的初衷有多高尚，如果你坚持这样做，你和他们之间的关系就会受到影响。不要再把时间和精力浪费在试图解决别人的问题上了，这也包含你的配偶、朋友和工作上的伙伴。这种试图解决他们的问题的做法，等于是在说他们没有能力做好这件事，智者不需要建议，傻瓜不会采纳建议，主动提出建议这种行为是无用且极度浪费自身精力的。当有人来向你征求建议的时候，建议先弄清楚他希望得到什么样的建议，然后再向他提出这种建议，向人们提供他们希望听到的建议，这可能是一种解决那些实际上并不重要的问题的好策略。

④善于倾听：听别人说话这一点在人际交往中很关键，在与别人交流的时候，仔细认真地听别人说话，你就能够很准确地理解和领会别人想要表达的思想及说话的目的，这样你就能够有针对性地表达自己的思想，表达自己的观点，能够很好地与人交流和沟通，达到事半功倍的效果。

⑤换位思考：做什么事都要换位思考，遇到事情时，不妨试试站在对方的角度去思考问题，从对方出发，想想我们这样做了对方会如何想及因此引发的后果。这样，我们就能够提前规避问题，把事情做到最佳。假如对方是领导，就更应该注意这一点，但是前提是必须把自己的思维上升一个高度，假如我是领导，希望你如何去做，将话语会产生什么样的效果、事后的得与失都想明白，做事便能够得当合适。养成这样的思维习惯在处理很多问题上都能帮助你做到轻松自如、恰到好处。

心理因素

①认知因素：对考试认知存在偏差，对过去考试的失败存有疑虑，存在不能留在创新班就很丢脸的错误观念。

②情绪情感因素：具有焦虑的情绪，但不知道该怎么办，心里很苦恼。

③意志行为：大部分时间都集中在学习上，学习的强度大，疲劳过度，过于紧张，导致状态不佳、失眠。

④个性方面：性格内向。

【科普】

适应障碍是指在明显的生活改变或环境变化时所产生的短期和轻度的烦恼状态和情绪失调，常有一定程度的行为变化等，但并不出现精神病性症状。典型的生活事件有：居丧、离婚、失业或变换岗位、迁居、转学、患重病、经济危机、退休等，发病往往与生活事件的严重程度、个体的心理素质、心理应对方式、来自家庭和社会的支持等因素有关。

适应障碍的临床表现形式多样，主要以情绪障碍为主，如抑郁、焦虑，也可以适应不良的品行障碍为主，这与年龄有一定联系：如成年人多见情绪症状，焦虑、抑郁及与之有关的躯体症状均可出现，但达不到焦虑或抑郁的诊断标准；青少年以品行障碍为主，如侵犯他人的权益或行为与年龄不符，如逃学、偷窃、说谎、斗殴、酗酒、破坏公物、过早开始性行为等；儿童则可表现为退化现象，如尿床、幼稚言语或吸吮拇指等。

适应障碍的临床表现不一定与应激源的性质相一致，症状的严重程度也不一定与应激源的程度相一致。一般而言，症状的表现及严重程度主要取决于患者的病情个性特征。病程一般不超过6个月。若应激源持续存在，病程可能延长，不论病程长短、起病急缓，预后都是良好的，尤其是成年患者。

【建议】

不少学生因为排名下降明显而逐渐变得郁郁寡欢，甚至不愿上学，这种适应障碍我们要通过多种途径，及时调整其心理，去帮助他们。

预防对策

①说服教育：心理品质的形成都是以道德认识为基础的，因此要塑造积极的心理品质，就必须从提高道德认识、判断和评价水平为突破口。比如，学生中普遍存在学习自觉性差的现象，其根源之一是学习目的不明。不管是在学校还是在家里，只要一提到学习、做作业，思想上就产生一种惰性心理，行动上就出现怕学习、不想做作业、容易被其他事物吸引等情况。因此，我们应针对不同类型学生的心理状态及特点，恰当地运用说服教育的方法，晓之以理，教育学生形成正确的认识，克服头脑中的错误或模糊的认识，以达到强化学习目的的结果。

②情境熏陶：和谐民主的教育教学情境是培养受教育者健康心理品质的重要方法。在教育教学活动中，我们要有计划地创设各种和谐民主的教育情境，如教学中愉快、求知、勤思、民主的氛围，个别谈话时尊重、鼓励、严格要求的情境等。从而在和谐的教育教学情境中，使受教育者能尽情地表达自己的感情和思维成果，克服胆怯、担心、怕说错受批评等不必要的心理压力，增强自信心，培养勇敢和独立解决问题的心理和勇气。

③情绪感染：个体与个体之间的情绪和情感总是会相互感染的。在特定的学校环境中，施教者和受教育者之间经常发生感情的沟通，有意、无意地受到对方的情绪感染。施教者需要力求让自己健康、愉悦、生动的情感、言行去感染自己的教育对象，使其产生强烈而积极的内心体验，如一次表扬、一次成功的个别谈心、一次主题鲜明的活动等都会

使受教育者产生愉悦的情感体验，在情感上产生共鸣。“动之以情”的教育方法，既有利于培养孩子的兴趣爱好和求知欲，又有利于师生间心理距离的缩短，使孩子在能保持稳定而持久的情感状态的同时，做到专心、积极、主动、认真学习。

④意志磨炼：各种心理品质的养成都是参加社会实践，在与困难做斗争的过程中磨炼出来的结果，因此在生活中磨炼孩子的意志品质就显得极其重要。这样做一是要培养孩子克服困难的信心和勇气，能够在困难面前不屈不挠，能自我控制、自我约束；二是要在参加集体活动的过程中，增强其集体观念，培养其服从集体的意志，在活动中逐步养成自制、坚强、果断的意志品质，纠正犹豫、盲目、鲁莽、顽固的不良品质，提高孩子的意志水平。

⑤心理教育：提高心理素质的基本措施，其最终目的是保护和促进人的身心健康。心理教育的内容不仅是普及心理卫生知识，还要矫正心理困惑的认识结构。必须通过座谈，了解其对心理保健知识的掌握和存在的问题，通过调查测试，分析受试者的心理障碍、偏异情况，然后讲知识、讲保健，共同对心理问题进行剖析交流、专题讨论，联系实际进行心理健康与修养的教育。

⑥心理咨询：帮助受询者克服在人生道路上可能遇到的心理障碍，使他们能适应社会生活，处理好人际关系，顺利完成社会角色转移。心理咨询取得良好效果的关键在于要给予信任、给予理解、给予换位（即设身处地，将心比心），还要动之以情，要遵循聆听（让受询者宣泄）、保密（有些深层内容要绝对保密）、疏导（对其提出的特殊问题做面对面的指导）原则，相互信任是咨询取得成功的基础。咨询过程是双方情感和心理交流的过程，只有这样方能达到消除精神压力，起到心理转化的效果。

总而言之，成绩排名下降的适应障碍是可以通过教师、家长、学生的努力得到改善的，要给予更多的关爱和鼓励，及时疏导，及时重视，使他们可以安全地度过困难的时期。

参考文献：

[1] 靳小勇．学生群体心理现状分析及教育引导 [J]. 中西医结合心血管病电子杂志，2019，7（4）：30.

[2] 刘广增，张大均，莫文静，等．青少年心理素质对社交焦虑的影响及其性别差异 [J]. 西南师范大学学报（自然科学版），2019，44（2）：91-96.

分离焦虑

文 / 宋清海

【案例】

佳佳，女，13 岁，初一学生，性格开朗、敏感，是家中长女，有一弟弟刚上幼儿园，家境优渥，家庭关系融洽。佳佳自幼由父母带养，母亲个性急躁，做事干练，对其有学习上的要求；父亲儒雅温和，但工作繁忙；佳佳对母亲非常依赖，什么事情都要和母亲谈，不然就不放心。孩子自幼学习成绩优秀，初中后学校要求住校，两周回家一次，佳佳入学后不久出现夜间入睡困难，平时坐立不安，经常独自哭泣，说怕黑，很没有安全感，内心总担忧家中发生突发状况，上课时控制不住地担心家人出事，害怕再也见不到家人了，要求全家人每天放学后都来校门口看望自己。家人起初认为佳佳是未能适应住校生活，父母及弟弟会每天晚上一起来送晚饭，并与佳佳见一面。但是佳佳状况并未好转，反而出现腹痛、恶心等躯体症状，回家后症状明显减轻，总不愿去学校，考试成绩逐渐下降，无法静心学习，每次考试总出现低热，去医院全面体检未发现异常。

【评估】

父母反映

自家孩子从小做事细腻，个性温柔，很黏父母，什么事情都要父母做主。自从住校后，每天都会给家里打好几个电话，成绩下降后逐渐流露出不想上学的念头，本以为她一下子适应不了住校生活，慢慢会适应的，可没想到越来越糟糕，现在父母很担心她无力跟上高中学习，考虑是不是高中功课太难了，她学习困难了。老师反映孩子在校乖巧，就是上课时心不在焉，作业不认真，同学有说过看到她在寝室独自哭泣。回家后也有说起过在校睡不好，回家能睡好。不谈学习的话在家心情还好，谈起学习便沉默不语，在家总推脱学习，父母感觉她进入高中出现了学习困难，且越来越糟，故来问诊。

现场评估

佳佳自幼和父母生活在一起，幼时怕生明显，依赖父母，目前害怕住校，不愿和父母分离，在校总有焦虑不安感。佳佳诉说："晚上睡不着，看到别人都睡着了更加着急""总是会担心妈妈会不会出事情，要看到妈妈才会放心""我也看到成绩在不停下降，但是感觉他们都不理解我""我也想努力，想好好上学，但是就是控制不住担心""想用被子把自己全身都包起来靠着点什么，才感觉踏实"。

了解及观察到的情况显示，佳佳一直以来学习成绩优秀，一直是邻居眼里"别人家的孩子"。升初中后转为住校生活，不能每天见到母亲心里空落落的，培优班同学间竞争激烈，每天感觉紧绷绷的。晚上躺在床上睡不着，胡思乱想，后来不知为什么，总担心母亲，担心家人出意外，担心再也见不到他们，因此就没心思学习，越学越差，越差越担心，就像进入死胡同般。问诊后期佳佳哭泣起来，诉说自己对于目前学习状态也很担忧，无法接受自己成绩变差了。

心理测验结果：宗氏焦虑自评量表显示为中度焦虑，儿童抑郁障碍自评量表显示轻度抑郁。

【分析】

佳佳为家中长女，自幼个性乖巧，父母疼爱，母亲对其过于照顾导致其生活方面独立自主能力弱。目前对寄宿生活适应不良，担心害怕家人尤其是母亲发生意外，因此不断要求家人每天来校见面，与家人分离期间夜不能寐，焦虑不安、情绪低落等负性情绪明显，与家人相处时无上述情绪体验，考虑为分离焦虑，属一般心理问题。而家人认为的学习吃力、困难是上述不良情绪的继发后果。

【科普】

分离焦虑（Dissociative Anxiety），是指跟主要照料人分开时出现的焦虑、不安或不愉快的情绪反应，又称离别焦虑，多发生于青少年和儿童时期。

大约在 9 个月时，婴儿对自己父母依恋程度的另一指标是父母离开时所表现出的情绪激动和失望，这种反应称为分离焦虑。即婴儿与某个人产生了亲密的情感联结后，又要与之分离，就会表现出伤心、痛苦，拒绝分离。比如，一个 8 个月的孩子坐在房间里玩玩具时，看见妈妈走出去，随着妈妈的身影消失，他大哭起来，这就是分离焦虑反应。孩子对分离的反应可能也与他们的个性有关，对不确定的事物有强烈消极反应的孩子，当他们的消极反应受到限制或被阻止实现某一个目标时，他们会特别烦恼，面对新奇事物会心烦意乱，他们倾向退缩并远离它。在对分离的体验上，这些孩子会比其他人有更大的应激反应，合适的照顾策略可缓解分离给这些孩子带来的应激反应。

分离焦虑成因

1. 环境产生巨大改变

幼儿从家庭迈入幼儿园，或生长环境有了巨大的改变，被称为“心理断乳期”。

（1）生活规律和生活习惯的改变

学校有相对固定的一日生活时间表，什么时候吃饭，什么时候洗漱，什么时候上课都是固定的，这与孩子在家中的生活规律不一定相符。有的孩子在家中生活作息比较随意，一切以孩子的意愿为中心，有些孩子甚至有一些不良的生活规律和习惯，如晚上睡得晚、早上睡懒觉、没有午睡的习惯等，孩子不习惯固定的生活制度，对学校的饮食和作息规律都会产生抗拒，住校便会有晚上睡不着、便秘、挑食等各种问题出现。

（2）成人与幼儿的关系

入学之初，见到的教师和小伙伴都是陌生的面孔，儿童容易感到不安全。随着年龄的增长，入学后均是集体教育，师生的数量差距会逐渐增大，也就是说一位授课老师需要面对30名及以上学生进行教育，儿童不可能像在家中一样得到一对一甚至多对一的无微不至地关怀和照顾；如幼儿在家中睡觉时要有大人陪伴和哄睡，在幼儿园则需独自入睡，在学校里失去了多余的温暖和关注，且儿童在学校里不可避免地会处于一种竞争的环境之中，如如何获得教师对自己的赞扬和关注，如何占据自己的玩具等。

（3）陌生的活动室环境

当幼儿第一次踏入教室时，环境对他来讲是完全陌生和新鲜的。无论是桌椅的摆放还是洗手间的设备等都与家中不同。这在使幼儿感到好奇和新鲜的同时，也会引起他的恐慌和不安。比如，有的幼儿在家中大便时使用的是坐式的尿盆或抽水马桶，幼儿园则是蹲式的，潜移默化地使幼儿感到不适应进而引起心理上的压力。

（4）要求的提高

在幼儿园中教师要求幼儿具备一定的独立自理能力，包括自己吃饭、自己穿衣裤、自己上床睡觉、能控制大小便、遵守一定的规则等。同样，青少年步入高年级会有学业压力、被要求收拾床铺、遵守更严格的作息等，这些要求都可能使孩子感到一种挑战和压力。

2. 家庭的因素

家长的教养方式是幼儿入园适应快慢的重要因素。实践证明，平时不娇惯孩子，注重幼儿独立能力培养，鼓励孩子探索新环境和与新伙伴一起玩的家庭，孩子入学的适应期就较短，情绪问题也会较少。而那些溺爱、一切包办代替的家庭中的孩子更易由于环境的巨大差异和转变而出现情绪甚至生理上的问题，如有的孩子因过分哭闹和情绪上的不安而出现夜惊、梦魇或腹泻、生病等问题。

3. 自身个性与经验

研究证明，在入学之前与家长有分离经验的孩子更容易适应学校生活。性格外向、活泼的孩子比较容易适应学校生活。

分离焦虑的影响

焦虑会引起孩子生理上的应激反应，长时间焦虑容易使孩子抵抗力下降，刚入园的孩子常常容易感冒、发烧、肚子疼等。患儿会整日缠住父母，不断要父母注意自己，有时担心父母发生意外，或担心意外灾难会使自己与父母失散，害怕自己离开父母会被拐走等。患儿因此不愿上学或入园，到校或到幼儿园后哭闹，不主动与其他小朋友来往，甚至出现头痛、腹痛、恶心等躯体症状，病程可持续数年。分离焦虑是孩子离开母亲时出现的一种消极的情绪体验，最亲近的人从视线中消失了，孩子会一下子不安起来——妈妈在哪里？我要找妈妈！孩子会用喊叫、哭闹来表达自己的焦虑，呼唤妈妈的出现。大部分孩子从七八个月起，就会明显表现出这种分离焦虑，有些孩子甚至更早。分离焦虑的出现与孩子的不安全感有关，最初这种焦虑的出现是有其特殊的适应意义的，因为它促使孩子去寻找他所亲近的人，或者发出信号呼唤妈妈的出现，这是孩子寻求安全的一种有效的方法。

但是，由于焦虑中的孩子会把所有的注意力放在寻找亲人上，有时他们甚至表现出不吃、不喝、不玩，这些平时最能引起亲近的人关注的行为，成了他们用来呼唤亲人的一种方法，这时其他活动自然就进入不了他们的视线了。当宝宝到了上幼儿园的年龄，分离焦虑就越发不能忽视了，很多宝宝因害怕去幼儿园，会以不起床、假装生病、赖地哭闹的手段进行抵抗。

【建议】

为了尽快稳定儿童青少年的情绪，帮助他们度过新学期焦虑期，适应新的生活环境和教育环境，保证正常的教学活动尽快开展，学校应该做好以下几项工作。

1. 家校配合，加强入园/入学的准备工作

幼儿园是幼儿第一次步入的较正规的集体生活环境，对培养幼儿社会适应能力起决定性作用。师幼关系和班级气氛会对幼儿心理产生重大影响，其中老师是关键。在孩子入园前，父母可有意识地多带孩子到幼儿园来，熟悉其周围环境和教师，经常把孩子带到幼儿园来看看、谈谈、玩玩，让他们观察幼儿园里其他小朋友的游戏活动等，家长还可以

放手让孩子玩，让老师抱一抱，亲一亲，让孩子熟悉新的声音，使他们喜欢上幼儿园及幼儿园里的老师和小朋友。入园后，老师要主动、热情地接待新入园的孩子，抱一抱，亲一亲，摸一摸，问一问，叫一叫孩子的乳名，表示最喜欢他，让孩子感到温暖、安全。总之，老师要用一颗爱心去温暖孩子的心，在生活上关心照顾他们，在精神上支持帮助他们，使他们感到老师像妈妈一样的可亲可爱。

北京师范大学陈帼眉教授指出：幼儿在家的生活习惯、作息制度及幼儿独立生活的能力也影响幼儿的分离焦虑。幼儿对父母的依恋在很大程度上是由于父母能满足他们生理上的需要，如吃、喝、拉、撒等。正因如此，才使孩子逐渐地产生依恋父母的情感，所以在孩子入园前，家长应给予其生活技能上的指导，如要求他坐在桌子旁自己吃饭，不能在吃饭时随意走动，指导孩子试着在大小便前后自己脱、提裤子，自己洗手，自己睡觉，认识自己的物品等。有意识地在分离前培养孩子的独立性，培养他们的生活自理能力，使孩子们觉得自己长大了，而不是一个样样都不会的“小宝宝”了。

此外，学校要与家庭建立密切的联系，才能了解孩子的个性和生活习惯，从而进行正确的指导。这就要求学校重视家访，家访可以消除学生对老师的陌生感，老师也可以由此了解学生的个性特点和生活习惯，以便以后因人施教。作为家长，也应主动配合学校，改变孩子家庭生活的随意性，制定与学校相仿的作息时间制度，培养孩子良好的生活卫生习惯，提高人际交往能力等，以此来缩小家校生活的差异，使孩子更适应学校生活，缓解学生的分离焦虑。总之，妥善解决孩子入园问题，不仅可以使孩子迅速进入正常秩序，参与教育活动，而且也能使孩子的生理和心理在新环境中稳定向前发展。

2. 针对孩子的个性特点区别分析

因为每个儿童的个性特点、所受教育和生长环境各异，以至于他们的分离焦虑表现也各不相同，那么我们也应该根据儿童各自的特点对症下药。例如，暴躁型的孩子，我们可采用冷处理的方法，他急的时候，老师千万不要急，可把他撇在一边，拿点东西给他玩，待他平静下来之后则用亲切的语言在全班面前表扬他，鼓励他；波动型的孩子重要的是让其有事干，老师要不停地给他新的刺激，让他参加不同的游戏活动，以保持他对新环境的好奇心、新鲜感。

3. 设计丰富多彩的游戏活动，运用文学作品和艺术作品陶冶性情、树立榜样

游戏是儿童的天性，是最独特、最基本的活动形式，有些心理学家把游戏称为儿童的“主导活动”。我国著名的儿童教育家陈鹤琴先生也曾说过：“小孩子是生来好动的，是以游戏为生命的。”这是因为游戏在儿童生活中确实具有极其重要的意义，它与机能的快感相联系，可缓解紧张状态，给孩子们带来巨大的快乐。因此，开学初教师可设计一些新颖的、有趣的游戏活动，这不仅能消除孩子相互之间及与老师之间的陌生感和恐惧感，缓解儿童的分离焦虑情绪，而且还可以使幼儿对新环境产生新鲜感，这种方法对波动型的孩子最为有效。

文学艺术是最富有感染力，也是儿童所喜爱的活动形式之一，艺术作品欣赏和文艺表演会使儿童受到启发和陶冶，如故事《高高兴兴上幼儿园》、诗歌《幼儿园里朋友多》、歌曲《我爱我的幼儿园》等，这些文学作品都是为了让儿童从中受到教育和启发。

常言道：“榜样是最好的老师”。对那些哭闹不休的孩子，教师要坚持正面引导，正面教育哭闹的孩子要向不哭的乖孩子学习。有些孩子为了得到老师的夸奖，也会停止哭声，这时教师应该循循善诱、循序渐进，逐步消除分离焦虑的情绪，使他们尽快适应新的环境、新的生活。

孩子哭闹耍赖、情绪不稳定是普遍存在的，但我们怎样让孩子较快地稳定情绪、消除焦虑愉快地上学呢?《幼儿园教育指导纲要（试行）》指出:“幼儿园必须把保护幼儿的生命和促进幼儿的健康放在工作的首位。树立正确的健康观念，在重视幼儿身体健康的同时，要高度重视儿童的心理健康。”针对儿童发育迅速但还未完善的生理特点，天真纯洁容易受到伤害的心理特点，活泼好动但自我保护能力欠缺的活动特点等，我们更应该将儿童健康教育置于学校工作的首位，强调“身心并重”。这样，孩子们就会很快适应学校的集体生活，出现在我们面前的将是一张张活泼可爱、天真烂漫的笑脸。

学校恐惧

文／阮乃荣

【案例】

天天，独生女，10岁，小学四年级，新学期开学2周，便说自己不想去学校了，到校后不舒服，回家后母亲问其具体哪里不舒服，天天支支吾吾，含糊其辞，一会儿说自己眼睛看黑板累得慌、不舒服，一会儿又说自己在学校肚子总是不舒服；母亲带其去医院检查，视力未见明显异常，其他医学检查也未发现明显异常。当母亲要求其下周去学校上课时，天天便开始出现烦躁不安、闹脾气，甚至摔砸物品等情况。父母很是费解，成绩一向优秀的孩子到底是怎么了？起初猜测是不是孩子在学校被欺负了，但到学校了解后，发现一切正常。此后天天便赖在家里，独自看电视、玩玩具，有时也会看书、学习、写作业，都很正常，但只要提起上学或学校便眉头紧锁、不开心。尽管在父母的强硬要求下偶尔去学校，但在学校里也闷闷不乐，上课注意力不能集中，下课总是一人独自待着，像是换了个人似的，成绩更是一落千丈。父母四处求医无果，最后在学校老师的建议下来儿童心理门诊就诊。

【评估】

父母反映

天天幼时发育正常，讲话走路时间与同龄人相仿，没有重大疾病史，也没有脑部外伤史。从小就很懂事，从不调皮捣蛋，对大人的话言听计从，是个乖乖女，性格说不上外向，但在家人面前还比较活泼，自尊心强。从小由父母带大，父亲话不多，日常生活基本是母亲照顾，母亲是急性子，管教较严厉，如从小不让她在公众场合大声说笑、吃东西前一定要洗手、写错的字一定要订正 3 遍等。天天从小就比较听话，学习成绩一直很好，但去年期末（四年级第一学期）数学考得很差，为此过年期间都有点不开心，当时父母以为只是孩子偶尔一次考差了，没怎么在意。这个学期开学后孩子就找各种理由不去上学，但只是不去学校，在家里上网课、看书都很正常，朋友来了也很开心。父母自诉在天天上幼儿园期间有数次当着孩子面争吵，但孩子上小学后父母感情尚可，自认为对孩子还是比较开明的，从没有打骂过，也没有溺爱。

现场评估

天天在父母的陪伴下走进诊室，一直低着头，在母亲的提醒和催促下，也只是抬头“瞥”一眼，没有过多眼神接触。后期慢慢能建立对话，但声音低沉，回答均以“是”或摇头等简单语言和动作表示。称自己从上个学期期末考试后一直很不开心，觉得自己不应该考那么差；每次进学校都觉得很没有面子，而且在学校里每天都很紧张，甚至会头晕，吃不下饭，总是会拉肚子；有几次到学校门口就会心跳加速，呼吸困难，甚至还会做噩梦，经常梦见自己在全班同学面前罚站或掉到枯井里等，自己也不知道为什么；但在家或外出其他地方都没有这样的感觉，就是学校不行，让人有种窒息感，特别害怕；自己也不想这样，但就是控制不住，边说边哭泣。想起近期在校情况时眉头紧锁，呼吸急促，伴胸闷、坐立不安等躯体不适。

心情平复后，天天进一步补充说：觉得自己这样很没用，很对不起妈妈，心情烦躁的时候曾用圆规划伤自己左臂，看着血流出来，心情反而平静许多。表示自己愿意变好，但不知道怎么做。能理解父母的心情，但希望父母不要强逼她，希望自己能留在家里上网课。

辅助检查评估显示脑电图及脑诱发电位检查未见异常；脑部近红外线检查显示额叶初始活跃程度较低，提示注意力集中度较差；艾森克个性测验（青少年版）个性显示为抑郁质：胆小、敏感、循规蹈矩；焦虑自评量表（SAS）提示存在中度焦虑；抑郁自评量表（SDS）提示存在轻度抑郁。

【分析】

天天从小属于大人们口中的“别人家孩子”，懂事、乖巧，学习主动，成绩名列前茅。在遭遇一次考试挫折后，出现长时间的沮丧、烦闷心情，回避交流，回避学校。强迫其返校会出现紧张、害怕、坐立不安、哭泣等焦虑、恐惧情绪，同时伴头晕、心慌、吃不下饭、拉肚子，甚至连续噩梦等不适症状，而这些表现只有在面对“学校”这一特定环境时才会出现，需考虑学校恐惧症，不理解的家人则以为是因学习难度加大后的学习困难而回避上学。

学校恐惧症是恐惧症的一种，多发生于心智尚未完全成熟的中小学生，主要表现为回避上学，以各种理由、借口推诿不去学校，提到上学或与之相关的事时，出现各种心理不适，并伴有躯体化症状如头痛、头晕、腹痛、呕吐等。

天天为独女，在父母呵护下长大，个性敏感、要强，对自我要求高，什么都要做到最好。家庭方面，父母关系不和谐，母亲雷厉风行，比较强势，对孩子管束较多，限制了孩子情感及行为的自由表达。家庭画像：一个过度保护溺爱的母亲，一个不善言辞、被动的父亲，一个在家听话乖巧，在学校和其他社交场合敏感、胆小的孩子。父母感情不和，时常当着天天的面吵架，且有时吵架内容还与天天有关，这些无形中都会让天天觉得是自己做得不好，从而对自己提更高的要求，力求事事完美，以此讨父母开心，缓和父母间的冲突。过于乖巧的表现使得父母很少关注天天的内心需求。考试失败出现一过性的闷闷不乐是很正常的情绪反应，可对于一直以来顺利，对自我要求高的天天来说，却难以适应。一方面天天无法接受自己考差了的事实；另一方面父母也未及时关注到天天的心理变化，情绪积累下逐渐出现回避、害怕上学，即使在父母胁迫下重返校园，但在校出现各种不适应、不开心、烦躁等情况。天天意识到自己这样的表现太差劲，但摆脱不了，看到伤心的父母，充满愧疚感。

【科普】

学校恐惧症（School Phobia）指由于存在各种不良的心理因素，使学生害怕上学，害怕学习，害怕学校和教师的相关情境，并且伴有恐惧心理和躯体化症状的心理疾病。儿童和青少年是学校恐惧症的多发人群。我国心理学工作者通常将学校恐惧症定义为由于某种内因或外因而对学校产生恐惧、厌恶心理，进而对学习丧失兴趣及伴随相应的拒绝上学行为的症状[1]。

学校恐惧症已日趋成为同时影响患儿自身、家庭、学校的一种焦虑障碍，对儿童情绪、社交和学业发展有严重的影响。对学校恐惧症的早期识别、早期干预至关重要。国内有研究发现，学校恐惧症患儿以女孩略为多见，女：男约为4 ：3，学校恐惧症的学生最常见的症状不是焦虑、紧张或不愉快，而是躯体化症状，主要表现为头痛、头晕、腹痛、哮喘发作、自主神经系统功能紊乱等，如出汗、手抖、尿急，但这些躯体症状不能通过相应的身体检查及时发现。病程中后期儿童可能还会伴有暴力倾向，如通过损坏物品、攻击父母、自伤等行为来达到不去学校的目的。当被允许留在家里时情绪会马上平静好转，接着会逐渐消极倦怠，到最后变得低落消沉、嗜睡。

学校恐惧症发病年龄有3个高峰，且与其病因密切相关。5 ~ 7周岁为第一高峰，这一阶段可能与分离焦虑有关；11 ~ 12周岁为第二高峰，可能与学生进入学龄期，上学功课多、压力增大或重新适应学校环境及与新同学交往困难等因素有关；14 ~ 15周岁为第三高峰，可能与学生进入青春期身心发展不平衡等因素有关[2]。产生学校恐惧症的原因比较复杂，先天素质、家庭、学校教育不当及不良的社会环境等都可能成为此症的诱因。

学校恐惧的诱因

①先天素质：目前研究发现许多精神疾病，如精神分裂症、双向情感障碍、焦虑症、抑郁症等都具有一定遗传性，在对拒绝上学的患儿母亲进行回顾性调查发现，她们中绝大多数也有过同样拒绝上学的行为；许多拒绝上学儿童的母亲其一生中至少患过一种焦虑障碍，而且国外有研究指出超过50%的患儿有精神疾病家族史。

②心理因素：刚上学的儿童拒绝上学与儿童害怕与父母分离有关。入学对儿童来讲，是从家庭走向社会，要与父母分离。不同心理发育状态的儿童与父母分开的难易程度不同，分离时儿童既不想离开母亲，又担心不上学会受到母亲的责备，长期的矛盾心态就容易发展为焦虑与恐惧。由于儿童对情绪的识别和表达能力尚未发育完善，往往用行为和躯

体状态表达，故自主神经功能紊乱类的躯体化症状比较常见。

③素质因素：学校恐惧症多发生于那些性格胆小、先天易感素质、行为退缩的儿童，常表现为过分拘谨、喜好他人表扬、任性、不善交友、固执等。这样的儿童很可能来自父母期望过高或父母对儿童评价过多的家庭，长期受此影响的儿童会变得对自身和环境评价过分敏感，过分在乎自我形象和他人感受，因而也会下意识地夸大学校对其现实的评价。当个人遭受学业失败或人际危机时，为维护理想中的“自我”不受威胁和伤害，就采取了拒绝上学的方法。有些学校恐惧症儿童起初学习成绩十分优秀，但因性格使然而学习过度自勉，为维护个人成绩排名而过度投入学习，一旦出现失败则易引发强烈的焦虑与恐惧，因怕再度遭遇失败而拒绝上学。

④家庭环境因素：有情绪、行为障碍的学生与学龄前父母的教养方式、职业、健康状况、受教育程度、父母关系等有关。家庭治疗在精神障碍及严重心理问题治疗中的应用表明，器质性因素对青少年情绪、行为障碍的影响较小，不良家庭因素的危险成分极大。少数学校恐惧症孩子来自受到养育者虐待（体罚、辱骂、情感忽略）、父母感情不和、经常争吵、存在家庭暴力或父母离异的家庭。有研究发现学校恐惧症患儿的家庭中父母对孩子较其他同龄儿童更加溺爱、期望值过高，但缺乏温情和足够的情感支持。

⑤学校环境因素：根据心理应激模型分析，学校为学校恐惧的应激源，具体为在学校遭受生活事件或应激事件，如学习困难、考试不及格、遭到同学嘲笑或欺侮、与老师发生冲突、遭受体罚、失去友谊、老师期望过高、校规严厉等。这是导致儿童青少年出现学校恐惧症最主要的诱因，最终引起恐惧上学的回避行为和情绪焦虑反应。

⑥社会因素：社会的快速发展，传统家庭结构（独生子女政策）的变化，激烈的升学、就业压力，使很多父母在婴幼儿时期就开始过度关

注孩子，对孩子的未来抱有过大期望和过分担忧，孩子上学后又对孩子的学业倾注了大量精力和财力，但却很少试着去理解儿童和青少年在学习过程中所承受的种种困难和心理压力，使儿童青少年的内心压力不能及时得到缓解，长期处于情绪紧张状态，一旦受挫，便容易诱发学校恐惧症。

学校恐惧的临床特征

①拒绝上学：表现为拖延起床的时间，拒绝进入到达学校的车或拒绝下车，不断地抱怨学校，哭闹不止，甚至发脾气、威胁或逃跑。部分孩子有冲动、暴力行为，以此达到不去学校的目的。

②焦虑情绪：常感紧张、不安，不愿离开家和父母，兴趣减少，闷闷不乐，感到前途灰暗等。孩子在上学前和在学校时出现紧张、害怕、烦躁、不安等情绪，严重的孩子表现出运动性不安、坐卧不宁、注意力不集中、易激惹等症状。

③自主神经紊乱：孩子会出现多汗、口干、胸闷、腹痛、发热等症状，部分孩子也会有睡眠障碍、厌食、乏力等症状。腹痛为躯体上的学校恐惧症常见表现。

④预期性焦虑：部分孩子在准备去上学时，就会出现对学校的恐惧焦虑体验，同时认为自己没有能力应对这样的恐惧，并最终放弃上学。学校恐惧症的症状是变化的，甚至一天内症状也多有不同，清晨上学时往往症状最严重，而当放学时其症状便减轻，第二天上学前症状再次加重。假期或不再要求患儿上学时，其临床症状便可逐渐减轻并消失。

学校恐惧症的治疗

学校恐惧症常需要综合治疗，主要包括心理治疗和药物治疗两个方面。

心理治疗是学校恐惧症的首选治疗方法，包括支持性心理疗法、系统脱敏法、快乐疗法、家庭治疗、暴露疗法等多种治疗方法。

①支持性心理疗法：以疏导、鼓励，耐心询问学校恐惧症孩子的焦虑，鼓励他们说出自己害怕的事物，帮助孩子克服恐惧心理，并给予耐心的指导与解释，设法改善相应的环境条件及传授相关知识帮助他们克服对学校、教师等的恐惧。

②系统脱敏法：系统脱敏法是行为疗法的一种，也是应对学校恐惧症行之有效的方法之一。行为治疗的基本理念是人的行为都是通过学习而习得、改变、增加、消除，它是以减轻、改善孩子症状或不良行为表现为目标的一类心理治疗技术的总称。行为治疗需要学校和家长积极配合，有计划、有目标地使学生减轻对学校的恐惧心理，如从协助孩子一起完成作业或任务，逐渐到让其自主完成；当其没有完成作业或出现错误时，我们也不要加以指责，避免给他们压力；也可由老师给孩子补习落下的功课，平时以鼓励为主，学生与老师关系的改善也会减轻孩子的压力；可以经常请同伴到家中一起和孩子做功课，以增加其与同学相处时间，改善与同学间的关系，增加孩子在学校沟通、交流的机会；多给孩子创造一些自主选择的机会，让他们学会独立地应对问题，学会取舍，对他们不愿意做的事情，我们也要给予尊重和理解。

③快乐疗法：一般学校恐惧症患者大都是儿童，他们都比较爱动，因此最佳的心理治疗方式是让其自由发展，让他们体验快乐、忘记痛苦。尽量让他们感受人生积极的方面，快乐地享受生活。可以带领他们参加一些课外趣味活动，如旅游、体育活动、去游乐场游玩等，感受他们应有的快乐童年，逐渐消除对学校的恐惧感。

④家庭治疗：家庭治疗是矫正学校恐惧症的一个关键环节。孩子在儿童期与父母相处的时间最长，所以调适学校恐惧症需要家长的积极参与。父母的个性特征、处世方式等都会对儿童产生一定的影响，应适当

降低对孩子的要求，转变对孩子过严、过急、打骂的教育方式，帮助孩子克服恐惧情绪。此外，家长应改变过于溺爱的养育方式，并多与孩子沟通交流，营造轻松的家庭氛围。若父母也存在某些心理问题，要对他们与孩子共同给予心理治疗。

⑤暴露疗法：又称“满灌疗法”，该疗法不需要进行任何放松训练，将学校恐惧症儿童逐渐暴露于他们所恐惧的环境中，以迅速校正他们恐惧学校的错误认识，并消除由这种刺激引发的习惯性恐惧反应。要经常鼓励孩子直接面对他们所恐惧的对象和事物，指导他们如何自我调适。孩子害怕去学校，应尽量采取各种方法督促其去学校，逐渐帮助其调整心态。但因为暴露疗法对孩子的身心冲击比较大，可能儿童一时无法面对，所以须谨慎使用，要注意加以相应的安全措施。

药物治疗是矫正学校恐惧症的有效方法之一，尤其是对伴有焦虑、抑郁症状的儿童。但药物治疗并不能单独实施，要联合心理治疗才能取得最佳效果。目前，选择性 5- 羟色胺再摄取抑制剂（氟西汀、舍曲林、氟伏沙明均已获批儿童使用）因其不良反应少，服用方便，成为治疗学校恐惧症的一线药物。

【建议】

个体与群体互动理论

如果一个孩子长时间脱离学校的班级群体，久而久之，这个班级群体中的孩子就会将这个同学“边缘化”，那么这个孩子本身也很难再融进班级群体。即使此时心理咨询工作者调适了孩子的学校恐惧症症状，但因其长期不在校，与群体比较生疏，很难再回到那个班级群体中，即使回到班级中，也会产生一种被孤立感和心理的隔阂感，其恐惧症状会迅速出现复发状况。

认知行为调适

由于学习压力、课业繁重、教师管理程序化等原因，使得很多孩子不喜欢上学。偶遇假期或突发事件，学生们就会欢呼雀跃，原因就是不用上学，可以待在家里了。所以，孩子学校恐惧症的发生，一方面是恐惧学校；另一方面是不喜欢学校的环境，喜欢待在家里自己支配时间，看看电视、玩玩电脑游戏等，不用受任何约束。相比之下，家里显然要比学校更自由、更舒服。因此，要注意家庭氛围与学校的学习环境差距不要太大，避免形成鲜明的对比，可有意创造孩子不上学在家会无聊的环境，促使学生到学校参与集体活动。

家长行为调适

家庭是孩子的第一所学校，父母是孩子的第一任教师。很多家长只关注孩子的学习成绩和身体健康，忽视了孩子的心理健康。早期教育要树立教育方向，使孩子具备判断问题的能力和解决问题的能力。使他在不能实现“永远是第一”这个理想时，能知道自己该怎么做，这是一种心理应变、抗挫折及自信的能力。赞扬过多，期望过高，本身就会形成精神压力，事实上，如果每一位学生都能得“第一”，也就没有“第一”了。由于孩子患了学校恐惧症，家长会找到老师，希望老师对孩子采取一些特殊照顾，家长本人也会放宽对孩子的要求，这样使得患病儿童更不愿意面对学校的环境，导致心理支持性依赖。家长此时的支持行为要体现在与孩子沟通方面，应深入挖掘孩子不愿意到学校上学的原因，潜移默化地采取科学手段进行调整，必要时家长可采取陪同策略帮助孩子过渡适应。家长需要调整认知与教育的误区，使家庭教育成为孩子心智发育的沃土，这是有效化解学校恐惧的策略之一。

建立社会支持系统

社会支持系统是调适个体不适应环境的重要系统，要让孩子感受到学校有很多值得留恋的地方，如老师、同学、校园环境等。建立一个社会或同学支持网络体系，让同学打电话："我们很想你，你什么时候回来上课？我们要去看你了。"各科任课老师对患了学校恐惧症的孩子也要给予人文关怀，营造宽松的学习环境，使患病个体早日适应学校氛围。

学校教育

目前，很多学校受大环境应试教育的影响，更注重的是升学率。应转变学校教育的成才观、价值观，不以分数高低论成败，教师要多给予学生微笑与关爱，多表扬、少批评，多理解、少指责，秉承"好的教育是用爱与智慧完成"的教育理念。

参考文献：

[1] 李曼 . 学校恐惧症的成因表现与矫治 [J]. 校园心理，2011，9（6）：396-397.

[2] 谢念湘 . 青少年学生学校恐惧症的原因及调适策略 [J]. 学术交流，2013（3）：220-223.

社交恐惧

文 / 郑飞杰

【案例】

糖糖，女，9岁，小学三年级。自入学起，在学校不与老师及同学交流，上课从不主动发言，课间也不与人交流，但在家里能自然同家人交流。近半年在学校、商场、游乐园等公众场合会紧张，手心出汗；也因此在校根本无心学习，即使回家父母用心辅导也无济于事，学习成绩越来越差，母亲不理解，有时会忍不住对其发脾气；近1个月以来，陌生人一靠近，糖糖就会全身肌肉僵硬、冒冷汗，不敢与人对视，母亲辅导学习时语气重了便会低声哭泣，母亲担心是不是学习有困难，学不好自卑才这样。

【评估】

父母反映

父亲在糖糖10个月时到意大利做服装生意，母亲为全职太太，日常生活以照顾孩子饮食起居为主，夫妻感情尚可；但父亲常年在国外，只有逢年过节偶尔回国与家人团聚。糖糖足月生产，在母亲和外婆的呵护下长大，从小发育速度与同龄人一致，无重大器质性疾病史，聪明伶俐、活泼可爱，但对母亲及外婆很依恋。大约在4岁时，为了长大后能在意大利上学，在未做任何语言准备的情况下，随母亲一起前往意大利学习、生活。糖糖刚到意大利时非常开心，对新环境充满好奇，但在上幼儿园后逐渐变得闷闷不乐；父母起初以为是语言沟通不畅，不能融入当地环境的原因，心想等语言通了就好了，为此还给她报了意大利语班。但半年后，孩子逐渐变得“内向”，老师反映糖糖在学校不愿意说话，也不愿意跟其他孩子一起玩耍，但在家时孩子表现基本正常，讲话、行动都跟平时一样，就是不愿意出门，偶尔出去了也喜欢独处，要是有人跟她交流，她就立即低头，或是扭头看向别处，人多时会紧张、脸红，极度不自在。因担心是由于孩子难以适应国外环境，就把她转回国内，但她回国后也一直这样。父母自认性格比较随和、积极乐观，对孩子的教育比较上心，但既没有过于严厉，也没有放任不管。

现场评估

糖糖在母亲、外婆等多名亲戚陪伴下步入诊室，看一眼医生后立即低头，眼神躲闪，双手不停地搓着衣角，并不时地拉拉母亲的手，示意尽早出去。对医生的问话不予回答，整个人紧张不安，满脸通红，呼吸急促，流汗。医生指导母亲引导其进行放松练习后，再次进入诊室，表现较先前放松，由母亲搂着诉：一见到陌生人就会莫名紧张，不敢说话，不敢看对方眼睛；开始只是在学校、商场等人多的地方会紧张，总感觉周围人在看自己，害怕出错；特别是老师提问时，特别恐惧，感觉全班同学都在看着她，内心受不了，惶恐到极点，心跳“砰砰”加速，头脑一片空白，能感觉到头皮和手指发麻。还称自己总是紧张，每天生活在害怕中，担心在同学们面前出丑，被他们嘲笑。回忆起自己当初刚到意大利读书时，听不懂同学们在讲什么，也不会说当地语言，总是被他们嘲笑，还被骂“中国猪”；那种感觉很差，而且当时爸爸妈妈不能理解她，特别是爸爸，总是教育她要理解别人，要好好和同学相处，自己也想融入他们，但由于话（指语言）讲得不好，始终无法和同学们很好相处，越是着急，就越紧张，后来逐渐就不想跟他们相处了，也不想和大家说话，因为感觉大家都在关注自己，等着自己出丑，一起笑话她。

糖糖还表示，自己当初在意大利只是不想与同学们讲话，但回国后不知道为什么也有同样的情况，不敢在陌生人面前讲话，会莫名紧张，自己也认为这样不好；有时候想和大家一起玩，但一到人多的环境就控制不住地紧张，所以自己只好避免去人多的地方，也尽量避免跟不熟悉的人交谈。妈妈辅导学习时，有时不耐烦了，会让她感觉很差，觉得自己不是学习的料，也越来越不想学了。

【分析】

糖糖存在不同程度的情绪问题，虽在家里和亲近的人面前表现基本正常，但无法与同龄人一起玩要，也无法在公众场合与人从容交流，一旦不可避免地出现在公众视野里，则会产生与现实处境不符的紧张、恐惧，并伴有心慌、流汗等自主神经紊乱症状，孩子自己也知道这样表现不对，但就是无法控制。其实，这一切并不是糖糖的错，都是社交焦虑惹的祸，而也是社交焦虑让糖糖学习状态越来越糟糕，成绩越来越差……

社交焦虑是一种比较常见的情绪障碍，在成人和儿童身上均可出现，与多种因素有关。纵向来看，糖糖从小家庭经济条件优渥，母亲及外婆对她疼爱有加，特别是母亲为全职太太，日常就以照顾糖糖为生活中心，基本包办孩子的大小事务，这样环境中长大的糖糖难免对母亲和外婆有过度依恋。再加上父亲常年不在家，父亲角色的缺失使糖糖的个性变得谨慎、敏感。移民后对国外生活难以适应，不能完全融入当地环境，甚至遭到同学们的嘲笑，这是一件非常严重的负性事件。显然，糖糖父母没有足够重视孩子难以融入新环境的事情，尤其是父亲，在孩子向他求助后，他没有切实帮助孩子解决困难，反而教导式地劝说孩子要积极面对，这种缺乏理解的教养方式使她始终压抑着自己的内心感受，当持续面对被羞辱的环境时，缺乏积极应对方式的她陷入了深深的恐惧和无助感，久而久之变得更加敏感、内向。

横向来看，由于有了前期负性事件的认知，当再次进入社交场景之前，糖糖脑中常常有“我不知道该怎么做”“我不知道怎么办”等负性自动思维，因此感到焦虑紧张、自卑，并出现“心跳加速、手脚发麻”等躯体表现，这些预期焦虑反应进一步加固了自我负性认知和消极评价；为了缓解焦虑和恐惧，将不得不采取一系列的安全行为，如逃离、回避等，并会在事后不断地回想社交情景中的窘迫表现，主观推断他人的评价和歪曲自我形象，从而加重自卑心理，强化负性自我信念，周而复始，形成了顽固的社交焦虑障碍。尽管孩子也意识到自己的表现不合理，但无法改变，长此以往，就会与抑郁等共病。

【科普】

社交焦虑障碍也称社交恐惧症，是指对一种或多种人际处境存在持久的强烈恐惧和回避行为。适当的焦虑情绪是有益的，如受到攻击时不安的情绪（焦虑）和行动，会让人们更好地躲避伤害，而不是在面临危险时不作为。真正对人们有不好影响的是过度的焦虑情绪[1]。社交焦虑障碍分为但不限于以下 3 种形式：害怕与别人对视，恐惧自己会做出丢脸的言谈举止或表情尴尬，临床上被称为“对视恐惧症”；害怕见人，一见人就脸红，害怕被别人看到，因此而惴惴不安，临床上被称为“赤面恐惧症”，事实上可能只是潮热的主观感觉，并没有真正脸红，但患者却深信周围人已经觉察并正在注意自己，因此更觉得局促不安、浑身不自在；害怕广泛的社交场合，害怕出门，不敢与人交往，甚至长期脱离社会生活，无法工作，临床上被称为“广泛性社交恐惧症”。

社交焦虑障碍可以表现为害怕自己当众出丑，使自己处于难堪或窘困的地步；害怕当众说话或表演；害怕当众进食；害怕在公共厕所里解便；害怕在公共场所呕吐；由于有旁人在场而恐惧得手发抖以致无法写字等。由于害怕，他们拒绝参加各类聚会，也可能回避所有公共场合，如餐厅、剧场和公共车辆等。社交焦虑障碍患者还有心慌、震颤、出汗、恶心、尿急等自主神经功能症状。即使社交焦虑障碍患者在社交场合表现得很成功，但他们也不会认为是成功的。他们意识到这种恐惧其实是多余的，没有理由的，但还是被恐惧所控制，要躲避那些可能有公众视线的场合。

随着社会发展的进步，社交焦虑障碍越来越被人们所重视，特别是儿童社交焦虑障碍；本病通常起病于17岁～30岁，主要在青少年时期，国外有研究显示，本病的发病率大概在3%～13%，其中儿童患病率为1%。而我国尚未有大样本的临床报道，推测其中原因可能是由于人们对本病认识不足，大量社交焦虑被轻率地认定为“内向、胆小”而未受到足够重视，从而导致本病的流行病调查和治疗的偏倚。目前尚没有关于儿童社交焦虑的准确定义，但有文献报道指出，儿童社交焦虑障碍一般是指程度的异常、时间的延续及其伴发的损害必须表现于6岁以前。

一般来讲，内向指人气质的一个方面，是天生的人格特质。内向的人在社交场合不会感到焦虑或恐惧，只是倾向于更小的交际圈子；社交焦虑障碍是在遗传倾向和后天习得经验下产生的，且在交际中往往担心“暴露”自己，担心自己的不完美被人着重关注，导致焦虑和恐惧；内向的人知道交流（社交）不会左右自己的喜好或自我信念，往往由自我“内在能力”驱动；而社交焦虑障碍则相反，是由“恐惧”所驱动。如果性格内向的人和患有社交焦虑障碍的人同时参加一个舞会，性格内向的人往往会因为舞会无趣提前离开，是他自己内在的驱动而产生的行为；而患有社交焦虑障碍的人则是由担心自己会出错、不够完美或会被人嘲笑等负性压力所产生的恐惧压迫而逃离。

社交焦虑障碍的发病机理尚不明确，但现有的研究表明，遗传因素、气质类型及家庭环境因素与社交焦虑障碍的发病有较为密切的关系。

①遗传因素：许多研究发现情绪障碍有家族聚集性，特别是家族研究和双胞胎研究表明，父母患有社交焦虑障碍能明显增加其后代患病的风险；国外研究发现遗传因素占本病病因的25% ~ 37%，起中度作用，但国内尚未见相关遗传学的明确研究。

②气质类型：行为抑制性是指婴幼儿在面对陌生人或陌生环境时表现出来的极度的退缩行为或气质，是较早表现出社会焦虑的气质倾向。有研究发现，儿时表现自信、探索性强的幼儿在青少年时较少出现社交焦虑，而话少、安静、退缩、内向和怯懦等抑制行为的气质特征，以及负性思维和负面自我评价的认知模式等，是社交焦虑的有效影响因素。

③家庭环境因素：家庭环境、家庭功能、父母的养育方式、依恋类型对儿童情绪障碍的发生有重要影响，如父母采用抑制性或拒绝式教养方式、社交经济地位低下、童年早期逆境等不良负性事件均是社交焦虑障碍产生的重要危险因素。研究表明单亲家庭比双亲家庭的子女更容易发生社交焦虑障碍，国内调查发现留守儿童的社交焦虑水平明显高于非留守儿童。这些证据均表明完整的家庭结构和良好的社会支持对儿童心理健康发展至关重要。

此外，目前大部分孩子都是独生子女家庭且处在互联网盛行时代，社交实践行为正逐渐减少，这些因素正在悄悄改变原有的社交方式，在一定程度上促使社交焦虑障碍的发生。

如何从心理层面理解社交焦虑的发生

社交焦虑障碍患者常有过度的自我负面评价或高估了其他人对自己的关注程度，症状常常伴随一种自我预言状态，可能很害怕别人的审视和拒绝，以至于造成过度的焦虑，影响自己在他人面前的表现。

从先占观念的角度讲，社交焦虑障碍是由于害怕别人给予不好的评价，使自己感到发窘和狼狈不堪，从而在行为上表现出避开与他人接触和交谈。

从认知方面的角度讲，当想给他人留下好印象但又怀疑自己不能做到时，就会感到焦虑。社交焦虑障碍患者可能高估了现实的危险，也低估了自己处理威胁的能力，他们由于害怕导致焦虑情绪增加，而焦虑情绪增加又进一步加深了他们的恐惧。他们会特别注意自己的表情和行为，并对自己的评价过低，害怕别人评论自己，他们将环境过分个人化，这种倾向也导致出现了焦虑。

从行为理论角度讲，行为是可以通过直接学习获得的。社交焦虑障碍患者可能习得了对社交场合的害怕性反应，然后为了减少社交的害怕性反应，习得了回避社交的行为。这是一种操作性条件作用过程，它使得回避行为得到了强化而长期存在，同时对社交的恐惧也得以持续。另外通过间接学习也可以习得社交恐惧，即通过他人描述社交中的恐惧性事件，也可以习得恐惧性反应。缺乏社交技巧或不合适的行为也可能是社交恐惧的原因，缺乏社交技巧，可能导致社交焦虑的人处于尴尬的处境，而他们又没办法化解自己的窘迫，当他们感觉到自己社交笨拙，便更容易造成紧张与害怕，从而避免进行社交。

社交焦虑障碍的治疗

目前，公认有效的是心理治疗和药物治疗，其中以心理治疗更为推崇。心理治疗主要包括以下几点。

①暴露疗法：暴露疗法认为条件性焦虑是社交焦虑障碍的根源，治疗办法是围绕某个共同的主题进行一系列的练习。暴露的实质是主动接触能引发患者焦虑的刺激，并且保持着这种接触直到他们开始认识到他们预期的负性结果并没有发生，则触发的焦虑开始减少。

②社交技能训练：社交焦虑障碍患者往往有社交技能缺陷，而技能缺陷又进一步导致其回避社交，重点在于纠正社交行为的语言和非语言缺陷。纠正其非语言缺陷主要包括：改善目光接触；培养“开放包容”的态度；抬头挺胸、提高音量等。语言技巧训练包括：积极倾听；如何开始和结束谈话；提出建议、接受批评；表达感受等。

③认知治疗：对他人负性认知评价的恐惧是社交焦虑障碍的核心因素，认知治疗可以纠正不合理的认知观念，从而减轻或缓解患者焦虑。治疗主要包括理性情感治疗：制定一个特定的分步计划表，教会患者逐步分析恐惧情境，认识情感和非理性思想；自我指导训练，通过训练患者改变其对自身的负性判断，鼓励其使用正性的自我陈述及适当的自我鼓励等来达到积极的自我对话。

④团体治疗：团体治疗是对社交焦虑障碍治疗非常有帮助的形式，团体治疗中，患者可以通过组员间的互动体验纠正患者自己不合理的负性认知；团体的环境可以通过示范、预演、角色扮演、情境重现等设置，使患者的社交交际得以正常化。目前，比较流行的团体治疗包括认知行为团体治疗、团体暴露治疗、认知体系重建等。

⑤其他：行为功能分析、注意偏向训练、音乐放松疗法、网络认知行为干预等对社交焦虑障碍也有一定疗效。

药物治疗也是矫正社交焦虑障碍的有效方法之一，建议结合心理治疗共同施用。目前，选择性 5- 羟色胺再摄取抑制剂（氟西汀、舍曲林、氟伏沙明均已获批儿童使用）因其不良反应少，服用方便，成为治疗社交焦虑障碍的一线药物。

【建议】

社交焦虑障碍是一种常见的情绪障碍，如干预不及时、不恰当，将严重影响儿童及青少年的身心健康。社交焦虑障碍的产生受家庭、个体及社会等多种因素影响，特别是家庭相关因素对儿童社交焦虑障碍的形成具有重要影响。父母要注意在儿童成长早期用心照顾和抚养孩子，建立稳定的亲子依恋关系；尊重和关爱孩子，及时满足孩子心理和情感上的需求，培养儿童青少年的自我悦纳及自信人际交往。

参考文献：

[1] 薛柯宇 . 浅谈社交焦虑障碍 [J]. 青年时代，2020（2）：116-117.

我的注意力都在鼻涕上

文 / 刘灵江

【案例】

牛牛，二年级男生，性格活泼可爱，睡觉时总爱踢被子，因而总被感冒、“鼻涕虫”打扰。上小学后，学习强度大，课外运动少，感冒多了，鼻涕也多了，吸鼻子也多了，在学校里被同学起了“烂鼻子王”的绰号，时常遭受同学的取笑。

二年级时，牛牛吸鼻子越来越频繁。没感冒的情况下也经常吸鼻子，渐渐还出现了眨眼的症状，一开始为单侧，后来演变为两侧。眼科、耳鼻喉科均看过，均找不到可解释的疾病。与此同时，牛牛学习不认真，一会儿吸鼻，一会儿眨眼，成绩越来越差，家人与他讨论是否是学习吃力，他却有意识地回避学习，家人经常提醒制止他的不良行为，但越制止越严重，他越无心学习，全家因此陷入痛苦迷茫中。家人无奈，带他来学习困难门诊咨询。

【评估】

父母的反映

牛牛父母刚开始述说病史时，关注点仍在孩子睡眠习惯不好引发感冒、鼻炎上，对牛牛目前“吸鼻眨眼”的行为很紧张，但眼科、耳鼻喉科医生都强调这不属于他们科的问题，后来经观察发现，牛牛不学习的时候吸鼻眨眼少点，一学习便多起来，所以觉得可能是由学习困难、吃力引发的。评估期间，父母不断相互指责，如父亲责怪母亲没照顾好孩子，母亲责怪父亲早期强调快乐教育，坚持不幼小衔接，才导致了孩子目前的学习困境。父母争执时，牛牛落寞地静静坐在一旁，仿佛习以为常，又仿佛犯错了在接受惩罚。

现场评估

牛牛安静坐于一旁，不时地吸鼻眨眼，在交谈过程中吸鼻眨眼少一点。当被关注或谈到“吸鼻眨眼”时，此行为均会加重。

韦氏智力测试：109 分。

套瓦注意力测试：注意力商数（视觉注意力、听觉注意力、综合注意力）均在临界水平（80 分左右），多动冲动商数在正常范围内。

学习能力评估（提前告知父母带上孩子平时语文和数学的作业本，并支走父母）

①一年级拼音书写，如字母“b”与“d”镜像混淆错误多，现场测评基本未见错误。

②看图写话作业字迹潦草，现场能写出较工整字体，经询问后表述，总吸鼻眨眼，总被父母批评，就想着尽快结束，结束了父母不盯作业了，也不盯自己了，心理就放松了。

③数学作业本中：粗心错误较多，现场重测基本未见错误或即使有

错误也能瞬间反应过来。

④工作记忆测评：现场记背一句话或一长串非连续数字，记忆能力基本与其年龄吻合。

【分析】

牛牛真的是因为学习吃力而出现吸鼻眨眼吗？还是吸鼻眨眼影响到了学习呢？通过现场测评，我们确定，牛牛学习能力并无低下，尽管注意力测评提示临界，但牛牛有提到因“吸鼻眨眼”被父母批评多，为了早点解脱，也为了尽快结束被监督的学习，所以“吸鼻眨眼”对其学习专注度也带来一定影响。而“吸鼻眨眼”就是我们常听到的“抽动障碍”，那么“吸鼻眨眼”怎么影响到学习了呢？

直接原因

①与现阶段的教育环境关联很大，牛牛入学前未做幼小衔接，多数小朋友都做了幼小衔接，而老师教学照顾多数人，进展快，牛牛学起来就吃力了。

②当然与孩子“吸鼻眨眼”也有关联，上课时，牛牛总担心是不是有鼻涕流下来，一、二年级的课看上去简单，理论的思维逻辑却不简单，老师会把复杂的逻辑用口诀的方式传授给学生，牛牛被“吸鼻眨眼”分了神，时常没听到或没听全。

间接原因

①注意力分散：“抽动障碍”常与“注意缺陷多动障碍”共存。与遗传等相关生理因素有很大联系，当然也不排除心理因素影响。牛牛的测验结果显示他有轻微的注意力分散，而“吸鼻眨眼”的抽动在一定程

度上也影响到专注力，这些均会影响学习。

②同学原因：“烂鼻子王”的绰号影响力非常大，一二年级的孩子，特别喜欢给别人起绰号，并且很容易传播开。牛牛说在学校基本上已经很少人叫他名字了，都以绰号代替。所以原本活泼开朗的牛牛经常因为担心被人嘲笑，而尽量控制自己的吸鼻次数。

③家长原因：牛牛父母对孩子的“吸鼻眨眼”非常敏感，有几次带着牛牛去亲戚朋友家做客，牛牛因为吸鼻眨眼被其他小朋友投诉，说牛牛在戏弄他们。慢慢父母就不怎么带牛牛去朋友家玩了。连过年过节外出吃饭的次数也在减少，过多的不良体验加重了整个家庭对孩子“吸鼻眨眼”的过度关注。

④疫情因素：由于新冠疫情影响，增强体质、保护身体已经成为人们的共识。牛牛的吸鼻子很容易被人误认为是感冒了，其他孩子会有意无意地被家长告知“不要跟生病的小孩子一起玩耍”等。

⑤过度关注：在心理学现象中，有一种叫“白熊效应”又称“反弹效应”的现象，意思是说，越是提醒不要去做某事，不要去想某事，这件事出现的概率越高。这个现象在牛牛本人及其家庭身上都很明显。

⑥学习动力下降：小学初期的学习非常需要外部推动。大部分小学生都有强烈的好奇心，通过学习来探索世界。牛牛在学习中因为种种因素产生了很大的挫败感，导致了以下后果。

一是好奇心下降：小学生之所以热爱学习，最重要的原动力就是好奇心，对世界充满好奇才能促使自己更好地学习。因为误解，牛牛觉得世界是不美好的：父母因他产生冲突甚至指责他，同学们讥讽他，老师们不理解他。

二是不敢尝试犯错：小孩子难免会犯错，在犯错中汲取教训是成长的必经之路。我们在家人和身边人的庇护下，健康快乐地成长。因为我们知道有坚强的后盾，才会勇往直前。但是牛牛的成长充满了挫败感，不敢犯错，不敢大声朗读，把自己包裹起来。

三是自我形象受损，社会支持不够：学习能力的下降，不良的同学关系，会让一个孩子的自我形象受损，进入自我怀疑，此时非常需要身边人的理解和支持，及时将他从自我怀疑中拉出来，否则就会进入我是个“坏孩子”的自我评价中，动力下降。

【科普】

抽动障碍是一种起病于儿童及青少年时期，以抽动为主要表现的神经精神性疾病，目前病因与发病机制尚未明确，且临床表现具有多样性。可分为运动性抽动和发声性抽动。根据抽动的持续时间、参与的身体部位和肌肉群，运动性抽动和发声性抽动可再细分为简单性抽动和复杂性抽动，简单性抽动常表现为突然的、短暂的、没有意义的发声或运动；复杂性抽动则表现为持续时间稍长一些的动作行为或语言，似乎带有一定的目的性，抽动类型常以抽动表现时长进行初步鉴别。抽动障碍普遍被认为是遗传、生物、心理和环境因素共同作用的结果。

分类

①一过性抽动障碍又称短暂性抽动，是最常见的一种抽动类型。发病人群中男童为多，以单纯性或一过性肌肉抽动为特征，眼肌、面肌和颈部肌肉抽动最为多见。病程至少持续 2 周，不超过 1 年。

②慢性运动或发声抽动障碍，表现为简单或复杂的运动性抽动（某些肌群的抽动）或发声性抽动，但两者并不同时存在。一般以运动性抽动为多见，症状往往持久、刻板不变。病程至少持续 1 年以上，有些患者症状甚至可持续终生。

③发声与多种运动联合抽动又称抽动秽语综合征、Tourette 综合征，

其特点是在抽动的同时伴有发音肌群的抽动，发出有意义或无意义的声音，经常说出污秽的骂人话，还常伴有模仿动作、模仿言语、重复言语、强迫动作或猥亵行为。

【治疗方案】

依据患儿患病的严重程度，临床上常采取经验性、个体化治疗。主要形式包括药物治疗与非药物治疗[1]。心理治疗、行为干预等非药物治疗手段无法控制患儿的抽动症状，常采取药物协同治疗。

短暂性抽动障碍若未对学习、生活造成明显影响，则以心理教育和行为治疗为主。

①在对抽动进行积极药物治疗的同时，还要对患儿的学习问题、社会适应能力和自尊心等方面予以教育干预。

②策略涉及家庭、学校和社会。鼓励患儿多参加文体活动等放松训练，避免接触不良刺激，如打电玩游戏、看惊险恐怖片、吃辛辣食物等。

③家长应与学校老师多沟通交流，并通过老师引导同学不要嘲笑或歧视抽动的孩子。

④鼓励患儿大胆与同学及周围人交往，增进社会适应能力。

对于影响到日常生活、学习或社交活动的中重度抽动症患儿，单纯的心理行为干预效果不佳时，需要加用药物治疗，有数据显示，药物可减少超过 60% 的抽动，目前临床上使用典型抗精神病药物氟哌啶醇、硫必利，或非典型抗精神病药物阿立哌唑、利培酮等改善抽动。针对共病症状影响社会功能的情况也需要考虑联合用药，如联合抗抑郁焦虑药物改善情绪，联合神经系统兴奋药物改善注意缺陷多动障碍等。

【牛牛的具体处理方法】

1. 通过详细的问诊了解病程，重点突出家庭的积极因素，快速建立信任关系和治疗联盟

①父亲有担当精神：带着孩子看了很多医生，也到处打听治疗“鼻窦炎”的有效手段。更难得的是参与到亲子教育的具体过程中去。

②母亲是爱孩子的：为人母者，细心体贴，做了很多保护孩子的选择。在面对一些副作用的时候，更多地想到孩子的长远发展，全面周到。

③牛牛：体谅父母，有着超于同龄人的成熟。为了减少父母的担忧，自己也做出了勇敢的改变。

2. 强调良好的心态是治疗此类问题的关键之一

①现场展现“白熊效应”，给父母一张普通的图画，并告诉他们，随便看。

让父母回忆图画上有什么东西，父母能够一一回复，之后再要求他们看图片的时候，不能看图片上的某个方向的物件，结果父母再次看图画时，发现越是强调不要看图画中的某一个东西，眼睛会越忍不住去看，就算眼睛不看，反而脑子里这个东西越清晰起来。这样让父母亲身体验“白熊效应”，是为了让父母明白越是强调不要吸鼻子，孩子反而会更加频繁地吸鼻子。

②为什么会宁可相信抽动是感冒引起的，也不愿意去看神经科或心理科。

在牛牛的整个就医过程中，父母一直坚定地认为抽动是由感冒引起的症状，后又被理解为调皮、“坏习惯”而被忽视，这也是抽动症被漏诊的原因之一。

③把核心认知错误归咎为爱。

抽动障碍在男孩中多见，在人群中患病率是 1.7% 左右，属于比较

常见的病症，而本病例却延误一年多才得到合适的诊断。抽动障碍常常被误认为是调皮、“坏习惯”而被忽视。由于抽动障碍的抽动部位不一，很多患儿被误诊，将抽动症误诊为结膜炎、咽炎、鼻炎等生理疾病。该患儿父母对孩子非常关注，他们对患儿的疼爱是毋庸置疑的，但往往也是因为爱而耽误了治疗。

医生强调，也许就是“爱让你们失去了部分判断力。在爱面前，难免会犯错。”

3. 制定治疗方案

牛牛的家庭最后选择药物联合心理治疗，后期症状基本控制。

4. 学习困难的调试

抽动症状控制后，牛牛的学习困难的情况改善很多，同时还做了以下调整。

（1）强调了体育课、音乐课、美术课的重要性

因为明显感觉到，在这些比较松弛的课程中，牛牛很少出现奇怪的声音。请求老师的帮助，让牛牛在美术课上做一个类似于“课代表”的职责，帮老师一起做事情，并强调了牛牛绘画的优异表现，主要是为了帮助其恢复在学校的自信。

（2）背诵三字经

原先牛牛比较擅长背诵，但是在学校因为吸鼻子的问题，所以很少大声朗读出来，渐渐失去背诵最重要的节奏感。而三字经，简短方便，节奏感很强，最关键的是牛牛小时候就背诵过。在早读课中，牛牛先背诵几分钟的三字经，让自己进入到松弛的节奏感中来，他渐渐发现其实背诵对自己来说，是自幼儿园起就擅长的事情。

（3）重新强调了一年级的数学解题技巧

数学是最困扰牛牛的。因为大家都在学习高位数运算，牛牛却在练习一年级的数学。家属一开始还不太理解，有些瞻前顾后。根据老师的

意见，主要还是牛牛的数学基本功不够扎实，特别是有些逻辑题，不要求牛牛做大量的题目，主要是跟着例题的解析慢慢理解，并要求他学会举一反三。

（4）练习字帖

老师原本打算让牛牛练习书法，因为时间关系，后来选择带拼音的字帖，依旧强调了基本功，笔画顺序和拼音等。

参考文献：

[1] 毛莹莹 . 抽动障碍研究进展 [J]. 中国社区医师，2017，33（12）：10-12.

浅睡、多梦

文 / 陈秀娟

【案例】

谦谦，男，14 岁，独子，普通初中二年级，性格内向安静，自小学开始接触哲学类文学作品，受哲学类书籍影响，经常思考群体人生价值，认为自己跟同龄人价值观不一致，跟父母观念有冲突，跟家人常争吵，心情不好时会创作和玩摇滚音乐。上初一后开始失眠，入睡快，打鼾，睡着后眠浅，易醒，多梦，感觉似睡非睡，白天感到困倦乏力，上课忍不住打瞌睡，学习吃力，成绩下降明显。由于成绩下降，谦谦常感到烦躁，不开心，内心压抑，尤其是在作业完成不好被父母批评时心情特别糟糕，有时觉得人生无意义，偶尔想过要结束自己的生命，但能控制不去对自己做伤害性的行为。

【评估】

父母反映

谦谦小时候睡眠很好，躺下后差不多 20 分钟就睡着了，偶尔起来上个厕所。上初一后为了联系方便，父母给他配了一台手机。谦谦白天在学校，上课是不敢玩的；放学回家要先玩一会儿手机，晚上睡前躺在床上也要玩手机、打游戏，差不多11点钟睡觉。谦谦睡觉打呼噜，睡眠浅，一点动静就醒了，梦很多，白天上课犯困、打瞌睡，学习成绩下降。谦谦从小乖巧懂事听话，学习认真自觉，不需要父母操心，学习成绩优秀。上初中后感觉像变了一个人，跟父母不能很好交流，疏远父母，经常顶撞父母，认为父母落伍了，观念陈旧，跟父母谈话不在一个频道上，作业拖拉，被催促时不予理睬或不耐烦地回应，被催多了就顶撞父母。父母以为孩子是青春期叛逆，并未重视。1年前检查发现右耳听力减退，具体原因不清楚，目前佩戴助听器，孩子很不喜欢这个助听器。

现场评估

谦谦跟医生交流良好，能够反映自己的状况，自诉上初中后睡眠开始不好，睡前要玩一会儿手机，大概一个小时，11点钟睡觉，可睡前还会想游戏内容，睡得很浅，一点声音就醒了，如电灯开关的声音、楼上冲马桶的声音，梦很多，一直在做梦，都是关于视频和游戏内容，感觉很累，没睡够。白天很困，上课打瞌睡，经常被老师批评，上课注意力不集中，东张西望，老师讲课听不进，很多没听懂，作业也很多不会做，父母认为他拖拉、不认真，经常催他，有时候还要骂他，每次没考好，又是一顿数落，自己不想理他们，唠叨多了很烦，就会顶撞他们。学校里也没什么朋友，他们都太幼稚了。

心理评估

①脑电图：未见明显异常。

②睡眠呼吸监测（PSG）：符合睡眠呼吸暂停低通气综合征（轻度），本次监测显示睡眠效率下降明显，入睡后清醒时间和次数增多，

深睡眠和 REM 睡眠减少，N2 期睡眠增多。

③明尼苏达多项人格测试（MMPI）：被测验者表现焦虑、烦恼和多疑，行为刻板、过于敏感和固执，对自己和别人的行为经常要沉思和反复思考，并不直接表示自己的敌意，与人常保持距离，缺乏社会判断力，易曲解别人所说的意思，常与人引起行为的冲突和关系的疏远。

④联合型瑞文测验（CRT）：100 分，智力正常。

⑤焦虑自评量表（SAS）：存在轻度焦虑症状。

⑥抑郁自评量表（SDS）：存在轻度抑郁症状。

⑦匹兹堡睡眠质量指数（PSQI）：总分 16 分，提示主观睡眠质量不好，经常出现入睡困难，每晚睡眠时间小于 5 小时，睡眠效率很差，低于 65%，白天存在重度困倦、精力不足的现象。

【分析】

失眠发生的主要因素包括内因和外因。内因包括性格遗传；外因则与外界的环境有关，如睡眠环境、睡眠习惯、精神因素、躯体疾病等。失眠主要包括为入睡困难及维持睡眠困难和早醒。谦谦存在睡眠浅、易醒、梦多，白天精神差，疲劳的现象。1991 年，美国学者 Spielman 提出失眠的“3P 模型”：

第一个“P”：易感因素，指的是导致易患失眠的因素是与生俱来的，这些因素包括：焦虑或忧虑倾向、完美主义、神经质和敏感、情绪压抑等特质，具有这些易感因素的人，相对来说容易失眠。谦谦从小性格内向，朋友少，要求完美，父母和自己的期望值都很高，学习成绩也是非常优秀。进入初中后，处于青春期，由于性格内向，不善交际，几乎没有朋友，喜欢哲学类的书籍，经常思考人生，认为同龄人都很幼稚，和他们的价值观不一致，更没有谈得来的伙伴。同时，谦谦右耳听力减退明显，需要佩戴助听器辅助日常听力，同学们会感到好奇，要询问或触摸。谦谦本来听力就不佳，和同学交流有一定的障碍，面对同学的行为更是非常反感和苦恼，逐渐变得自卑、敏感。因此，失眠病因的易感因素（第一个“P”），几乎全部具备了。

第二个“P”：诱发因素，即导致失眠发生的生活事件。具有失眠易感因素的人遇到一些生活中的事件，如升学、搬家、升职加薪等，更容易出现失眠症状。谦谦从一名小学生到一名中学生，所处的环境、老师、同学都有了新的变化，加之初中课程更多、学习压力更大，谦谦出现了一些不适应的情况，上课听不懂，作业不会做，拖拉，学习成绩下降，老师批评，父母催促甚至责骂，这些诱发因素都促进了失眠症状的产生。

第 3 个“P”：维持因素，即导致失眠长期维持下去的因素，包括不良的睡眠习惯、不良的应对方式、焦虑或抑郁的心情及对睡眠不正确的观念。谦谦有睡前过度玩手机、打游戏的习惯，入睡前脑子里都是游戏内容，严重影响了睡眠质量。同时，心理测验提示谦谦有轻度的抑郁和焦虑。上述情况都促进了失眠的长期维持。

夜间反复觉醒的另一个常见原因是阻塞性睡眠呼吸暂停综合征（OSAHS），即在睡觉时由于上气道塌陷阻塞引起呼吸暂停和通气不足。谦谦睡眠时会打鼾，经过睡眠呼吸监测，谦谦存在轻度的阻塞性睡眠呼吸暂停低氧血症。人们普遍认为打鼾是睡得香的表现。其实儿童打鼾大部分是扁桃体、腺样体肥大所致。扁桃体和腺样体是上呼吸道的淋巴组织，儿童的抵抗力低，易患上呼吸道感染，往往一次或几次感冒就会使腺样体或扁桃体增生肥大。感冒好了，腺样体或扁桃体却没有缩小。肥大的扁桃体、腺样体使孩子的上呼吸道产生不同程度的阻塞，呼吸阻力增大从而导致呼吸不畅，甚至呼吸暂停。因为呼吸不畅、呼吸暂停会导致缺氧，因此谦谦的睡眠质量受到严重影响，经常在睡眠中被憋醒，从而引起夜间觉醒次数增多、睡眠结构被破坏、睡眠效率下降。除了打鼾，当孩子出现各种奇怪的睡姿时，家长也要警惕。比如，孩子睡觉时出现俯卧、膝胸位、半坐位、高枕支撑等睡姿，可能是孩子想用这种睡眠方式来改善睡眠中上气道的通气。

每个人都会做梦。梦是人在睡眠时，由于局部的大脑组织尚未完全停止兴奋活动，从而引起的表象活动。简单来说，就是人在睡觉时，大脑并不是完全休息、停止不动的，有一部分脑神经细胞还在活动。睡眠是一个周期性的过程，正常的睡眠结构分为思睡期（N1 期）、浅睡期（N2 期）、深睡期（N3 期）和快速眼动期（REM 期），做梦则发生在 REM 期，因此 REM 期也称“做梦期”。正常人 N1 期睡眠占总睡眠的 2% ~ 5%，N2 期睡眠占总睡眠的 45% ~ 55%，N3 期睡眠仅占总睡眠的 13% ~ 23%，REM 期睡眠占总睡眠的 20% ~ 25%。浅睡眠是睡眠的基础，可介于深睡眠之间，可介于 REM 睡眠之间，也可介于清醒之间。深睡眠很重要，这个时期人体会分泌生长激素，它对人体有修复作用，能保持我们身体健康和机能良好，生长激素有利于强筋健骨、从伤痛中恢复及提高免疫力。REM 期睡眠也很重要，不仅是做梦的阶段，也是恢复脑力和精力的重要时期，在此期睡眠中神经元不断发展、相互连接增加，促进学习和巩固记忆。在梦中，很多白天被压抑的情绪都会得到处理和释放，并且，大脑会对白天所学知识进行整合并加深记忆。REM 期睡眠紊乱会引发记忆困难、注意力涣散、精神不集中及潜在的情绪障碍。不过，REM 期睡眠紊乱与困倦没有明显关联。一般我们都是从清醒到入睡，从浅睡到深睡，一整晚的睡眠有 4 ~ 6 个上述周期，每个周期为 90 ~ 120 分钟，做梦期的时间占整个睡眠时间的 20% ~ 25%，因此我们每个人每晚都会做梦。有些人觉得自己整晚都在做梦，有些人觉得自己一个梦也没有做过。究其原因，可能跟先天因素有关，有人天生多梦，有人天生少梦。有报道称大脑损伤造成梦境缺失。生活中最常见的情况是我们感觉自己没做梦，实际上是把做梦的内容给忘了，这跟我们醒来的时机有关。如果恰好在做梦的时候，即 REM 期醒来，我们差不多能记住一个完整的梦；如果在 REM 期结束后 5 分钟醒来，我们只能想起一些梦的片段；如果在 REM 期后 10 分钟醒来，那我们就很难再记起自己的梦。所以，梦是很容易忘记的。一般来说，白天的情绪会影响梦境内容和觉醒次数，如焦虑、抑郁等，会增加觉醒次数，从而使得我们在 REM 期醒来的概率增加。谦谦正是这样，白天情绪不佳，有焦虑、抑郁情绪，夜间反复觉醒，因此在 REM 期醒来的次数会变多，从而感觉睡眠浅，睡得不踏实且多梦。

谦谦夜间睡眠质量不佳，睡眠浅，容易醒，总睡眠时间减少，导致了日间功能障碍，如困倦、疲劳、注意力维持能力减退、记忆力减退，从而导致学习能力下降，出现学习困难。谦谦上课听不懂，作业不会做、拖拉，因学习成绩下降被家长和老师批评，又导致了晚睡及睡眠质量下降，如此恶性循环。

【科普】

人的一生有 1/3 时间在睡眠中度过，人若不睡眠则将会产生一系列的精神和躯体异常。儿童的大脑在发育中，需要的睡眠时间比成人更长。新生儿每天需要 16 ~ 18 小时的睡眠，从出生到 2 岁的幼儿睡眠时间约 9500 小时，而清醒时间仅 8000 小时；2 ~ 5 岁的儿童每日睡眠时间和清醒时间相等；儿童期和青春期每日睡眠时间占全天的 40%，约 9.6 小时。高质量的睡眠有助于儿童的智力发育，与儿童的认知功能、学习及注意力密切相关，且睡眠中生长激素分泌旺盛，可以促进体格生长。失眠会导致白天疲劳、注意力不集中、精神和身体不适、情绪变化、烦躁、焦虑等问题，长期失眠可能还会增加患各种疾病的风险。

睡眠是人体最基本的生理需求，夜间浅睡、多梦往往睡眠质量低下。睡不好觉就如同吃不饱饭一样，对人体的健康造成很大的影响。长期睡不好，会直接导致日间困倦、疲劳、精神不振、乏力、注意力不集中、记忆力下降、心烦等，影响日常生活、学习。

【建议】

①晚上睡不好时白天尽量不要补觉。一个人的睡眠时间是由生物钟决定的。睡眠的时候人的大脑会分泌褪黑素，它能改善睡眠质量、调节睡眠节律，让人进入深睡眠。褪黑素仅在黑暗中分泌，在有光线的情况下分泌会受抑制，白天几乎不分泌。而且，睡眠是需要“睡眠驱动力”去驱动的。在早上醒来后“睡眠驱动力”开始不断积累，直到晚上入睡前达到最大值。如果白天睡眠时间过长，会让睡眠驱动力下降，导致夜间入睡困难、睡眠浅。睡前禁止使用电子产品，电子产品产生的蓝光会导致褪黑素分泌减少，甚至不分泌，从而导致失眠。

②适当的户外活动。白天接受适当的阳光照射，适量运动，可以提高神经的调节功能，让我们白天保持清醒，增加睡眠驱动力，晚上睡得更香。一般每天有氧运动 20 ~ 30 分钟，如慢跑、快走等，手环记录大约 1 万步，但睡前 2 小时不做剧烈运动，否则身体会处于高速运转的状态，越发清醒从而加重失眠。

③生活规律。在相对固定的时间上床、起床，养成良好的作息习惯，即使在周末或节假日，也要保持相对规律的作息，不要赖床。

④保持良好的心态。不过度关注梦境，有梦是正常现象，除非噩梦过多；睡前 1 小时不宜思考问题或打游戏，避免紧张的脑力活动。

⑤保持良好的室温和体温。当人疲劳时，足部血液循环不良，用 43 ℃左右的水浸泡双足 20 分钟能够促进血液循环，使血液中乳酸降低，从而改善睡眠。

如果上述自我调节效果不理想，建议尽早就医。

夜惊

文／陈秀娟

【案例】

晓博，男，10 岁，同胞两人，排行第一，普通小学三年级，性格外向、活泼好动、较开朗。学习努力，学习成绩中上等。近 1 个月来晚上入睡约半小时后突然惊叫“救命”、呼吸急促、双目圆瞪，看似清醒，却又稀里糊涂，继而起床，哭泣、喊叫、紧张害怕，称要解小便，匆忙跑至卫生间，有时母亲试图阻拦，患儿急喊“不要挡我的路”，同时喊“救命”，家属怎么安抚都没有用。每次持续 5 ~ 10 分钟，闹完翻个身又自己睡了。第二天清醒后此过程不能回忆。此情形自发病以来几乎每晚均有发作，发作时间及表现形式基本相同。

【评估】

父母反映

晓博言语发育较同龄人迟缓，2 岁开始开口说“爸爸、妈妈”，3 岁后才能成句表达，4 岁前讲话口齿欠清楚。体格及动作协调性发育也比同龄人晚，12 月龄能站立，18 月龄会走路，动作较笨拙，上幼儿园夹弹珠、剪纸等比赛均倒数。上小学后言语、体格及协调性发育慢慢赶上同龄人。妈妈、奶奶注重营养，每天变着花样给孩子弄好吃的，也比较溺爱晓博，零食、饮料、油炸食品，如麦当劳、肯德基等快餐吃得比较多，逐渐晓博从瘦小体格变成“小胖墩”。晓博从小学习认真，成绩中上等。胆子小，一直和妈妈或奶奶同睡，怕黑，怕虫子，晚上怕床下有东西爬出来，对食物相关的卫生特别注意，餐具如果有人碰过就不愿意再用，一定要重新洗，食物如果有虫子，如苍蝇飞过就一桌子菜都不吃了。最近 1 个月几乎每天晚上睡后约半小时出现惊叫，白天精神恍惚，上课注意力不集中，学习成绩下降。妈妈小时候也是这样，当时外公外婆以为是白天惹了什么不干净的东西，还请过道士来家里做法事，但是没什么用，大概上初中后慢慢自己好了。

现场评估

晓博与医生沟通良好，能够详细描述自己的情况。晓博称爸爸妈妈告诉自己晚上睡不好，但自己对夜间睡眠过程中的哭闹、上厕所等情况完全不知道，担心睡不好是不是脑子出问题了，担心生病了一直看不好怎么办。对食物、碗筷讲究卫生是因为担心不干净的东西会吃进肚子里，但是否认平时对自己的身体健康的紧张担心。白天上课时会想到睡觉的事，容易走神或发呆，常常听一会儿眼睛就瞟向门口，有时甚至一直外瞟。爸爸脾气急躁，对晓博非常严厉，对考试分数看得很重，容易不耐烦，辅导晓博学习或平时生活中会责骂，甚至会动手打。晓博很怕爸爸，认为爸妈偏心弟弟，对自己比较凶。

身高：140 cm，体重：43 kg，体重指数 BMI：21.9，属于超重范围。

血常规、血生化等检查未发现明显异常。

心电图：窦性心律（心率 90 次 / 分）。

头颅 CT 检查未见明显异常。

多导睡眠脑电图：出现 1 次家长指认事件发作，为觉醒脑电，不伴异常放电。

【分析】

晓博性格外向、开朗，胆小、怕黑，既往学习认真，成绩中上等，从小言语、体格及动作协调性发育落后。晓博害怕爸爸，和妈妈、奶奶关系密切，很依赖奶奶。晓博的家庭教育存在问题，没有确定管教边界，父亲过于严厉，和晓博沟通时常不耐烦，会责骂晓博，甚至动手。母亲和外婆过于宠溺，和大人分离晚，10 岁了依然和母亲、奶奶没有分床，1 个月前奶奶离世。夜惊属于异态睡眠，即睡眠觉醒转换障碍，患儿不能从深睡眠中进入下一个睡眠周期，也不能完全清醒，从而妨碍了机体对肌肉活动的控制。

夜惊的病因主要有：

①遗传因素，据国外报道，50% 的患儿有家族史，国外一项小样本研究发现 96% 的睡惊症患者父母中一方或双方有睡惊病史。晓博的母亲小时候也有类似发作，上初中后逐渐自行好转。

②心理因素，包括焦虑、压抑、紧张不安等，如家庭氛围紧张。有些应激刺激是暂时的，如白天玩得太疯狂，睡前听了紧张、恐怖故事或影片，导致出现夜惊。一些情感上的刺激，如家庭成员遭遇不测，亲人突然离世（尤其是从小一起生活的老人）或离开（如爸爸妈妈出差），单亲家庭等，家长对孩子的要求过高或态度激烈，遇到应激事件，如在校住宿等，往往会给孩子的精神造成很大的压力和紧张感，会让孩子感到焦虑不安，夜晚睡觉出现夜惊。晓博性格胆小，爸爸过于严厉，认为爸爸妈妈更偏爱弟弟，和奶奶关系密切，甚至 10 岁了仍然没有分床，奶奶的离世对晓博打击很大。而且农村办丧事流程复杂，晓博作为长孙，有很

多任务，白天过于疲劳，导致夜间睡眠过深。同时，父母告诉他每天晚上哭闹，表现很严重，他自己却没有任何印象，因此逐渐变得很焦虑，担心晚上再发作，担心脑子出问题，又担心看不好。晓博胆小的性格、奶奶的离世、白天过劳、紧张的情绪直接导致了夜惊的发生并持续。晓博白天上课时也想着夜惊的事，担心治不好，担心睡眠不好影响白天的学习。因此，晓博白天精神恍惚，听课常走神，导致学习效率差，成绩下降。

③持续的夜惊可能是由一些病理因素导致，如大脑神经营养供应不足，大脑发育异常，大脑皮质中枢、丘脑、垂体之间的相互协调不好，肥胖，严重的钙缺乏症都有可能导致夜惊发作。晓博自幼言语、体格及协调性发育较同龄人落后，上小学后上述情况慢慢改善，基本赶上同龄人，这表示晓博大脑发育有延迟。根据体重指数，晓博属于超重范围，一定程度上也促成夜惊的发生。

【科普】

夜惊症，也称睡惊症，是一种常见于 4 ～ 12 岁儿童的发育性良性睡眠障碍，男孩较女孩多见。夜惊症在儿童中的发生率约 3%，在成人中则非常少见。主要表现为突然从睡眠中觉醒，尖叫和呼喊，表情和动作极度惊恐，伴有心悸、呼吸急促、出汗、瞳孔扩大等神经系统改变，发作时无法安慰。

儿童的大脑神经发育尚未完全。中枢神经系统的抑制部分，尤其是控制睡眠觉醒的大脑皮质发育不成熟，会对孩子的睡眠产生一定的影响。国外学者认为夜惊和梦游都是觉醒障碍的表现，即从深睡期觉醒困难或部分觉醒。

睡眠是一个周期性的过程，正常的睡眠结构分为思睡期（N1 期）、浅睡期（N2 期）、深睡期（N3 期）和快速眼动期（REM 期）。N1 期、

N2 期、N3 期统称慢波睡眠。一般我们都是从清醒到入睡，从浅睡到深睡，一整晚的睡眠有 4 ~ 6 个上述周期，每个周期为 90 ~ 120 分钟。夜惊就是突然从慢波睡眠 N3 期中觉醒，即上半夜刚入睡后 1 ~ 2 小时。任何可能加深睡眠的因素均会诱发夜惊发作，如发热、睡眠剥夺等。表现为患者突然从床上坐起，发出喊叫或哭闹、表情十分恐惧和焦急，目光呆滞，似乎盯着什么但是什么也没看到，有的孩子还自言自语，别人却听不懂他在说什么；有的孩子会用手摸着嘴，或者手到处乱指；有的孩子甚至下床行走，神情十分紧张、恐惧，而且呼吸急促、心跳加快、面色苍白、出汗，并有强烈的恐惧和焦虑，偶有幻觉，对外界刺激没反应，发作时很难被唤醒，对周遭事物毫无反应，父母亲的安慰是没有效的。一般持续 5 ~ 10 分钟后发作自行停止，继续入睡，少数可在数分钟甚至数十分钟内无法平静。如果父母的干预是持续且强烈的，孩子可能被唤醒，然后陷入混乱当中，出现定向障碍，基本上是没有梦境内容的，之后孩子迅速入睡。患者次日醒来对发作期间的事情一般无记忆，即使有，也记忆很少，通常只局限于 1 ~ 2 个片段。发作时，脑电图为深睡波形，无异常波。如果夜惊症状反复出现，或者在短期内频繁出现，有必要到医院做一些相关检查，因为某些类型癫痫发作与睡眠和精神行为异常是有关联的。夜惊症患者 N3 期脑电图上出现觉醒的 α 节律，发作间歇期脑电图是正常的；癫痫极少只在夜间发作，脑电图有异常，显示癫痫样放电，需要做多导睡眠监测进一步鉴别，多导睡眠监测可以帮助医生了解孩子的脑电功能状态。夜惊症还需要和梦魇相鉴别。梦魇仅是普通的噩梦，多发生在快速眼动期（REM 期），即使有也只有很有限的言语及躯体运动。梦魇可发生于夜间的任一时刻，很容易被唤醒，而且对梦的经过能详细、生动地回忆。夜间惊恐发作也会出现尖叫或呼喊，表情惊恐，一般是指入睡前或觉醒后突然出现惊恐不安，伴随一系列的神经功能亢进表现，如心跳加快、呼吸加重、出汗等，发作时意识清楚，发作后能回忆发作过程，会担心再次发作及发作后果，对发作场景或相关事物有回避行为。

【建议】

夜惊的治疗：

①首先要了解夜惊的心理因素，相应减轻孩子的心理负担。避免睡前听或看令人恐怖的故事或影片。

②夜惊常常是在儿童过度疲劳下诱发出现的，注意避免小孩白天过度兴奋、劳累，合理安排生活，消除影响睡眠不安的各种因素。

③建立有规律的睡眠节奏，养成按时睡眠的好习惯，设法保证孩子充足的睡眠，儿童上床睡觉的最佳时间为 21—22 点，睡眠时间点应该是规则和固定的，应将变动限定在最小范围内。青少年最佳睡眠总时间应为 9 小时 45 分钟。

④夜惊发作时不要试图安抚或控制孩子，因为孩子无意识的动作可能会伤害到彼此。也不要在夜惊发作期间唤醒孩子，因为可能不仅无法唤醒，还会产生相反的效果，如使症状更加恶化，让孩子更加激动，拉长夜惊发作的时间，甚至再次夜惊。夜惊发作时，父母只需陪伴孩子，确保周围环境是安全的，注意孩子不会有伤害自己的行为就可以了。卧室环境安全很重要，床要远离窗户，锁好门窗，门把手上安装铃铛或报警器，确保床附近没有危险物品，将带有尖角和锐利边缘的桌椅搬离床边，以防孩子在夜惊发作时伤到自己。一般来说，孩子过一会儿就会慢慢平静下来，接着睡。

⑤白天孩子醒后，父母也不要询问孩子发生了什么或向孩子描述夜惊的情况，因为孩子自己没有印象，这么做只会徒增孩子对未知的紧张和担忧，甚至恐惧。

⑥唤醒疗法：父母连续 5 个晚上观察孩子的睡眠，记录夜惊发作的时间，掌握夜惊发作规律。如果发作的时间相对固定，父母应在夜惊发生前 10 ~ 15 分钟唤醒儿童，并让孩子保持清醒 15 分钟，这样可以阻止夜惊发生。唤醒疗法要连续进行 5 ~ 7 个晚上。如果发作时间不固定，父母应当关注夜惊发作前的行为特点，一旦该特点出现就立即唤醒孩子。同样，这种唤醒方法也要连续进行 5 ~ 7 个晚上。唤醒疗法防止夜惊发作的机制可能是中断了存在缺陷的慢波睡眠模式。

⑦如夜惊频繁发作、症状严重，存在暴力行为或潜在的自伤行为应及时就医，经睡眠脑电图监测，典型的表现为从慢波睡眠中突然觉醒，显示 α 波，可在医生的指导下短期使用镇静催眠药物、三环类抗抑郁药或选择性 5- 羟色胺再摄取抑制剂类药物。

一般说来，夜惊症只要不是频繁发作，爸爸妈妈们不需要太紧张，因为一般情况下随着孩子年龄的增长，夜惊症发作频率会逐渐减少，至青春期夜惊可自愈。

抑郁后

文／宋清海

【案例】

安安，男，15岁，初一新生，可能因小升初适应不良，自感莫名的内心压抑，对生活中的事情缺乏兴趣，精力、体力明显减退，自卑、自责、烦躁不安，自觉活着没意思，经常用刀片划伤手臂，易怒，乱发脾气。整日浑浑噩噩，睡眠差，入睡困难，经常早醒，每天睡眠时间4～5小时。安安是家中独生子，父母常年在外工作，由爷爷奶奶带大，上初中后，因学习需要，要求父母给自己买个手机，之后要不就是玩游戏，要不就是整日唉声叹气，感叹自己是废人，还常说想学习但“有心无力”，上课注意力集中不起来，心浮气躁，觉得在学校待不下去了，在家父母督促写作业，要么一通乱写，要么干脆不写。父母认为他说的这些都是为自己不想学找借口，坚持送他上学，冲突不断。

【评估】

父母反映

安安是由爷爷奶奶带大的，初中后父母才和安安一起生活。父母感情一般，不时会因一些琐碎小事争吵。安安自幼发育与同龄人相仿，性格乖巧，初中后仿佛变了一个人，学习成绩下降，也不着急，还一个劲玩游戏，稍微说两句，就发脾气，说父母不理解他。父母也想可能是初中功课难了，他吃不消，也提出给他请一对一的家教，可他坚决不要，父母拿他没办法。后来他不学，他们也不敢说了，近日老师反映他课堂上有时流泪，有小刀划手臂的行为，父母问他，他说“划了，能让自己心情稍微好点”。父母也想明白了，要真不是读书的料，他们也接受了，不用这么做来对抗他们。

现场评估

安安自述：“从小到大，父母很少关心我，遇到什么事情，和他们讲，他们也不理解，还经常指责我，我要是顶嘴还打我。后来我什么也不跟他们讲了，憋在心里。刚开始我表面上开心，但内心苦闷，也说不清自己从什么时候开始总开心不起来，做什么都没意思，也没劲，应该有很长一段时间了，具体算起来应该是从初一开始，当时就觉得自己慢慢变得内向，不合群，不喜欢和人说话，渐渐地嫌弃自己胖、矮，我没有别的办法，只能经常用小刀划伤自己，觉得这样划伤自己会好一点，人也舒服一点。如果还是这样下去，我宁愿一死了之，自己也算一个解脱。”安安觉得父母不理解自己，一直只看重成绩，每次考试回家第一件事就是问他考得怎么样，什么时候出成绩。成绩出来的时候，考得好也没有什么好话，考不好，就会挨骂，有时他辩解两句，还会被打。觉得周围没一个人理解他，感受不到一丝温暖，现在这样的状态，根本没法投入学习，他也知道学习是自己的事情，可就是做不到。“最近，他们总说，初中难了，学不进去，不学也没关系，别搞出这么多事，我瞬间觉得生无可恋了。”

【分析】

安安长期处于莫名其妙的压抑痛苦中，整日沉浸在闷闷不乐之中，缺乏做事的动力、乐趣，有轻生想法，消极念头，自我感觉差、烦躁不安等，需要考虑是否是因出现抑郁情绪，导致无力学习，成绩下降，但不理解他的家人们，却认为一切源于学习困难。

原因分析

①升学适应不良。这是每个学段的新生经常出现的一种现象。刚入学的孩子，不能适应新的学习环境，在跨越新的学习阶段时存在明显的“过渡期”，表现为人际关系的不适应、情绪上的低落、心理上的闭锁、学习上的困惑增多、行为上的惰性等症状。绝大多数同学经过一段时间的调整，会慢慢地适应过来。极少数同学则持续地不适应，情绪低落甚至出现抑郁症状，本案例中，父母的不理解、指责等让安安的不适应雪上加霜。

②不懂安安的父母。当安安出现严重的情绪问题时，父母只看到他的学习状态不好，成绩下降，当安安表达学不进，不想上学时，他们却一味地坚持是孩子为不愿上学找借口，于是强行送学，安安无力对抗，情绪问题再次加重。

③只看到成绩的父母。现在很多家长往往只关注学习成绩，忽视了孩子的心理健康。学习成绩下降后，就认为是孩子主观不努力，责难孩子，这也让不被理解的孩子更加闭锁。有些孩子甚至认为父母为了自己的面子，而强逼自己学习，父母在乎的是学习，而不是自己，从而更加无助、痛苦。

【科普】

抑郁症以显著而持久的心境低落为主要临床特点，临床可见心境低落与其处境不相称，情绪的消沉可以从闷闷不乐到悲痛欲绝，自卑抑郁，甚至悲观厌世，可能有自杀企图或行为，甚至发生木僵。

儿童抑郁是一种不愉快、悲伤、痛苦的体验，患儿表现为失去往日的兴趣和欢乐，言语和活动减少，常感“没意思”“没劲”“精力不足”“高兴不起来”，有的患儿甚至出现“不如死了好”的念头或采取自伤或自杀的行为。由于幼儿语言表达能力有限，因此抑郁常表现为食欲下降，体重减轻，经常哭泣而不易接受暗示，还可能出现睡眠不安或遗尿。

生理上的表现

①以各种身体不适为主诉。儿童往往意识不到自己情绪的变化。他们通常就诊于各种综合医院以及基层医疗机构时，向医生诉说的是躯体症状，而不是抑郁情绪。

②躯体症状。患儿常常有睡眠障碍、食欲减退、体重下降或头晕、头痛、疲乏无力、胸闷、气促、胸痛等各种躯体不适。睡眠障碍可表现为早醒，一般比平时早醒 2 ~ 3 小时，醒后不能再入睡。有的人入睡困难，睡眠不深，早上醒不过来；少数睡眠过多。一些患儿出现遗尿，也有少数患儿出现食欲增强、体重增加的症状。

心理上的表现

①情绪低落，心境恶劣。患儿表现出显著而持久的低情绪，不愉快、悲伤，经常哭泣，感到内心压抑、难受、不快乐。失去往日的兴趣和欢乐，言语活动减少，总感觉“没意思”“没劲”“精力不足”。

②自我评价低，主要是自卑感及无助感。感觉自己脑子笨，自卑感强，自责自残，将所有过错归咎于自己，常产生无希望及无助感。对日常生活和学习丧失兴趣，不愿意上学。

③逐渐产生自杀观念。轻者感到生活没有意思，不值得留恋，想到自杀。随着抑郁加重，自杀观念日趋强烈，患者会寻找、准备一些自杀方法，最后实施自杀。

行为上的表现

①情绪激动、易怒。

②经常哭泣。

③思维、言语迟缓，自觉脑子好像是生了锈的机器，脑子像涂了一层糨糊一样不动了，感到脑子不能用了，学习能力下降。

④运动迟滞，出现冲动攻击行为。行为迟缓，不愿和周围接触交往，不愿外出，不愿参加平常喜欢的活动和业余爱好。少数患儿的行为表现为不听从管教、对抗父母、冲动行为、攻击行为或违纪行为。

国外总结五项研究发现，3 ~ 5 周岁学龄儿童主要表现为对游戏失去兴趣，在游戏中不断有自卑、自残和自杀的表现。6 ~ 8 周岁儿童主要表现为躯体化症状，如腹部疼痛、头痛、不舒服等；其他有痛哭流涕、大声喊叫及无法解释的激惹和冲动。9 ~ 12 周岁的儿童主要表现为感到空虚无聊，自信心低下，自罪自责，无助无望，离家出走，恐惧死亡。13 ~ 18 周岁青少年更多表现为冲动易激惹，行为改变，鲁莽不计后果，学业成绩下降，食欲改变和拒绝上学。

引发儿童抑郁的原因

①遗传因素：家族遗传性因素在儿童抑郁症的发病中起一定作用，约 50%的抑郁症儿童的父母中至少有一人曾患抑郁症。

②意外事件：亲人之间的分离、重大的突发性灾难等意外事件，会引起儿童强烈的矛盾情感，产生绝望的情感体验，导致抑郁症。

③家庭气氛：消极的、不愉快的和充满压力的家庭气氛，亲子之间缺少沟通与交流，儿童得不到父母的爱护和关心，心理需要得不到满足，从而导致抑郁。

④精神压力：家长对孩子期望太高，学习与考试压力过大，同学关系紧张等，这些压力往往超出孩子的心理承受能力。而且面对压力时，缺乏适当的心理调节策略和减压技巧，以及缺乏来自周围环境的必要帮助，就会出现抑郁情绪。

⑤心理“先天不足”：有些家庭过于功利性的教育，强化了孩子的虚荣心，也加剧了孩子心理的脆弱和不稳定，造成他们在挫折面前“输不起”，心慌意乱，烦躁不安，甚至感到绝望无助，自我评价系统坍塌，产生抑郁。

治疗

包括心理治疗和药物治疗，心理治疗对于治疗儿童抑郁症有显著效果。心理支持疗法：多给予患儿鼓励，增强患儿自信心，正面强化，帮助患儿树立起自尊心，改善情绪，矫正不良行为。临床中，使用认知行为治疗、家庭治疗是治疗抑郁症急性发作的首选；此外支持治疗、人际关系治疗、行为治疗、沙盘治疗等也具有较好的疗效。药物治疗：采用选择性 5- 羟色胺再摄取抑制剂（SSRI）抗抑郁治疗，如舍曲林、氟西汀、氟伏沙明等。

建议

营造温馨民主的家庭气氛。 良好的家庭支持和家庭凝聚力是孩子健康成长的持久动力。父母要经常检查自己的情绪，尊重孩子，顺畅地和孩子沟通，为孩子创造一个亲密、融洽、温馨的家庭氛围，让孩子体会到家庭的温暖和安全。

学习教育要有度。父母应适当给孩子一些自己的时间和空间，让孩子在不同的年龄段拥有不同的选择权。不要对孩子期望太高，不要过度纵容孩子或太过苛求，应根据孩子自身的能力和兴趣来培养他们。

鼓励孩子多交朋友。父母应真诚待人，并鼓励孩子多与人交往，教会孩子与他人融洽相处，多组织孩子间的情感交流活动，培养孩子广泛的爱好和乐观宽容的性格，享受友情的温暖。

完善人格，培养抗压能力。父母应多发现孩子的长处，并及时恰当地给予表扬和鼓励，从小培养孩子的自信与应付困境、逆境的能力，教育孩子学会忍耐和随遇而安，在困境中寻找精神寄托，如参加运动、游戏、聊天等。如果孩子已经出现抑郁症状，父母要给予孩子适时的积极暗示，教导孩子理智调节自己的情绪，纠正认识上的偏差；寻找一些令孩子开心或振奋的事情，用积极的情绪来抵抗消极的情绪；教导孩子学会适当地发泄，如倾诉、哭泣、写日记、运动等；引导孩子为自己树立目标，使孩子有方向感，实行目标激励。另外，可及时找心理专家咨询，给予积极治疗。

本案例中，治疗者与安安父母共同面谈，建议父母把要点放在孩子本身的需要上，父亲有时间可以带他出去玩，改善亲子关系。家长首先要认识到问题的重要性，鼓励和支持、帮助孩子，让孩子的情绪好起来，避免恶性循环。医生对家长和孩子进行专门的心理指导，缓解家长的焦虑，关注家庭环境的同时，也要关注教育理念，调整人际关系、亲子关系、老师和学生关系。

安安的学习困难是抑郁情绪的一个表现，在现今过于关注学习的内卷文化下，父母只关注到他的学习困难，却忽视了他“抑郁”的种种表现及内心需求，当这些本质问题得到治疗，学习困难便迎刃而解。

强迫障碍

文／易鹏程

【案例】

涵涵，17岁，独女，高三学生，性格温和、内向、腼腆，个性乖巧，平时在家喜欢阅读、绘画，和同学相处也十分融洽。在进入高三阶段后，经常会因为这样那样“烦恼”的事情感到困扰，为自己的想法不受控制而苦恼不已。不知道从什么时候开始，涵涵渐渐开始喜欢问为什么，对一些问题也喜欢刨根问底。起初，老师是觉得她在高三复习的时候能很仔细想问题、认真思考问题，还着重表扬她爱思考、会思考，但是不久之后就发现涵涵的提问太过于仔细、太过于纠结“万一的情况”，甚至感觉有点“钻牛角尖”。比如，之前在学习有关圆的相关定理的时候，她就会问：π是无理数，3.14之后有很多个小数点，为什么平时计算用3.14就可以？如果用3.1415926等多几位会不会结果与3.14有所不同；学习物理定理中的摩擦力相关问题的时候，她分析作用力的相互关系时，总会分析力的作用是相互的，在计算题目的时候也会把力的作用计算两遍；在计算数学题目中抽样和概率的问题时，她总会考虑各种各样的可能，计算的方法总是和老师不在同一个思路，即使老师给她详细的解题和回答她的想法的出错点时，她也总是会提出“万一是这样的呢？有没有可能是另外一种呢？”每当遇到这样的题目的时候，她往往要花大量时间列出所有的可能性，即便如此，还要花大量时间纠结和反复验证。在遇到考试成绩不理想的时候，回家就会一个人赌气关在房间里，一定要把所有的题目研究清楚才睡觉，但是往往一些数学题目和物理题目让她困扰不堪，她就开始回想小时候学习的过程中，一些老师和同学在干扰自己的学习过程和学习思路，便纠结于“如果当时他们不干扰我，我肯定能做出来这个题目”。成绩并没有因为她的过分纠结而有所提高，反倒因此下降不少。

【评估】

父母反映

涵涵小时候生长发育和其他孩子没有什么差别，怀孕期间妈妈身体健康，基本没有生病或使用一些药物治疗，怀孕过程也还算顺利，足月剖宫产，产后养育也都无殊。母乳喂养，9 个月左右能听懂一些简单的指令，10 个月左右会开口叫“妈妈”，13 个月开始会逐步走路。小时候语言表达较为流畅，能较好地表达自己的想法和感受，在幼儿园期间会经常表演节目，和家里人沟通交流无障碍。小学六年级左右开始发育，并渐渐开始有了自己的想法，不太愿意什么都听父母的，喜欢看书，学习方面基本不用家长操心，在初中阶段学习也非常刻苦努力，但是数学成绩从初二下学期开始有点下降，主要体现在几何图形题目方面。虽然请了家教指导，但是感觉效果不明显。中考成绩基本和平时差不多，对目前的学校较为满意，对女儿在学校期间的表现较为满意，近期成绩下降，家长认为是高三学习压力大的原因，但是不知道该怎么安慰她，有些焦虑和担心。

现场评估

涵涵在接触交流过程中能较好地配合医生的检查，对家长提供的病史内容也能点头表示认同，注意力集中。对学习的情况：

1. 理解与判断

涵涵在词语表达及遣词造句方面用词量较为丰富，能较好地描述自己的想法和感受，心思比较细腻，会考虑的问题比较多，能较好地顾及他人感受。有时候会对不太熟悉的人的言语表达方面仔细揣摩，猜测是不是有其他意思。在学习过程中，对于推理和假设往往考虑的问题比较多，以至于偏离了学习所需要考虑的一般情况。如在物理学习中，她对于浮力的理解和判断，往往会考虑过多的细节，比如，“一个正方形木块浮在水面上，水下深度2 cm，水上高度4 cm，计算木块受到的浮力”，她会在开始做题前确认“这个上面高、下面低，会不会翻了”？多次看题后觉得如果翻了，题目计算不出来结果，就会重新审视按照浮力的计算公式做题目，在这道题目上花费的时间就多于其他同学了，虽然她知道没有必要这样去想，但总是控制不住地想方设法排除意外的情况。

2. 识记与回忆

在背诵一些学习要点的时候，涵涵也能通过多背多念等方式来强化记忆，高中必备诗词、易读错的字音等都能顺利背诵，对于课本中出现的错误知识点也能迅速回忆起来之前做过的笔记。但是在一些容易出错的文言文背诵方面就会出现长时间的卡顿，一定要把每个文言文对应的汉字、字义、出处都弄清楚才能背诵下一段。如在《阿房宫赋》中的一句“六王毕，四海一，蜀山兀，阿房出。覆压三百余里，隔离天日”中的“三百里”一词就会特别关注，虽然老师说明了“三百里”是个代称、概述，但她会特别去想：“为什么不是二百里、为什么不是四百里，非要是三百里？”在这种类似的情况会花费一些不必要的时间，但是她总是控制不住地想从而影响到背诵的进度。

3. 加工与推理

在进行数学方面尤其是涉及逻辑推理的过程中，涵涵也总是容易会过度地思考一些细节，在等差数列的计算、复杂函数求原函数、函数的阈值等方面，也会在一般解题的过程中极端地思考，比如“3×0.33333……=1”这个问题，虽然老师也演示了推理过程，但是她还是会纠结“肯定差那么一点点”，多次和老师讨论这个问题后，老师也不想再和她讨论了。于是，她在做题中遇到类似的问题时只能暂时接受这样的“缺憾”计算结果，但是计算结果之后仍对这个答案抱着“不放心”的态度，因此导致学习的时间长、效率低。

【分析】

涵涵的学习困难主要体现在认知加工、逻辑推理方面的过度思考、过分追求细节和完美，而造成学习效率下降、学习困难，在校学业学习进度慢、自我感觉差、复习效率低等情况，而这一切都是“强迫症”惹的祸。

学习是对信息的选择、组织、整合的一个高级认知活动过程，不仅涉及选择、组织、整合等加工过程，也涉及注意、记忆等过程。而强迫症的表现主要影响信息的选择、组织和整合过程，存在对一些细节的过分关注、对信息的选择具有倾向性和偏离性等特点，影响了正常的认知活动过程，从而造成学习困难。

美国心理学家加涅将学习过程区分为以下 8 个阶段：动机阶段（期待）、领会阶段（选择性注意）、获得阶段（编码）、保持阶段（储存）、回忆阶段（检索）、概括阶段（迁移）、动作阶段（反应）、反馈阶段（强化）。学习者在掌握了概念和以命题形式表达的规则的基础上，能将已有的概念和规则用于与先前学习情境类似或完全不同的新情境中解决实际问题。

而涵涵在理解判断、识记和回忆、加工与推理的过程中，都受到强迫性思维的影响，对学习过程中的一些小细节、小的问题、自己臆想的假设问题过度地关注，反倒会影响她的学习编码、储存、检索及反应，而造成学习效率的降低，形成暂时型学习困难。

【科普】

强迫症（Obsessive-compulsive Disorder，OCD，又称强迫性神经症），是一种以强迫思维和强迫行为为主要临床特点的神经症。症状特点是有意识地自我强迫和自我反强迫同时存在，二者的尖锐冲突使患者焦虑和痛苦。患者体验到观念或冲动来源于自我，但违反本人意愿，遂极力抵抗和排斥，但无法控制。

强迫症往往病程比较长，这种疾病与患者性格、成长的家庭环境有关，尤其家长对孩子性格的培养。临床发现强迫症的患者大多数性格胆小，比较拘谨，做事情比较认真、追求完美，此种性格的人群容易患病。一方面原因是父母双方往往有一方办事特别认真和谨慎，即存在遗传因素；另一方面原因往往是家长对孩子要求过度严厉，从小要求特别严格，所以小孩容易患有强迫症。

每个强迫症患者的临床表现不一样，有的人是强迫思维，有的人是强迫行为，有的人强迫思维和行为同时存在，患者自我感觉非常痛苦，希望能够摆脱症状。但是往往自己又无法克服，只能在不断的自我强迫和反强迫的过程中花费越来越多的时间和精力去摆脱“不必要”的想法，而造成多个方面对学习的影响。

强迫症的治疗方法通常包括药物治疗、认知行为治疗（Cognitive Behavioral Therapy，CBT）及物理治疗。

药物治疗主要包括：①抗抑郁药，如氟伏沙明、舍曲林、文拉法辛等，这些是治疗强迫症首选的药物，选择抗抑郁药时一般需要的药物剂量比较大；②苯二氮卓类药物，强迫症的患者往往会伴有焦虑，小剂量地短期使用苯二氮卓类药物可以缓解患者的焦虑情绪；③非苯二氮卓类的抗焦虑药，如丁螺环酮、坦度螺酮等，也可以治疗强迫症患者的焦虑情绪；④抗精神病药物，应用小剂量的抗精神病药物，如喹硫平、奥氮平、阿立哌唑等，可以增加抗强迫症药物的疗效。接受药物治疗的强迫症患者中，会因为个体差异对药物的应答不一致，会有部分患者药物治疗疗效欠佳。

认知行为治疗是强迫症的主要心理治疗手段，认知行为治疗起自20世纪60年代中期并不断发展成为“征服”强迫症的疗法，并可减轻48%的强迫症状。但是，认知行为治疗并非不存在问题，在完成认知行为治疗后，仍有高达40%的成年患者、50%～75%的非成年患者症状不能明显改善。此外，25%的患者拒绝暴露自己的真实想法和感受，20%～30%的患者拒绝接受治疗或中途退出。再者，认知行为治疗耗时较长，并且其认知治疗效果不佳。还有一个问题就是治疗会明显加重患者的焦虑程度。

物理治疗主要包括经颅磁刺激疗法、电抽搐疗法、脑电生物反馈疗法等。①经颅磁刺激疗法：经颅磁刺激疗法需利用经颅磁刺激仪将磁信号透过颅骨传递到大脑神经，并对大脑神经产生刺激，产生抑制作用，改善强迫状态；②电抽搐疗法：将一定量的电流输入大脑，引起暂时性意识丧失及痉挛发作，这种方式能增加脑内5-羟色胺的含量，改善精神状态，减轻强迫症的症状；③脑电生物反馈疗法：通过这种方式能分析患者的脑电波形异常情况，并将波形异常反馈到电脑上，医生会根据脑电图波形反馈来了解患者的内心活动，进行后期指导治疗。

【建议】

作为一类心理疾病，医学上将强迫症分为强迫观念和强迫行为。患有强迫症的人会对危险、卫生状况或伤害过度担忧，从而持续有意识地关注威胁，这也就是强迫观念。为了应对这些强迫观念引起的痛苦和焦虑，患者会采取一系列的行为来暂时缓解痛苦和焦虑，也就是强迫行为。强迫症患者最大的特点在于，患者本身意识到这些强迫症状都是毫无意义的、与自己的意愿完全相反的，会在头脑中极力地反抗。这种强烈的冲突令患者陷入强烈的自责和焦虑，从而带来极大的痛苦，严重影响患者正常的工作和生活。这也就能解释为什么绝大多数人都会产生相似的不适感，但并非每个感到不适的人都患有强迫症。

所以，建议大家不要随意套用一两个症状就给自己或他人戴上“强迫症”的帽子，一旦发现有“强迫症”，就应该及时地、规范地开始治疗。

重大创伤后

文 / 郑微微

【案例】

丘丘，独女，10 岁，小学四年级。丘丘和我接待的很多孩子一样，最初被家长带到咨询室的原因是不去上学。这是一个从儿少门诊转介过来的孩子，在和丘丘正式开展咨询之前，我已从门诊医生那里了解到了一些基本信息，和大多数“厌学”的孩子不一样的是，丘丘在出现症状的一年前，遭遇了一次重大创伤。

在咨询室里第一次见到丘丘，她很安静地坐在沙发椅上，刚开始有些局促，当我们正式开始咨询工作的时候，我能感觉到她身上有着超出同龄孩子的“沉静”，后来我才发现，这其实是一种“隔离感”。对于是否及何时要在心理咨询中和丘丘去探讨创伤，我是比较谨慎的，当我尝试着询问最早出现学习困难的时间点的时候，丘丘和我讲述了她的这段经历——她在 9 岁时猝不及防地永远失去了她的妈妈。

一年前丘丘的妈妈遭遇车祸意外去世，丘丘目睹了妈妈的车祸现场和抢救过程，她告诉我除了那一天她大哭一场之后，再也没有大声哭泣过，因为她还要安慰悲痛欲绝的爸爸，她只是有时在想到妈妈时会无声落泪。妈妈过世后不久丘丘逐渐出现心情烦躁、坐立不安，时有心慌、胸闷、紧张的感觉，还出现了入睡困难，经常做与车祸相关的噩梦，夜里易惊醒，睡眠质量不佳。晚上睡不好，白天上课就没法集中注意力，精神日渐萎靡不振，也比以前容易发脾气，做作业时经常发呆，或是作业写着写着就开始变得烦躁不安，有好几次把书桌上的学习用品扔在了地上。

不久后，学校的老师和同学们都发现了丘丘的明显变化。丘丘从之前的开朗活泼日渐变得沉默寡言，就好像换了个人似的，课间和活动课上也不再和同学们交流互动，总是一个人坐在座位上发呆，偶尔默默流泪。丘丘的学习成绩也开始明显下降，从班级中上游下滑到倒数几名。

咨询中，丘丘告诉我，刚开始即便听不进课，她也还能坚持上学，但慢慢地她发现自己一到学校就会感到莫名害怕，心里总是担心会有什么不好的事情发生，同时课程落下越来越多，渐渐地课堂内容几乎都听不懂了，也融不进集体氛围中，觉得自己与学校环境格格不入，不愿再去学校。哪怕勉强到了教室，没上一两节课就会出现浑身发抖、心慌气短的症状，总是由老师打电话给爸爸，爸爸赶来学校把她接回家去。一段时间之后丘丘便无法再去学校上学。爸爸意识到丘丘可能在心理上出现了问题，带丘丘到儿少心理科就诊，诊断为“创伤后应激障碍（PTSD）”，医生建议丘丘在药物治疗的同时接受心理咨询。

【评估与分析】

虽然丘丘和很多孩子一样，在出现学习困难或无法上学之后由家长带来儿少心理科就诊，但丘丘的困难不在于学习能力，而在于她在遭受妈妈意外过世的重大创伤后所引发的心理困境。

妈妈在丘丘的描述中是“一个非常温柔的人”，在成长过程中给予她很多的爱和陪伴。意外发生后，丘丘和爸爸都陷入了极度痛苦中，一年来父女俩搬了家，彼此默契地再不提及妈妈，“妈妈”成了这个家庭中被回避的话题。关于失去妈妈的痛苦，丘丘除了那一场大哭之外，不曾再有直接的情绪表达。直到丘丘坐在咨询室中，第一次谈及当天的车祸现场、医院抢救、老家葬礼等失去妈妈的整个过程，完整而清晰，仿佛她已经在脑海中回想或和他人讲述过很多遍一样。只是，在她“冷静”的平铺直叙的讲述中，听不到情感的流动和情绪的起伏，仿佛是在讲述着别人的故事。

但是丘丘在咨询室外的生活远远没有像她在咨询室中呈现得那么平静。妈妈的意外离世让她陷入了极大的恐惧和不安全感中，时刻处于过度警觉的状态，无法放松下来，夜里难以入睡，偶尔听到救护车或警车鸣笛声就会惊跳起来，日常坐车时全身紧绷，牢牢盯着前方，总是担心会不会遇到车祸，在家时也惴惴不安，担心会不会有大货车撞进家里来……并慢慢地开始恐惧其他事物，如坐电梯时担心电梯失控，看书时担心翻页时有大虫子扑过来，游泳时担心泳池内有会咬人的大鱼……除此之外，丘丘内心还有一个最大的恐惧——害怕再次失去另一个亲人，尤其是爸爸。这一年来丘丘越来越依赖爸爸，不上学一个人在家时，一天打好几个电话给正在上班的爸爸，希望爸爸回家来陪自己，晚上也必须由爸爸睡在身边才能入睡。只要看不到爸爸，就担心他在外是否出了意外，如若爸爸出差好几天回不了家，丘丘就会陷入可能再次被“抛弃”的深深恐惧中而显得异常焦躁。

这些都是丘丘经历创伤后的症状表现，在儿童经历或目睹发生在他们或他们亲近的人身上的创伤后，就可能出现创伤后应激障碍。突如其来的创伤事件带来的不安全感和不稳定感“笼罩”着丘丘的生活，使得她感到周围的一切似乎随时都隐藏着危险，担心创伤重演，如像失去妈妈那样失去爸爸或其他亲人，一旦看到、听到类似的“信号”，就会焦虑不安，注意力无时无刻不受干扰，无法放松下来投入到学习和生活中，从跟不上学业到回避学校环境，在丘丘“厌学”的背后真正需要去讨论和处理的是创伤所带来的心理影响。失去妈妈的悲痛情绪，一直被丘丘压抑在心底未能及时得到宣泄和处理，内心回避和否认妈妈已过世的事实，把自己和现实隔离开来，看似平静、麻木的外观下，是排山倒海的随时可能爆发的极端情绪。当丘丘能够真实地面对和接纳妈妈离开自己的事实，并且能够有效地表达和处理压抑内心深处的悲伤和恐惧时，她就可能重新建立起与现实的联结感，逐渐回到日常学习生活的轨道上来。

【科普】

创伤后应激障碍

创伤后应激障碍（Post Traumatic Stress Disorder，PTSD）是指个体经历、目睹或遭遇到一个或多个涉及自身或他人的实际死亡，或受到死亡的威胁，或严重的受伤，或躯体完整性受到威胁后，所导致的个体延迟出现和持续存在的精神障碍。

PTSD 一般在精神创伤性事件发生后数天至 6 个月内发病，病程至少持续 1 个月，可长达数月或数年，个别甚至达数十年之久。其中病期在 3 个月之内的称为急性 PTSD，病期在 3 月以上的称为慢性 PTSD，而若症状在创伤事件后至少 6 个月才发生则称为延迟性 PTSD。

PTSD 的发生与很多因素相关联，这些因素主要分为家庭因素、社会心理因素（如性别、年龄、种族、婚姻状况、经济状况、社会地位、工作状况、受教育水平、应激性生活事件、个性特征、防御方式、童年期创伤、家庭暴力、战争、社会支持等）和生物学因素（如遗传因素、神经内分泌因素、神经生化因素等）。其中重大创伤性事件是 PTSD 发病的基本条件，具有极大的不可预期性。

PTSD 的核心症状有 3 组，即创伤性再体验症状、回避和麻木类症状、警觉性增高症状。但儿童与成人的临床表现不完全相同，且有些症状是儿童所特有的。

1. 创伤性再体验症状

主要表现为患者的思维、记忆或梦中反复、不自主地涌现与创伤有关的情境或内容，也可出现严重的触景生情反应，甚至感觉创伤性事件好像再次发生一样。

2. 回避和麻木类症状

主要表现为患者长期或持续性地极力回避与创伤经历有关的事件或情境，拒绝参加有关的活动，回避创伤的地点或与创伤有关的人或事，有些患者甚至出现选择性遗忘，不能回忆起与创伤有关的事件细节。

3. 警觉性增高症状

主要表现为过度警觉、惊跳反应增强，可伴有注意力不集中、激惹性增高及焦虑情绪。

4. 其他症状

PTSD 除 3 组核心症状外，还可能伴有其他抑郁、焦虑、歇斯底里、情感麻木等情绪障碍，意识、注意力、记忆力、判断力和学习能力等方面的认知行为障碍，PTSD 患者中有部分具有不同程度的人格偏移，如抑郁、自恋及边缘人格等。有些患者还可表现出滥用成瘾物质、攻击性行为、自伤或自杀行为等，这些行为往往是患者心理行为应对方式的表现。

儿童创伤后应激障碍

儿童 PTSD 患者，与成人患者在临床表现上不完全相同，且有一些儿童所特有的症状表现：

①在重大创伤性事件发生以后，患儿有各种形式的反复发生的、闯

入性的创伤性体验，常常以非常清晰的、极端痛苦的方式进行着这种重复性体验，包括反复出现的错觉、幻觉构成的创伤性事件的重新体验。如频频出现内容清晰的、与创伤性事件关联的梦境，导致睡眠质量降低；或反复再扮演创伤性事件，玩与创伤相关的主题游戏，面临相关的提示时情绪激动或悲伤等。

②对与创伤有关的事物持回避的态度，避免想象、麻木、完全拒绝承认或讨论创伤性经验，分离性焦虑、黏人、依赖性强，不愿意离开父母或主要照料者。创伤性事件后，有些患儿还可能存在“情感麻痹”的现象。从表面上看，患儿给人以木然、淡漠的感觉，与人疏远，不亲切，害怕，有罪恶感，或者不愿与他人有情感的交流。

③高度警觉症状在儿童身上常表现为过度的惊跳反应、高度的警惕、注意障碍、易激惹或暴怒、难以入睡或彻夜难眠等。受到创伤的儿童在日常生活中会更加警惕，对周围的人或事物的防备心增强，身心总是处于紧绷状态无法放松。

此外，不同年龄阶段的儿童经历创伤后的反应也有所不同：学龄前儿童常表现为急躁、呆滞、睡眠问题、畏惧夜晚、行为退化、分离性焦虑等；学龄期儿童常表现为拒绝上学、在家或在学校出现攻击行为、社会退缩、注意力不集中、成绩下降、胃痛、头痛、心慌、害怕睡觉等；青少年期或青少年前期常出现自我伤害行为、叛逆行为、分离症状、人格解体、物质滥用等，甚至出现消极想法。

【建议】

引发儿童心理创伤的原因除重大丧失外，还有校园欺凌、家庭暴力、不恰当的教养方式及长期的精神漠视等因素。当孩子经历了创伤事件后，如果家长发现孩子变得孤僻，被噩梦困扰，看起来很冷漠或很暴躁，易受惊吓，或者特别黏人，就需要提高警惕，时刻关注孩子的心理状态，及时进行干预。

创伤事件发生后，家长对创伤事件及对儿童创伤后症状的反应程度也是儿童 PTSD 是否出现极其严重程度的重要影响因素。如果家长受创伤事件影响，自身也出现 PTSD 的症状表现，孩子会对事件有着更长期的负面反应；如果孩子受到很好的家庭支撑、家长对创伤的负面情绪较轻，孩子的症状程度也会较轻。有研究显示，当家长对创伤事件的反应越激烈，对儿童创伤后的症状表现得越焦虑，儿童 PTSD 的发生率就会越高。

儿童在经历创伤后能否获得来自家庭的稳定抱持对于儿童的心理健康而言至关重要，面对孩子的心理创伤，家长首先要做的是处理好自身的创伤、保持平稳的情绪状态，避免焦虑情绪在家庭中的传递，给予孩子尽量多的陪伴，为孩子提供一个安全的氛围，理解孩子面对创伤时可能会有不同的应对方式，让孩子知道如果他们感到害怕、愤怒、内疚或悲伤等都是正常的，鼓励孩子谈论他们的感受和想法并用适当的方式来释放情绪，慢慢地引导孩子接纳现实，使他们在家庭的安慰和支持下重新获得安全感，从而克服恐惧，走出悲伤，逐渐回到健康生活中。

当通过家庭、学校及周边社会的支持力量无法减轻、改善孩子的症状时，家长需要及时带孩子到专业心理或精神机构进行评估和干预。目前，针对儿童 PTSD 的专业治疗，除了药物治疗外，结合不同年龄阶段儿童的身心发展特点进行适宜的心理干预也是常用的有效的方法，如临床实践中应用较为广泛的认知行为治疗、游戏治疗、团体治疗、家庭治疗等。

分离性障碍

文 / 易鹏程

【案例】

小琳，18 岁，独女，某职业技术学校学生，性格开朗，喜欢各种体育运动，平时和同学相处较为和睦。近 3 个月来，经常会因为一些困扰，导致学习出现困难。不知道从什么开始，小琳渐渐开始感觉总有人在她要学习的时候说“这个题目你不会”“这篇课文你背不下来”之类的话，但是回头看看周围，却没有人，即使有人在身边的时候，同学也都表示没有说过这样的话；她询问她的闺蜜，他们都说没有听到，也没有人看到有人在捉弄她。对此，她仍将信将疑，于是更换其他教室上自习、做作业，但是仍会经常听到这样的声音。这个声音有时是像在头脑里面出现的声音，有时又像是耳朵边听到的一样。有时她对这个声音感到厌烦，干脆用手堵住耳朵，但是声音又会在头脑里冒出来。这个声音对小琳的学习、生活和交往都产生了明显的影响，以前她基本 30 分钟左右可以背诵一篇长文，晚自习时间可以坚持写一篇小文章。但目前她难以集中注意力去背诵课文，有时在背诵课文的时候明明没有听到声音，但是不久就会想“等下会不会又听到”，于是不久后这样的声音又开始出现了；之前在写小文章的时候，都比较顺利完成，写完后感觉心情很好，但是现在写小文章的时候就经常会先担心等下是不是会听到“不愉快的声音”，尤其是写作过程不顺利的时候，又会感到这个声音像是在嘲笑自己。在这样的情况下，小琳的学习成绩明显开始下降，平时喜欢的体育运动也很少参加了。

【评估】

现场评估

小琳经过详细的精神检查及学习能力的评估。

①一般情况：患者意识清晰，仪表整洁，穿着打扮干净整洁，头发扎得整齐，没有化妆，戴着眼镜，在交流的过程中眼神接触合作，对焦虑和担心的事情有恰当的反应，或表示疑惑，或表示苦恼，希望能从医生的角度来分析问题，希望能获得一些帮助或者解开自己的困惑。

②感知觉：在交谈中，自诉存在言语性幻听，称“经常能听到一个人的声音”“感觉这个声音在嘲笑、打击我的学习劲头”，但是问到具体的“幻听”过程，则表述为“不知道怎么就感觉出现了……好像就是在头脑里就出现了，好像是听到声音，又好像是脑子里出现的”，而再详细询问声音的大小远近等则描述不清，但是出现的时间多数为“想到学习的时候，感觉想学习、正在学习的时候”。内容也多数都是与学习有关方面，在其他如出去逛街、买东西、跑步的时候几乎从来没有出现过。

③思维逻辑：在交谈的过程中，患者思维逻辑通畅，语言流利，口齿清晰，能较好地表达自己的想法；未见思维逻辑推理异常、病理性象征性思维、思维倒错、语词新作等症状；未引出关系妄想、被害妄想等精神病性症状；对为何会听到这个声音感到疑惑，开始是以为有人在故意捉弄她，但是随后发现别人确实是没有对自己产生干扰，但是仍控制

不住地会想为什么会有这种声音。患者并没有因此扩大到对周围一切人和事情的怀疑，也没有对出现的“幻听”产生进一步的推理，没有想过为什么会出现这样的声音，也没有想过这样的声音会给自己带来什么麻烦，只是感觉这个声音很困扰、很影响自己的学习。

④情感活动：在精神检查的过程中，小琳的情感反应适切，面部表情与其年龄相符，讲到困惑的地方时感觉到疑惑，会睁大双眼期待得到答案；听医生分析的时候也能认真倾听、时不时点点头、若有所思状；讲到学习过程中的这样的声音时会感觉到烦躁，希望能得到解答。对于谈到既往学习经历的时候，也能分享过去开心的事情，也会有爽朗和开心的笑；在谈到家庭对自己的期望时，也会有叹气和无可奈何地耸肩一笑。

⑤意志活动：在交谈中，患者能安静地与医生交谈，对于“莫名其妙”出现的声音感到奇怪，也有意愿配合治疗；也希望在解决这个“声音的问题”后能继续参加学习，能把自己的课程补起来，把成绩提高上去；但是在这个“声音的问题”没有解决前，困扰随时会来，现在没有心思去思考学习的问题。

⑥记忆和智能：患者在接触交流中，能较好地回忆自己既往的学习经历，小时候的经历中开心和不开心的情况，基本都能回忆。未见明显的记忆增强或减退，远记忆、近记忆及瞬时记忆均未见明显异常，但是在学习的问题上明显感觉心不在焉，不太想去记、去回忆，在去回忆这些内容的时候，总是感觉就要出现“你不用记了，记不住的”之类的言语，会让自己感觉到烦躁；智力水平和常人无异，平时在学习中能较好地理解课堂内容、课外练习也能较好地完成，成绩中上等水平。

【分析】

小琳在职业技术学校上学，在班级里学习成绩处于中上等水平，但是周围的学习氛围却不甚理想，多数同学只是安于现状，对将来的规划和职业技能并不在意，所以在学习生活方面小琳显得格格不入。在小琳想学习的时候，总有其他同学想邀请她一起去玩；当她想看书的时候，却又容易被寝室里的欢声笑语和各种打电话、聊天的声音所干扰；当她在班级里想认真听老师的课堂知识讲解的时候，却发现周围的同学要么趴着睡觉、要么看着自己的课本或手机；老师也见怪不怪，对小琳和她的同学们也没有什么要求，只求不要捣乱课堂就行；在她想和同学交流学习问题的时候，却发现几乎没人可以交流，都是满不在乎或随意应付一句“反正也学不会的，不用管了，以后反正也用不着的”。

小琳其实从小是个听话的乖孩子，对于爸爸妈妈布置的作业、老师布置的任务都能认真完成。会根据爸爸妈妈的安排，参加课余活动、兴趣班等，特别是在小学阶段，很受老师和长辈们的夸奖和喜欢。她也喜欢和同学们交流、玩耍，能把生活和学习安排得井井有条。

但是在初中高中阶段，随着课程难度的增加，尤其是数学、物理等抽象思维、逻辑推理性较强的课程，小琳会出现学习较为费劲的情况，但是向爸爸请教的时候，却发现爸爸妈妈他们也慢慢不会做这些题目了，只能让她自己想办法、自己钻研。虽然在初高中阶段，她也很努力、很勤奋地学习，但渐渐地成绩逐步掉队到中等水平，在高考结束后，进入了一所职业技术学校。

但是她并不甘心就这么算了，但是在学校的环境里却又感觉无能为力，处处受到“拖累”，总想要放弃，但是内心又不甘心放弃，也不敢放弃，于是产生了很多内心的矛盾冲突。但是这种冲突又不能带到家里或和自己同学、朋友去诉说，于是就会产生一种分离性障碍的表现，她会凭空出现的“幻听”，其实就是她内心的想法。但是她无法意识到这是自己内心的想法，于是会很困惑，为什么会出现“幻听”？在不断地探寻幻听的原因、逃避幻听的过程中，客观上让自己的学习劲头确实缓和下来了，让自己内心想实现的“逃避学习”在客观上也达到了。她虽然在学校对这些“幻听”的症状感到苦恼、烦闷，也有情绪的低落、不开心，但是在内心层次，还是乐于享受这样的“可以不学习”的状态。在交谈中她表示对“幻听”的症状很想治疗、很愿意配合，其实是因为对为什么出现“幻听”感到好奇和困惑，真正想解决的是知道自己为什么和别人不一样，自己能听到别人听不到。

分离（转换）性障碍是一类由明显精神因素如重大生活事件、内心冲突、情绪激动、暗示或自我暗示作用于易病个体所导致的以解离和转换症状为主的精神疾病。解离症状又称为“癔症性精神症状”，是指患者部分或完全丧失对自我身份的识别和对过去的记忆，而表现为意识范围缩小、选择性遗忘或精神暴发等；转换症状又称为“癔症性躯体症状”，是指患者将遭遇无法解决的问题和冲突时所产生的不快，以各种各样躯体症状的方式表现出来，它可以出现类似任何疾病的症状表现，故有人把癔症喻为“伟大的疾病”或“疾病模仿家”。主要表现为各种各样的躯体症状，意识范围缩小，暗示性强，选择性遗忘或情感爆发等精神症状，但不能查出相应的器质性损害作为其病理基础。

【科普】

分离性障碍，原称为癔症（Hysteria）或“歇斯底里”，是指一种以分离症状（部分或完全丧失对自我身份识别和对过去的记忆）和转换症状（在遭遇无法解决的问题和冲突时产生的不快心情，以转化成躯体症状的方式出现）为主的精神障碍。这些症状没有可证实的器质性疾病，患者可具有癔症性人格基础，起病常受心理社会（环境）因素影响，病程多反复迁延。

分离性障碍是一种古老的精神疾病，虽然不是重性精神病，但是在精神科也是十分常见的，而且容易复发。如果症状不严重，有时可以通过医生积极的心理暗示或周边人积极而良好的心理支持而自行痊愈。如果症状比较严重，持续数天仍不缓解，则往往需要服用精神科药物控制症状。因其形成和成长经历、性格及心理因素密切相关，所以建议最好能在控制症状后进行较为系统的心理治疗，以减少心理冲突，完善性格，避免复发。

在精神科的诊疗过程中，往往需要仔细鉴别。分离性障碍可表现出多种精神病性症状，如意识范围缩小、认知障碍、选择性遗忘、情绪情感的爆发、各种视物幻觉、幻听、关系妄想、被害妄想、被控制感、精神运动性兴奋等表现。有些人的突然情感爆发、歇斯底里发作等容易被人发现和理解，但是一些用其他症状呈现出来的内心冲突往往容易被忽略。分离性障碍虽然不需要长期服药维持治疗，但因为是容易复发的疾病，所以控制症状后还要坚持一段时间的服药，特别是心理刺激事件未完全消除时。至于服药多久要看患者病情变化，分离性障碍起病有一定性格基础，所以患者出院后随着失去患者角色、回归原来的环境，难免会有一定的心理波动。所以建议小琳做好自我心态调整，尽量减少精神刺激，学着接纳自身、接纳现实和环境的变化。

分离性障碍临床表现多种多样，常见的表现为感觉或运动障碍、意识状态改变等，是症状无器质性基础的一种神经症。有的表现为类似神经系统疾病的运动或感觉障碍；有的表现为精神方面的异常，以及内脏或自主神经功能失调。这些症状的共同特点是没有器质性损害的基础，纯属功能失调性质；可因暗示而发生、发展或维持，也可因暗示而减轻、改变或消失。其发病机制和疾病归属也一直争论不休。现今虽然大多数学者认为癔症是社会心理因素与个体易感素质共同作用所致，但对其发病机制尚无公认的结论。

分离性障碍的患病率报告不一。普通人群患病率为3.55‰（中国，1982年）。国外有关统计资料显示，居民中患病率女性为3‰～6‰，男性少见。近年的流行病学资料显示，发病率有下降趋势，原因不明。多数学者认为文化落后地区发病率较高。首发年龄以20～30岁居多。一般认为癔症的预后较好，60%～80%的患者可在一年内自发缓解。

【建议】

为减少分离性障碍的发生，要强调健康良好个性的养成。个体性格形成的条件是多方面的。其中，后天环境中的不良因素，在儿童性格障碍与行为障碍的发展形成中，占有相当重要的地位。最常见的不良因素是童年时期的精神创伤，不正当的教养方法，不和谐的家庭生活，以及外界环境的有害影响。为此，要防止性格反常发展和其他精神异常的发生，就必须重视儿童和少年的身心健康。

①重视精神健康必须从儿童时期的培养教育开始，鉴于儿童早期的性格发展决定着其后来的个性特征，因此个体的精神卫生，首先应从儿童时期的培养教育做起。儿童时期也是为身心健康打基础的一个重要时刻。

②儿童时期的培养教育首先要注意家庭教育问题。家庭是儿童生活与活动的主要场所，儿童富于模仿性，易于接受周围人的熏陶。故家庭生活的气氛，家庭成员的关系及其对儿童的教育方法，对儿童的个性发展和身心健康都起到重要的作用。为此，家庭应与学校配合，要对儿童进行道德品质教育，培养他们爱劳动、爱集体的品德与作风，养成诚实、坦白、坚强、勇敢和开朗的性格。

③要早期发现和及时纠正一些神经精神障碍，发生在儿童时期的神经精神功能失调，时常是从个别症状开始的。如口吃、遗尿、抽动、神经性呕吐和睡眠障碍等。儿童时期的行为障碍，往往表现为孤僻、迟钝、冲动性行为或多动症等。这些情况，如经早期发现及时确诊、处理得当的话，有相当多的病例是可以获得及时矫正和治愈的。

④家庭的教育与孩子的实际情况相符，不切实际的要求、过高的期望、不容反驳和没有商量余地的教养目标，会让孩子的内心没有安全感，对学习的目标也缺乏主动性，对学习的动力在迫于压力的时候能坚持进行，但在可以自己做主的时候，往往就缺乏学习的动力了。

早期精神分裂

文 / 刘会国

【案例】

成成，15岁，初二男生。3个月前，成成告诉父母，不想再去学校读书，父母和他沟通，他也说不出令人信服的缘由，说起话来东拉西扯，父母也不知道他想表达什么，便带来儿童心理门诊。成成在诊室显得不自在，难以安静坐立，不经意间可看到他自言自语，低头偷笑。

父母反映成成自小学五年级以来，话越来越少，不喜欢与同学一起玩，平时也没有什么特别的爱好，放假的时候喜欢拿着父母的手机玩玩游戏，游戏等级不断提升，学习却只能勉强跟上。升入初中后，学习难度加大，学习有些吃力，学习成绩跟不上，老师也经常反馈，成成在上课时容易发呆，回答问题不积极主动。成成母亲担忧，这样下去，考不上普高，而读职高，是父母无论如何都接受不了的。父母商量后，决定让成成多上辅导班，把成绩提升上去。成成顺从父母的安排，开启了补课的历程。寒来暑往，日出日落，成成每天重复着起床，上学，放学，补课；间或有点时间，就玩玩手机游戏，而这一切似乎也与父母达成了默契。日子就这样简单重复着，成成每天机械地应付学习，机械地玩游戏，和同伴也越来越疏远。即便如此，一年下来，成绩也没见进步，老师反馈成成在校多数时间沉默寡言，不主动参加集体活动，偶尔和个别同学聊会儿手机游戏。与大多数嬉笑玩闹、意气风发的同学相比，成成越发显得落寞自卑。平时对老师、父母的批评无动于衷，而父母面对努力而不得的学习状态，也不知如何是好……

【评估】

父母反映

成成小时候，生长发育和其他孩子没有什么差别：孕期顺利，足月顺产，母乳喂养。10个月左右能听懂一些简单的指令，12个月左右会开口叫“妈妈”，13个月开始学走路。语言表达方面，小时候基本说话流畅，但不是很喜欢说话，很少主动表达自己的想法和感受，在幼儿园期间，不怎么和其他小朋友一起游戏，没有才艺方面的特长。读幼儿园三年期间，父母由于忙着工作，爷爷奶奶照料较多。读小学期间，学习不够主动，容易发呆，学习成绩一般。从小学到初中，成成比较顺从，没有太多自己的想法，比如父母让他去补课，也不会表达反对的意见，学校里学习成绩好坏，成成也不放在心上。近期，成成更加沉默、敏感，有时回家也会向父母反映，在学校里，老师和同学好像经常看不起他，同学们也在刻意地孤立他，不怎么和他说话。父母认为可能是孩子学习成绩差，内心自卑造成的，只要把学习成绩提上去，就会自信起来。父亲的性格比较内向，沉默寡言，而母亲性格比较急躁，在家里大多时候是母亲说了算。父母的文化程度不高，父亲高中，母亲初中，吃了文化不高的亏，因而都觉得孩子学习好才能有出息。

现场评估

在诊室里，成成看起来仪表尚整洁，身高体重与其年龄基本相符，表现坐立不安，不时站起来从诊室里走出去，需要其父母拉拽才会返回诊室。自言自语，有时无故发笑，说话时东拉西扯，不能很好理解医生的问题，且答非所问，眼神东张西望，而且很不耐烦，但承认耳朵边有人一直在和他说话，但具体说什么表达不清，无法建立有效的对答。

【分析】

家人眼里成成的学习困难（学习动机不足、注意力不集中、学习效率低下等）与精神分裂症有着千丝万缕的关联。

学习是对信息的选择、组织、整合的一个高级认知活动过程，涉及选择、组织、整合等加工过程；也涉及注意、记忆等过程。该案例诊断为：精神分裂症，是基于患者存在言语性幻听、牵连观念、思维逻辑紊乱、行为怪异等精神病性症状，成成沉浸在虚幻的听觉内容里，分不清虚幻和现实，造成和现实世界的脱节，学习时，注意力无法专注，难以接收课堂老师授课的内容，造成学习困难。而牵连观念，是对人际间歪曲的认知，引发在校不安恐慌。成成自小学习时存在注意力不集中的现象，可能存在神经发育问题，如注意缺陷多动障碍。

【科普】

精神分裂症是一种以脱离现实（精神错乱）、各种幻觉（通常为幻听）、坚定的虚假信念（妄想）、异常思维和行为、情感表达减少、动机消失及日常功能（包括工作、社交和自理能力）受损为特征的精神疾病。

精神分裂症的病因和机制均不清楚。本病患者症状多样，包括行为怪异、言语瓦解、情感平淡、寡言少语、无法集中注意力或进行回忆等。医生在做检查排除其他可能的精神病因之后，根据症状做出精神分裂症的诊断。治疗包括抗精神病药物、培训项目、社区支持活动、心理治疗与家庭教育等方式，预后取决于患者是否遵医嘱服药，尽早检测和尽早治疗可改善长期功能。

精神分裂症是一个全球性的公共卫生问题。典型的精神分裂症好发于青年，可能导致终身残疾并影响其一生。就个人和经济费用而言，精神分裂症是影响人类最严重的疾病。精神分裂症影响全球约 1% 的人口，男性和女性患病率相近。在美国，每 5 个社会保险残疾日，就有 1 个精神分裂症；本病占所有医疗保险费用的 2.5%。精神分裂症的患病率高于阿尔茨海默病和多发性硬化。由于对精神分裂症的症状不太熟悉，故确定其发病时间往往十分困难，甚至会延误就诊多年。在男性中，精神分裂症的平均发病年龄为 20 ~ 25 岁，在女性中则稍晚一些。儿童期发病很少见，但精神分裂症可能在青春期发病，罕见情况下也在晚年发病。社会功能的减退会导致患者出现物质使用障碍、穷困潦倒、无家可归的情况。未经治疗的精神分裂症患者可能会因同家人和朋友失去联系，而变得流离失所。这种情况可能持续一生，大多数情况下毕生社会功能不良。

虽然儿童的诊断标准与成人相同，但在临床表现上有一些关键的区别

①与成年人相比，在精神分裂症青少年患者中，幻觉通常比妄想更常见。最常见的幻觉是听到评论或命令，这些幻觉通常伴随着视觉和触觉。

②尽管幻觉更常见，但报告的可能性最小。许多年轻人可能不会报告幻听，因为他们害怕声音会伤害他们。还有一些与之相关的幻觉，比如，"那些声音告诉我，如果我跟任何人谈论他们，他们会杀了我"。

③儿童和青少年更有可能出现阴性症状，比如孤僻或情感平淡，这

有时会被误认为是抑郁或缺乏动力、懒惰。

④认知能力下降，尤其是言语记忆、注意力和集中力，会受到显著影响。语言、运动和社交发育迟缓，在儿童期精神分裂症中也可能表现得很明显。

⑤全世界范围内的早发性精神分裂症患病率，即 18 岁之前出现症状的，约占人口的 0.5%，而儿童发病始于 13 岁之前。据估计，美国的儿童精神分裂症患病率约为 0.04%。

儿童精神分裂症的治疗一般可以分成两个部分

1. 前驱期的治疗

在这一阶段，药物治疗的目的是延迟或停止高危儿童或有前驱症状的儿童精神病进展，如行为紊乱，偏执或怀疑，或任何低于诊断标准的不寻常的思想内容。几种药物已经进行了临床试验。Omega-3 脂肪酸的试验结果好坏参半。尽管临床试验结果混杂，但考虑到 Omega-3 脂肪酸的积极潜在影响和有限的不利影响，使其成为一个不错的选择。

选择性 5- 羟色胺再摄取抑制剂抗抑郁药在两项自然研究中被证明是有益的，但尚未在临床试验中进行测试。推荐将 SSRIs 和 Omega-3 脂肪酸一起使用属于 2 级建议。临床试验尚未发现抗精神病药物在延缓或防止精神病进展方面有效。

2. 发病期的治疗

抗精神病药物是确诊的精神分裂症的一线治疗。几项随机试验表明，抗精神病药物可以减轻精神分裂症的阳性症状，如幻觉和妄想。抗精神病药物可将精神分裂症患者中约 70% 的症状消除或减轻到可耐受的水平。

精神分裂症的阴性症状，如情绪表达减少或缺乏动力，则比较难治疗。我们一般遵循美国 FDA 的临床指南，这些指南是根据试验患者的年龄制定的。这些药物有阿立哌唑、鲁拉西酮、奥氮平、帕利哌酮、喹硫平、利培酮、氯氮平，以及第一代药物氯丙嗪、氟哌啶醇和奋乃静。目前的建议是从第二代抗精神病药物开始，其镇静作用较低，代谢综合征问题较少。

为了获得更好的疗效，我强烈建议采用多模式疗法而不是单纯的药物疗法。首先，心理教育是关键，最好在治疗早期提供，向儿童及其父母或监护人提供有关疾病、药物和其他干预措施的信息。整合家庭成员并教育他们更好地支持患儿是非常有用的。

根据患者的临床表现我们的治疗方法也有一些变化

①家庭干预，对于最近有精神病发作并与家庭成员有明显持续接触的精神分裂症患者，我们建议患者和家庭成员接受至少 6 ~ 9 个月的家庭干预。

在家庭干预期间，患者家属将接受有关精神分裂症自然过程治疗的教育，它还涉及纠正错误的观念，即缺乏教养是导致精神分裂症的原因。许多父母都不知道自己到底做错了什么，才导致了这种疾病，他们需要帮助，需要从内疚和责备转变为接受和支持。

很多时候，家庭成员可能会把精神分裂症的阴性症状，如缺乏动力和社交性，视为懒惰。此外，临床医生应该教导什么是早期预警信号，并解释坚持服药的重要性。

②如果患者曾多次复发精神分裂症，并且生活在一个压力特别大的家庭环境中，则可以开发出一种更深入的解决问题的家庭疗法。

在这些情况下，我们识别和纠正过度敌对或批评的父母与患者的互动。有时，家庭压力可以通过寻找外部康复活动或为患者提供就业支持来减轻。

③对于那些尽管接受了充分的抗精神病药物治疗，但仍有持续妄想或幻觉的患者，我们建议使用认知行为疗法进行辅助治疗，而不是单独

使用药物（1B 级）。

认知行为疗法的目的是减少妄想和幻觉或主观痛苦的强度。它还能帮助人们更主动地减少复发的风险。它主要涉及探索症状的主观本质，温和地挑战潜在的假设和产生替代的解释。许多患者强烈抵制重新评估妄想信念，但可以减轻相关的痛苦。研究表明，认知行为疗法对慢性精神分裂症是有效的。

④对于精神分裂症儿童，他们缺乏日常活动所需的技能，我们通常推荐社交技能训练与抗精神病药物一起使用。社交技能培训一般每周进行几次。有缺陷的儿童，如注意力和工作记忆问题，应该接受适合其年龄的职业技能培训。这可能包括在就业安置和支持方面的帮助。对于那些因疾病而在典型学校环境中难以理解课程的儿童，将他们送去治疗学校也是一种选择。社交技能训练是必要的，因为精神分裂症的阴性症状，如缺乏动力和社交能力，对药物没有良好的反应。这项培训的最终目标是为社区活动提供技能并改善其功能。

⑤对于患有持续性认知下降的精神分裂症儿童，如注意力难以集中或记忆困难的患者，建议在服用抗精神病药物的同时进行认知治疗。患者被要求做简单的信息处理任务，一旦达到一定的阈值，他们就会开始做稍微复杂一点的任务。门诊中普遍使用 Posit Science 为患者提供认知矫正。研究表明，这种方法会产生总体上积极的效果。

【建议】

儿童精神分裂症是起病于 18 周岁前的一种严重精神疾病。该病发病率较低，但复发率和致残率高，易造成患儿严重的社会功能损害。近年研究表明，不良的家庭环境和父母养育方式使儿童在成长过程中承受更多的精神压力、更易患精神疾病。家庭护理干预可使患者及家属掌握一定的精神卫生知识及应对技巧，加深对精神分裂症的了解，消除他们的自卑感，能以积极健康的心态面对疾病。家庭护理干预可加深家属对坚持服药重要性的了解，积极主动配合治疗，督促患者按时、按量服药，从而改善服药依从性。有关资料表明，儿童青少年处于生长发育期，大脑皮质功能尚不完善，精神活动不够稳定，不良的教育环境及教育方式不利于他们身心健康发育。通过家庭护理干预，改善病患父母的负性认知和不良情绪，从思想上和行为上调整自己，调整教养方式，不过分地溺爱或过分地责备，促进患者早日康复。

没有童年的小周

文 / 郑微微

【案例】

小周，独生子，15 岁，高一，因为学习成绩下降、厌学情绪严重而来到心理咨询室。在这之前，他因情绪低落、易烦躁、睡眠差、有自伤行为、消极想法等症状在儿少心理病房接受了一个月左右的住院治疗，出院之后，情绪、睡眠问题等有所缓解，但仍然去不了学校，每天在家作息混乱、日夜颠倒，沉迷于手机游戏，拒绝沟通交流，父母非常焦急，陪同小周前来咨询。

第一次对小周进行咨询，他神情黯淡地坐在咨询室里，很长时间都低着头，当我问到什么原因使他在学习这件事上遇到了困难时，他抬起头，眼眶泛红，告诉我说：“因为我太累了，不想学了……”

这样一个“不想学了”的孩子曾几何时却是身边同龄人家长口中的“别人家的孩子”，如此的落差让小周父母及他自己都难以接受。小周的父母对小周从小采取“高要求、严管理”的教育方式，对于小周在学业上的发展寄予了很大的希望与期待。小周 3 岁不到就被送去了早教班，幼儿园开始学习英语，小学一年级起除了完成学校布置的学校作业和家庭作业外，还要完成妈妈额外布置的作业，以及参加各种培训补习班。那时候的小周也没有让父母失望，从小乖巧、听话，努力完成父母安排的各种学习任务，当他的同龄小伙伴在外面“疯耍”游戏的时候，他总是在安安静静地学习。

似乎就如父母所说的“只要努力就会有回报”，小学时期小周的学习成绩一直保持在班里前列，小学毕业后，父母将他送进了当地一所资源最好的私立初中。小升初的暑假里，小周也没有懈怠，在父母的督促下背完了初中三年的单词。此时的他就如父母期待的那样以考上当地最好的重点高中为目标。

但在小周的回忆中，学习上的困难其实从初二下学期就开始了，那一学期的期中考试有两门科目成绩比较不理想，父母也没有批评指责，小周只记得某天爸爸去学校接他，指着学校偌大的操场对他说：“你看，中高考时，一分就可以干掉像这样的几个操场的人。”然后从第二周开始他的周末多了两个补习班。在小周的努力下，初中的学习成绩勉强维持在中上至上游，中考分数堪堪过了那所重点高中的分数线。

然而，进入理想的高中后小周还没来得及松口气，就发现高中学习远远比他所想象的要困难得多。从不能维持小学初中阶段的成绩优势，到上课跟不上老师的教学节奏、追不上同学学习的进度、考试成绩不理想，到听课时无法集中注意力、作业拖拉、不想去上学，到“什么也不想干，只想摆烂，就连玩游戏也不能让人开心”，再到父母一提起学习就发脾气和父母吵架——就这样，小周从一个让父母格外省心的孩子变成了一个让父母操碎心的“问题”孩子，小周和他的家庭一起陷入了强烈的焦虑和沮丧之中。

【评估与分析】

“我是一个没有童年的人”，在心理咨询中小周曾这样告诉我。用小周的话来讲，在他的成长过程中“从来没有周末和寒暑假”，因为这些时候他都置身于各类补习班或培训班中，“好像学习是我活着的唯一任务”。

小周的经历和困难并不是特例，我接待的不少青少年来访者都有着和小周一样的困境——“过度学习”。

小周出生在一个家境普通但父母非常注重教育的家庭里，小周的父母在读完初高中后都因家庭经济原因没能继续升学，他们勤奋而坚韧，尽力为小周提供良好的经济条件和教育资源，同时也将自身的希望寄予在小周身上。“我们就是吃了没有文凭的亏，不能让孩子吃和我们一样的亏。”在父母会谈中小周的爸爸如是说，这句话和“努力读书，才能考上好高中，才能考上好大学，才能有好工作，才能有好的人生”这个观点一样，从小父母的耳提面命深深影响着小周。刚开始，花大量的时间认真努力学习使小周收获了优异的成绩，收获了父母的欣慰及亲戚、邻居们的夸奖，成为周边家庭用来激励自家孩子的那一个“别人家的孩子”——“小周这次又考了班级第一，你呢……”“你如果有小周一半努力，花小周一半的时间来学习，还会是现在这个分数？”“你看小周就是聪明，从来不让他爸妈操心……”

这样的夸赞让小周觉得没有白白努力的同时，也感受到了“居高难下”的压力，对于学习一刻也不敢松懈。但随着小升初课业难度的提升、学习和竞争压力的加大，小周想要一如既往地保持学业成绩上的优势逐渐变得困难起来，哪门科目考得不理想，父母就会安排相应的补习班，对于小周来说，他得花更多的时间、更大的力气来维持他的学业成绩。小周的睡眠困难和焦虑情绪其实在初二时已经“显山露水”了，至少小周自己能够感受到这些不同，初三时他对父母说“我想去看看心理医生”，得到的回复是“哪个初三的考生不是在这么大的压力下咬咬牙过来的，看心理医生有什么用”。后来小周在咨询中提起这件事，他说：

“初中时我爸妈觉得我没有心理问题，是因为那时候我的成绩还没有掉下来……但是只有我自己知道，我学得很吃力，我太累了，我身上的那根弦随时可能断掉……但是我要考那所身边所有人都觉得我应该去、我有能力去的重点高中，所以我得撑着，我踩着分数线进了那所学校，可是那里的同学们根本就是‘神仙打架’，我发现我自己跟不上，我再努力也没有用……我真不想去学校了，我没办法待在那里……”

高中学业带来的挫败感，使小周的自信轰然倒塌：“我什么都做不好，我就是一个废物……”甚至产生了消极想法：“我连学习都学不好，我还活着干什么呢？”小周之所以会有这样过低的自我评价，是因为从小的“过度学习”让他有了一个根深蒂固的观念——“学习成绩决定一切”，他“放弃”了小时候像同龄人一样玩耍嬉戏的时间，也缺少和小伙伴沟通交流的机会和技能，除了学习上的交流外，和小伙伴没有特别契合的爱好与话题，也没有特别要好的朋友，他过往的自尊和自信大多数建立在还不错的学业表现上，自我价值感也来源于此。

在小周的心里，还有一个隐藏的信念——“我在学习上付出了那么多，成绩好是理所当然的事，我那么努力如果成绩还不好，那是我的能力有问题，我就真的一无是处了”。因此，当“成绩好”这唯一优势也不存在的时候，小周感受到了巨大的挫败感和疲惫感，丧失了学习动力，同时失去了方向感：“初中我铆足了劲，已经很累很累了，但因为我有要考这所高中的目标，所以我坚持下来了，在我发现高中还是那么累，而且怎么赶也赶不上别人的时候，我可以想象我的大学、工作大概也就这样了，我现在没有目标，没有什么值得我这么辛苦地活着，我真觉得活着挺没意思的……”

初三时小周已偶有咬自己手臂、揪自己头发的自伤行为，偷偷地用来发泄焦虑情绪，父母不曾知晓。从高一上学期期末起，随着小周整夜失眠、不明原因的反复腹泻、隔三岔五地请假到不愿再去上学，父母也在小周的手背和手臂上发现了刀片多次划伤的痕迹。同时，家庭中的亲子关系也正面临着巨大的挑战：当小周出现成绩下滑的征兆时，小周这样形容父母的反应："是的，他们没有骂我，只是让我自己好好反省，但对我的态度很冷漠，就好像在指责我偷懒不好好学习……"而在父母眼中，不知何时起"乖孩子"的形象在小周身上"消失了"，取而代之的是一个颓废、沉默、拒绝和父母沟通、动辄发脾气、沉迷于手机游戏的"问题"少年，不提学习时整个家庭还能保持平静，一旦提到学习问题，对峙、争吵、冷战便成了"家常便饭"。

"过度学习"让成绩变成了小周的"铠甲"，失去了这件"铠甲"的小周一时变得自卑、迷茫和空虚，磨灭了对学习的兴趣，丧失了对学习的动力、对自我的肯定，迷失了自我发展的方向，引发了抑郁、焦虑情绪及自残自伤行为。在和小周的心理咨询工作中，父母会谈或家庭咨询也是重要的工作方式之一。青少年的学习困难和厌学问题，看起来像是孩子"生病了"，但若要孩子真的"好起来"，可能需要所有家庭成员的参与和协助。

【科普】

"过度学习"原本是一个心理学术语，是指"在刚刚能背诵或回忆的基础上的进一步的学习"。心理学研究表明，过度学习有利于保持学习效果。但我们在这里所讲的"过度学习"，虽和心理学有关，但它不是一个心理学的概念，而是一个教育学的概念。我们日常中所提到的"过度学习"，指的是在公共学习领域对超量、超难的内容过多地进行反复学习。其中"公共学习领域"是指在一定群体内每个人都要学习的领域。有学者从学习的时长、内容、难度、科目、频次 5 个维度，将"过度学习"划分为"过久学习""过量学习""过难学习""过杂学习”“过频学习”5类，并认为它们之间并非完全独立，而是往往叠合并存、交互影响：

①过久学习，是指学习时间超过孩子生理和心理可承受限度的，有损其身心健康的连续性学习。过久学习的症结在于，孩子没有认识到对学习内容的理解与内化并不由学习时长决定，错误地将“学得久”和“学得好”“学得透”等同起来，忽略了学习效率与学习时长的关系。

②过量学习，是指学习内容与学习任务量超出孩子生理、心理可承受限度的学习。对于学习能力一般的孩子来说，过量学习往往也是导致其过久学习的直接原因之一。过量学习的症结在于，过于注重“量”的积累，忽视了“质”的提升，孩子因学习内容过量而导致学习苦累低效。

③过难学习，是指学习内容的难度不符合孩子智力、认知发展的阶段性特点，远离孩子的生活经验，超出国家课程规定的学段标准的学习。过难学习的症结在于，学习内容的基础性被忽视，课程教学知识系统的平衡性被破坏。

④过杂学习，是指在同一时间段内学习科目（包括正式的和非正式的）过多过杂，孩子为兼顾各个学科而导致精疲力竭地学习。过杂学习的症结在于，在过多的科目学习中，孩子浅学而不重思，思维的广度与深度并未在繁杂的学习中得到拓展，构建知识系统的条理性反而遭到破坏。

⑤过频学习，是指孩子多次重复同一学习内容的学习，是一种频次密度过大的学习。过频学习的症结在于，孩子重训练而不求迁移，错误地认为通过这样一种反复识记的学习刺激就能够促使自己形成反应，并强化学习效果，巩固所学知识。实际上，这种学习方式将知识学习与真实的问题情境剥离开来，孩子遇到实际问题，难以引用必要的知识，由此陷入知识运用的困境。

除以上5类外，还有学者认为“学习起点过早”“学习进程过紧”也是“过度学习”的相关表现。比如，随着竞争的日趋激烈，“教育越早越好”的思想越来越被广泛接受，秉持着“不能让孩子输在起跑线上”的理念，很多家长们在孩子两三岁的时候就去教他们识字、学英语、学国学等。当孩子进入小学阶段，紧张的学习气氛往往跟随着他们成长，“争分夺秒”“现在不努力，以后干着急”，使得他们很难真正松弛下来。

这样的“过度学习”会给孩子带来多方面的不良影响：

1. 损害孩子的身心健康

孩子经过长时间的连续学习后，往往会出现如眼酸、乏力、注意力涣散、思维迟钝、记忆衰退等病理性症状。他们非常关心学习，而且全心全意想把学习做好，但往往力不从心；他们对学习感到焦虑不安，晚上睡不着，进而长期失眠、食欲下降、成绩下滑，精神上总是很紧绷，无法完全放松，还可能出现肠胃不适、头晕头痛、心率加快、恶心呕吐等躯体化症状，或陷入抑郁情绪中自怨自艾，甚至出现自残自伤、消极想法或行为。过多地学习还可能导致学生缺乏锻炼，身体素质越来越差，如正常发育受到影响、肥胖症日益增多、近视率不断上升等。

2. 降低孩子的学习质量

心理学研究表明，个体的最佳识记学习程度通常为150%，此时知识的掌握程度与保持效果最好。学习程度一旦超过150%，就会出现“超限效应”。美国心理学家克鲁格的实验研究表明，所学知识的保持量不会随着过度学习量的增加而等比例地增长。一般来说，过度学习的时间或次数越多，保持量的增加则越少，孩子也越容易出现注意力分散和神经系统疲劳等症状，导致学习效率降低。当大脑处于“过度学习”状态时，学习会变得低效，学习质量自然不高。

3. 磨灭孩子的学习动力

“过度学习”容易导致孩子产生负性情绪，不利于孩子的身心健康。在“过度学习”的过程中，孩子想要休息、玩耍等放松身心的欲望被压抑，其身心长期处于一种由学业压力和课业负担所带来的紧张、焦虑与恐慌之中，久而久之，“学习”就与“苦”“累”等紧密联系起来，最终变成一件令孩子感到痛苦的事情，从此丢失了学习动力。孩子的学习观也可能发生畸变——为了不学而学，为了学完而学。这种观念下滋生的压迫感与倦怠感，使得孩子在学习过程中的主观幸福感和期待感逐渐减少，甚至消失。

4. 耗尽孩子的学习潜能

孩子提前透支自己的时间、精力、兴趣、求知欲等去学习，无异于“杀鸡取卵”。“过度学习”只看到了孩子通过这类过激的学习方式所取得的短期成效，却忽视了其对学习潜力所造成的长期危害，最后对孩子的长远学习乃至终身学习产生不可挽回的负效应。“过度学习”也会对孩子的个性特长的培养等造成消极影响。我们身边不乏这样的例子——一个孩子在小学和初中时，学习成绩都相当不错，然而升入高中之后，无论学习多么刻苦认真，学习成绩却总是不太理想。可见，“过度学习”对孩子学习潜力的可持续开发有严重影响。

5. 破坏孩子的学习价值观

“过度学习”的孩子长期浸泡在一种焦虑感和压抑感交叠生长的学习环境之中，很难感受到学习的快乐与趣味。在这种环境中，正确的学习文化难以创设，功利的学习目标被无限放大，孩子的学习观也逐渐功利化，可能将分数、名次视为唯一追求，达不到相关目标时就会陷入极大的痛苦和自我怀疑、自我否定之中[1]。

【建议】

家庭是孩子的第一所“学校”，家长需要和老师一样，充分认识到“过度学习”对孩子的不良影响，关注、警惕并防范“过度学习”，创造良好的家庭教育氛围，引导孩子适度学习、健康学习，支持和培养孩子在学习上的控制感和自主感，而非“一手包办”，通过学习方法与策略的引导来培养孩子的学习能力，激发孩子的学习兴趣，而非仅仅为了达到某个分数或名次。重要的是，家长要把适当的时间归还给孩子，呵护孩子的天性，让孩子有机会去发展他们的兴趣和爱好，有效调节他们的学习情绪，开发和保持他们的创造力。

参考文献：

[1] 黄伟，莫郁然 .“过度学习”的危害及其矫治 [J]. 教育视界，2022（10）：5-9.

因比较而厌学的茜茜

文／金　琼

【案例】

茜茜，女孩，初三学生。被母亲拉着来到咨询室，起初茜茜并不想和心理师沟通。她非常不配合，一开始就对心理师说心理咨询对她没有用，让心理师和她母亲说不用白费劲了。考虑到茜茜本人的抗拒，咨询关系暂时建立困难，遂心理师与母亲了解情况。其母表示孩子现在初三，之前在学校年段的排名是前十名，但是进入初三之后学习成绩明显下降，同时其母发现孩子的叛逆性严重爆发，电子产品管理困难，以前乖巧听话的孩子一去不返，母女之间发生了非常多的争执和不愉快，在争执激烈的时候女儿甚至自残，这吓坏了母亲。在和其母沟通的时候，心理师多次听到，其母表达"我的孩子很优秀，从小就培养孩子的学习自主性，孩子英文很好拿过省级奖项，还会乐器、舞蹈，非常全能，别人都很羡慕我有一个这样的孩子。"等对孩子的褒奖，当心理师问到孩子从小和她的关系时，其母只是简单地一笔带过，说："我想不明白自己一直是为了女儿，为女儿的将来考虑。我省吃俭用，钱都花在了女儿的教育上。我对孩子那么好，为什么孩子会自残？"当再问到孩子的喜好、朋友关系时，其母的说法就更少了。

通过进一步和母亲沟通，了解到在茜茜3岁左右的时候，父母离异。离异的原因是母亲发现前夫出轨并和外遇对象有了孩子，是一个男孩。当时的婆家对孙子比较看重，母亲无法忍受这样的屈辱就带着孩子和前夫离婚了。从此，对孩子的学业和课外技能发展特别看重，暗自较劲，认为女儿不会比前夫的儿子差。所以从小就对茜茜的学业特别上心，严格要求。尽管自己的工资不高但从未在教育上亏待过孩子，周末的时候带孩子去各种课外班，德智体美劳全面培养孩子。

在与母亲充分沟通后，再次邀请茜茜来到咨询室，心理师与其进行了平等的沟通。共情式回应了茜茜的感受。渐渐地，茜茜慢慢谈及自己的想法。茜茜感到那么多年非常压抑，似乎只能按照妈妈的想法生活。从小其母为了激励她就告诉她之所以父母离婚，是因为她不是一个男孩子，而要获得与男生一样的地位和尊重就要比男生做得更好。在成长的每一个阶段，茜茜都有一个超越不了的比较对象，其母总是能在学校班级或补习班里找到一个比自己好的孩子和自己比较。虽然自己也很争气，在学校的学习表现优异也经常拿奖，但是茜茜越来越感到不快乐。上了初中之后，课业压力越来越大，尤其是理科中的物理让自己感受到了巨大的挫败感。自己在物理科目上花了很多时间，但成效却一般。虽然成绩还是在班级前列但却没有像以前那么有优势了。渐渐地茜茜感到了危机，但是母亲却并不了解她的想法和感受，也不知道茜茜经历了什么，只是看到茜茜的成绩单感到愤怒，怒斥茜茜不好好学习浪费她的苦心。听到这些的茜茜更加万念俱灰，想到自己总是在别人玩的时候学习，母亲总是抽着一个无形的鞭子让自己前进，自己一点都感受不到快乐。于是在初三开学时的一次母女冲突之后，茜茜彻底放弃了刻苦学习。当她拿着电子产品徜徉在娱乐世界、游戏世界，开始沉醉于游戏中的排名，游戏中的胜利时，她感到非常愉悦。甚至感到从未有过的放松，原来还可以这样生活。渐渐地，茜茜感到学习带给自己的好像只有痛苦，而自己的努力似乎并没有用，因为自己永远不会成为一个男孩子。她放弃了多年的“要超越男孩子”的信念。按她自己的话说“躺平、摆烂挺好”如果母亲逼她学习就用自残威胁，茜茜第一次知道原来这样就可以反制母亲。

【评估与分析】

初步评估

通过与茜茜的会谈发现其正在被焦虑、对抗情绪、亲子关系等问题困扰。通过对其诉说的症状、持续时间、严重程度进行分析和评估后发现茜茜的厌学可归为动力性学习困难。

分析

父母不良的婚姻关系，使得茜茜“优秀”背后的“被爱”是有条件的，孩子处于母亲“有条件的爱”的养育中。她敏感地捕捉到“只有我听话，才会被爱；只有我成绩好，才会被爱；只有我乖乖练琴、不惹妈妈生气、成为妈妈骄傲的谈资，才会被爱……”她生活在要给养育者带来好处和利益，自己才有价值的家庭氛围中。在“生病”之前，她没有对这个世界感到好奇，没有自主探索和体验的兴趣，没有那种愿意去尝试、去感受，为的是自己喜欢、享受其中的乐趣。有的只是满足母亲的愿望，和母亲对前夫的胜负欲。而这一切在茜茜进入青春期后改变了。她开始有了独立自我的意识，她渴望被尊重被无条件地关爱，在她曾经引以为傲的学业遭遇挫折，自救不成但反抗母亲的专权成功之后，茜茜体验到了从未有过的欢愉。反抗母亲，成为茜茜生活中的一种乐趣，而对于学业却没有了之前的胜负心。

茜茜的母亲一直沉浸在失败的婚姻中，把自己对前夫的不满转化为对孩子的培养热情。她一厢情愿地认为这样做是对女儿好，但殊不知却失去了女儿对自己的正常依恋。当“爱”变得有条件，爱就不再是积极的，反而成了反噬自己的一把利剑，切断了母女之间的脐带连接。在孩子的成长期，母亲没有给予情绪养育，而对于进入青春期的女儿，母亲没有及时发现孩子遭遇的困境，只是一味拿成绩说事，使得原先就岌岌可危的亲子关系彻底走向断裂。

【科普】

经常能听到父母们拿“别人家的孩子”说事，本来是想利用正面典型激励孩子上进，但孩子们往往一听就烦，时间久了，非但没有进步，反而还退步不少，实际上，在家庭教育中，拿别人家的孩子做榜样，效果只能适得其反，会让爱变得有条件。

“别人家的孩子”是一个典型的上行社会比较对象，父母们喜欢拿很多优秀的同龄人与自己的孩子相比，然而当比较对象过于完美、在孩子心中抽象出一个不可复制的符号性人物时，他反而将失去榜样作用，成为一种难以逾越的障碍，这将会大大影响到孩子的自我评价，甚至会让孩子完全丧失自信，不敢去挑战有难度的任务，陷入自我怀疑。

父母通过社会比较来教育孩子的方式，除了可能是在成长过程中从父辈那里习得的教育模式，还可能是家长内心的自我投射在起作用。自我投射指的是个体错误地把自己的情感、想法、特性投射到他人身上所形成的认知偏差，当个体处于不利境地时，作为自我防御机制的投射行为更容易出现并发挥作用。当看到别人家的孩子出类拔萃、不负众望，将自家孩子远远甩在身后时，父母的内心除了高度焦虑，恐怕还有挫败与不甘。这样的父母不仅不想承认自己的孩子天资不如别人，更害怕承认自己是不成功、不优秀的父母，害怕承认自己的教育是错误甚至是失败的，因此只能把受到的否定与打击投射到孩子身上，指责孩子不如别人努力用功，给孩子报更多的培训班、布置更多的任务，最终两败俱伤。

而望子成龙、望女成凤的父母还会将自己的期望和价值观投射到孩子身上。将孩子看作自己生命延伸的他们，通过督促孩子竞争，期望孩子能代替自己实现未竟的理想和抱负，只要孩子成功，便等于自己成功。这只是父母的期望，未必是孩子愿意达成并为之努力的目标，一方面孩子会觉得家长处处代替自己做决定，自己永远不能也不愿成为“别人家的孩子”；另一方面当孩子未能按照自己的预期发展时，父母也不可避免会感到深深的沮丧与失望。当下流行一个词“鸡娃”，本质上是父母对世界、对未来、对自己的不信任，想解决自己的恐惧和焦虑。也就是说，父母“鸡”的不是娃，而是那个渴望成功又不愿付出努力的自己。

在教育孩子的过程中，父母的投射往往会在不知不觉中代替孩子真实的感受和需求，造成亲子间不可逾越的鸿沟。恳请父母们更多静下心来，尝试去识别在不停夸奖别人家孩子的背后是否隐藏了自己内心的焦虑和不平衡。请放下自己心中的胜负欲，不再把孩子当作实现自我成就价值的工具，而是设身处地考虑孩子的感受，无条件地接纳孩子。不仅看到孩子的优点，也接纳孩子的不足和普通，平和地与孩子沟通。

如此，家长与孩子之间紧张的关系就能够得到缓解，孩子也能因为收获一位可靠的盟友而在成长之路上行得更远。

【建议】

想培养出“别人家的孩子”，先从成为“别人家的家长”做起。

在家庭教育中父母首先得承认差异，懂得赏识自己的孩子。拿别人的优点来与自己孩子的弱点比较，是一种消极的比较法，只能在孩子心里播下自卑的种子，自卑感在孩子的心灵上留下重创之后，他就会感到自己是个“无用的人”，从而陷入“自我无价值感”的深渊，产生对什么都不感兴趣、破罐子破摔的心理。家长夸奖别人的孩子，出于不同的动机，有的是为了刺激自己的孩子，让孩子为自己感到羞耻；有的是为了激励自己的孩子赶紧追上好学生；有的纯属向自己的孩子发牢骚，嫌自己的孩子不争气。而这些都是对孩子自尊的一种伤害。学会赏识自己的孩子，一个赏识的微笑，就像阳光照在含苞待放的花朵上。是促进孩子良好成长的基石。

1. 发掘孩子的独一无二，平和地与孩子沟通

爱因斯坦有一句话很经典，“如果你以爬树的本领来断定一条鱼的能力，那它终其一生都会自以为是个笨蛋”，人的自信源于自己的优势，只有建立起一个稳定的自我评价，孩子才能正确地看待别人的优秀。每个人都是独一无二的，有自己擅长的维度，必须尊重个体差异。

每个孩子都有自己独特的优势，也必然存在一定的不足。家长基于对孩子的正确认识和客观评价，给予孩子进步的时间。家长们应该主动发现自家孩子的优势所在，并大加赞赏和鼓励，并且让孩子明白每个人都有不同的天赋，别人的优秀并不值得羡慕，可以去试着向别人学习，让孩子放平心态，消除向上社会比较带来的自卑感。

2. 向上“同化”，不要向上“对比”，让孩子看见进步空间

善于用向上“同化”方式教育孩子的家长，其效果截然不同。有的家长会说，“你看 ×××，理科好，文科也好，不像你偏科那么严重”，这属于典型的向上“比较”思维，认为自家孩子不如别人；有的家长则会说，“你和年级第一的 ××× 理科思维都很好，你看他成绩那么好，我觉得你努努力也可以做到”，这属于典型的向上“同化”思维，认为自家孩子并不差，二者相比，高下立判。

这种向上“同化”能让孩子看见自己的闪光点，自我效能感更高，自我怀疑行为更少。认为自己能够做好事情，也不会为了避免失败带来

的负面影响（如负面评价、批评）而故意放大对自己不利的因素，从而更加有信心通过努力取得成就。

3. 学会表扬，懂得批评，逐步成为更好的自己

根据动机的期望价值理论（Expected Value Theory），动机水平的高低取决于个体对成功可能性大小的估计，以及成功换取的回报具备多大的价值。单纯要求孩子长成“别人家孩子”的样子显然难以实现，并且也不是孩子真正想要的，自然无法激发孩子的动力。

传统教育观念强调“多批评、少鼓励”，本意是为了培养孩子不骄傲的品质，但实际操作中，家长们往往会矫枉过正，对孩子几乎没有表扬，全是批评，这显然会严重打击孩子的自信，因此，家长们要改变自己评价孩子的方式。

首先，如果发现孩子在某一方面比之前做得更好了，要及时予以真诚鼓励赞美孩子，以强化孩子的正向行为。每一个孩子的情况和特征都不尽相同，与其对比“别人家的孩子”，自家孩子的点滴进步更能说明问题。每一点进步家长都看在眼里，对孩子来讲，这不仅是一种肯定，也表明父母是真的在关心自己，可以激励其积极改变自己、持续努力。

其次，相比大而空泛的赞美，表扬孩子在某个科目，或者某个知识点取得的进步更能激发孩子的内在动力。可以将总目标划分为一个个循序渐进、合理可行的小目标，每达成一个阶段的目标并加以巩固后，再转向下一个目标，这能给孩子增加胜任感和成就感。

最后，在面对孩子的不足之处时，父母的批评要就事论事，哪怕在暂时的失败中，也同样要能看见孩子的努力和进步。例如，“这次考试中，你这个知识点失分很严重”“这种题型之前也做过，这次还是错了，我们一起来分析是什么原因？”这种描述事实的话，提醒孩子进行相应的调整，而不是说“你这次考试考得真差”“你真笨，真不如别人家的×××”。

2 分怎么丢的？

文／于　畅

【案例】

辉辉，13 岁，初一男生，小便次数增多，常常下课铃一响，便飞速冲向厕所，一段时间下来，成绩越来越差，起初家人也怀疑过是初中学业难度加大，辉辉学习出现困难，压力过大引发，多次强调学习只要尽力了便行，上述情况仍未见改变，父母不理解，时常责难他。近来发展到课堂上尿裤子，辉辉感觉十分丢人，拒绝上学，父母软磨硬泡均无效，无奈下带来儿少心理门诊。

经追问了解到，辉辉是一个典型学霸，在当地赫赫有名的小学就读时一直是班级第一。父母非常骄傲，很多时候，有意无意地强调辉辉是全家的骄傲。父母均在客运中心上班，寄全部期望在孩子身上。

辉辉上五年级时，双减政策落实，辉辉所在的学校，积极响应国家号召，重大考试中难度大幅度降低。这原本是一项非常积极的举措，但是给第一名的辉辉带来了更大的压力。班级里冒出了越来越多接近 100 分的同学。

一次考试，辉辉英语、数学都只考了 98 分，尽管总分还是第一，但班级里有好几个学生数学 100 分。辉辉的家庭展开详细的探讨反省，重点反省“2分怎么丢的”。最后通过全家人的“努力”，辉辉继续保持着绝对第一的成绩。

但到了初中，几次模拟考下来，尽管辉辉进入班级前三，但都未拿到第一，渐渐地出现了开头的一幕。

【现场评估】

辉辉的诊室反应是非常回避的，完全没有那种学霸的自信。他很少跟医生进行眼神交流，大部分时间都是母亲在阐述，有时母亲会提醒他有什么心里话可以说出来，但是辉辉也是没有太多表达。

母亲的反应是担忧、疲倦和焦虑的。孩子频繁小便究竟是何疾病？疲倦中还包含了求助拜访无果后的无奈感，因为带着孩子就诊，连续请假，被扣了工资还被领导“内涵”；这么优秀的孩子坚决不去学校，她百思不得其解，迫切希望心理医生能快速解决孩子的疾病。

母亲阐述很久后，示意辉辉进行表达。辉辉眼神回避，偶尔会深吸一口气，却很少对妈妈诉说的情况进行补充和反馈，仿佛妈妈说的一切都是真相。

当医生让母亲回避，单独由辉辉讲述情况时，一开始辉辉也是在强调自己身体不舒服，如小便次数多、总感觉自己身上有尿骚味、每次靠近别人就会被闻到等。

经过很长时间的交流，辉辉终于慢慢意识到自己的小便次数多是跟情绪焦虑有关。现在，辉辉最害怕听到的就是“学霸”。小学的时候，就有这种感觉，他也希望自己跟其他同学一样，能拥有一个比较开心快乐的小学生涯。但是他自己也没想到小学就这么烦琐，有写不完的作业。到高年级的时候，很多次自己都快坚持不下去了，支撑自己的唯一信念就是不能辜负父母的期望。

到了初中之后，自己开始出现小便次数多的表现，他以为自己得了什么大病。不断看医生，不断做检查，都被告知没问题，有想到可能是情绪问题，但是他无论如何都控制不住自己。

心理测评

韦氏智力测试：语言 IQ 113 分，操作 IQ 101 分，总 IQ 109 分。

心理测评评估：儿童焦虑性情绪障碍筛查表：36 分；儿童抑郁障碍自评量表：18 分。

辉辉智力处于中等水平，心理测评提示有焦虑、抑郁情绪。

【分析】

辉辉新入初一，成绩无法达到预期（班级第一），从而出现焦虑情绪，尿频的躯体化症状明显，学习成绩与上述焦虑情绪相互影响，进入恶性循环，直至无法入校就读。

1. 父母的骄傲

辉辉母亲说得最多的就是“我们年纪大了，这辈子也就这样了，但我们家辉辉一直班级第一，以后就靠他了”，每逢过年过节、亲朋聚会，她都会把辉辉这个“别人家的孩子”搬出来说道说道。一开始，这种表扬让辉辉觉得优越感明显。但渐渐地，这种赞美变成了一种枷锁和负担。

2. 父母照搬照抄各种混合式的家庭指导

当然整个小学阶段，辉辉成绩稳居第一，离不开父母的坚持。为了能给辉辉创造一个优秀的环境，文化不算高的父母非常热衷于去听各种家庭教育专家的视频和现场指导，完全按照专家指导，高效陪伴教导孩子。

①父母坚决不玩手机。担心管不住自己的父亲一直在用仅有通话功

能的手机。

②全家不看电视。为了给辉辉营造一个良好的学习氛围，家里未装电视。

③仔细分析讨论每次考试结果。按照教育专家的建议，特别是听了考上清华、北大学生的学习秘诀：一定要重视错题本。其他孩子劳累的时候，通过户外活动等方式进行休息。而我们的辉辉同学是靠看错题本来放松，因为达·芬奇是用数学题来休息的。

④没有分床。在辉辉父母的知识体系里，7 岁左右是要分床的。但因为辉辉体质偏弱，又爱踢被子，分床后经常着凉，父母就默认允许三人同床。直到小学六年级毕业，都未分床，尽管知道这样不利于辉辉的身心发育，但相比于“身体健康”，两害取其轻，三人就没再提分床的事情了。

3. 父母放弃拼搏

父母放弃自己的事业追求，寄所有期望于辉辉身上，辉辉的成绩无疑成了家庭成就的晴雨表。

4. 面对挫折和改变的应对不恰当

①当今社会，对孩子全面发展的要求越来越高。很多人都在强调“智商”“情商”的教育，这一方面辉辉的表现还是蛮优异的。但是辉辉的挫折教育，也就是对“挫商”的理解是不到位的。一帆风顺的小学生活，被赞扬包围的父母，“错题本”填充了全部挫折教育。生活中的一切问题都由父母代劳，从来不做家务，任何跟分数无关的事情全部被父母包办了。

②没有很好理解“双减”的精髓。国家这几年为了更好地保护青少年儿童健康发展，提出了“双减”的政策，更多是为了鼓励孩子心智上的全方面发展，不要一味地追求分数。但是父母对“双减”非常抵触，讲得最多的是“试卷越来越简单，怎么能拉开差距呢”。

【处理方法】

要解决辉辉同学的困境，应以辉辉的第一主诉“控制不住小便”来作为治疗的主题方向，开展家庭治疗。

①建立信任。通过心理咨询，家庭团体沟通等方式，以“什么情况下会出现小便增加”为主诉，逐步剖析现状，让孩子信任咨询师。

②单独把问题暴露出来探讨。比如，将“万一考不好怎么办、父母会没面子、一听到考试就害怕”等问题单独罗列，最后归结原因。

③通过认知心理治疗的调整，改变辉辉同学的认知，明确调整个人观点为“我不是小便太多，而是紧张了”。

④从父母家庭教育的优点出发，进行家庭战略上的调整。重点强调高效陪伴的其他类型，如忙碌的工作、适时的关爱、对失败和错误的接纳等。

⑤强调父母自身的幸福是家庭生活的指导方向。

⑥通过松弛训练和物理治疗的方式，降低孩子的紧张焦虑情绪等。

⑦重新激活学习内动力，理解考试只是检测学得如何，而非考核是否优秀。

【随想】

是什么导致父母这么偏执地关注分数？

每一个时代都有自己的时代特色，也有着特属于这个时代的困境。看完上述案例，可能很多人多少会谴责辉辉的父母为何对分数如此执着。扪心自问，这样的父母是非常多的，只是程度或轻或重而已。让我们稍微为这可怜的父母找一些客观的因素吧。

1. 中考分流

我们非常理解国家战略布局调整，国家不需要过多的普通大学生，而是需要更多的专业技术人才。从政策落地到政策真正发挥作用还需要很长时间。所以大部分父母还是坚决走普通高考的路线。

①父母不放心职业高中的读书环境。现在“80后”“90后”的父母一听到职业高中，脑子里马上还是会冒出“不是读书的地方、差生太多、老师根本管不住”这类观念。很多父母只要稍微有点条件，哪怕是选择出国或读非常昂贵的私立学校，也要坚持把孩子送到普通高中。当然很多家庭是没有这个条件的，本案例的辉辉家庭不具备这个资源。别人可以有考试失败的机会，这个家庭没有任何试错的机会。

②当今就业的选择。读书肯定是为了更好地就业，在父母眼中，读书就是为了更好地找到适合的工作。现在稍微好一点的工作岗位，连一般大学的研究生都不一定会录用，更别说职高毕业的学生。

③中考分数竞争异常激烈。笔者是一位心理医生，5年前被邀请最多的治疗是给高考学生减压。但是近年来，初中甚至小学的班级经常会联系我们开展减压的活动。究其原因，就是中考的重要性在某种意义上已经超过高考了。高考就算考得不好，还有专升本、考研等机会，但是中考没有。要想取得好的中考成绩，小升初就必须分配到更好的班级，所以小学成绩就必须要遥遥领先。

2. 佛系父母的打脸

我身边有很多这样的父母，他们有两个孩子，养育第一个孩子的时候，比较佛系，因为觉得身心健康最重要，然后被打脸了。一二年级不够优秀，到了三四年级，晚上10点钟作业还没做完。每次班级的红榜都没有孩子的名字，黑榜是一个都不少。老师找家长谈话，表示家长需要加强重视；班级成立了学习互助小组，其他“分数优秀的学生”直接对孩子说："差生，你下课不许出去玩，我们要检查你的课堂笔记！"心态再好的父母，不出半年，很快就会加入"鸡娃"的大军中来。老大没机会了，那就从幼儿园的老二开始抓，疯狂地报了很多补习班。

3. 就业环境的不友好

在众多社会原因的综合影响下，这几年成了所谓的历史上最难就业季。公务员、教师、医生、律师、银行、事业编制这些比较稳定的工作就不提了，甚至很多单位的派遣工都需要非常好的本科甚至研究生学历。这种内卷的环境逼迫着家庭只能在孩子的学生时代紧盯分数。

4. 现代父母压力太大，情绪传导到家庭及孩子身上

现代社会，无论你是领导还是普通职员，不管你是事业单位还是白领或个体户，都有各种各样的考核。这种考核在社会文明层面会促进社会不断发展，但副作用是，对精神层面的刺激也是显而易见的。很多行业都称自己是"加班狗"，而且大部分单位都在鼓吹加班文化。时间一久，导致父母长期处在焦虑的状态。

在焦虑状态下，人们最容易出现对自己生活状态的不满意情绪。父母对生活状态不满意，又很难改变自己当下的情况，最能寄予希望的就是自己的孩子。要想将来不要那么辛苦，只能现在在分数上进行"鸡娃"。

5. 比较无处不在

互联网方便了我们的生活，同样带给了我们很多精神内耗。这种精神内耗很大一部分都是无意中比较出来的。以前我们的交际圈可能就是几个要好的同事和一个班的同学。但是现在的比较范围在逐步扩大，扩大到整个学校甚至网络上的"朋友"。这些"朋友"的父母让普通的孩子发生了改变，变成了什么样子，同时公布了一堆成功的秘诀。你不看不知道，一看发现自己每一条都对不上。前几年，很多教育资本就是抓

住了父母的这种心理，开始运作各种资本捆绑教育，这也是国家为何要控制教育行业资本化的原因。

当然还有各种各样的理由，导致我们或多或少变成了这样的父母。

自我要求过高

文／付福音

【案例】

彤彤，是个三年级的小女孩，其他方面都挺好，聪明乖巧，目前学习成绩在班级里处于中上等水平，但是有一点让父母很是苦恼，那就是彤彤对自己要求很高，自尊心太强了。彤彤刚上一年级时多次考满分，老师和父母也经常赞赏她，可是彤彤却经常对自己的学业不满意，比如，对自己写字要求很高，只要写得有一点不满意，就会用橡皮擦了又擦，这样来来回回很多遍，导致作业经常做到很晚；平时如果做错题，就气愤到哭泣，一边做一边责怪自己："为什么我同桌那么聪明？为什么我偏偏什么都不会？老天凭什么要这样对待我？"在考试时会因为一道题不会做而反复做，导致后面的题目没有时间做完，为此彤彤多次在考试结束后崩溃大哭，老师怎么劝说安慰都无济于事；当彤彤看到同学的分数比自己高时会连续几节课都闷闷不乐，使得自己无法集中注意力上课。除此之外，彤彤很在意别人对她的评价，如果别人说她哪里做得不好，彤彤会瞬间变得很沮丧，有时会愤怒地大喊大叫。在和同学一起玩游戏时经常争强好胜，一定要自己赢才行，如果自己输了就大发脾气，无法接受现实。作为父母很是纳闷，他们在家里很少批评彤彤，也没有严格要求她，还经常告诉她，每个人都会有做错的时候，错了不要紧，改过来就好，可是这对彤彤并没有帮助。

上学期期末考试前，彤彤连续几天失眠，考试当天早上拉肚子、呕吐，无法进行考试，妈妈只能又把彤彤接回了家，回到家后彤彤就好多了。近来，彤彤总是因为没有写完作业，第二天不愿去学校，父母让彤彤在家放松了几天，可是彤彤还是拒绝去学校。

【评估与分析】

上述案例中的彤彤有上进心，对自己要求高，这本是一件好事，但是凡事都有个度，要求过了头，对孩子的学业、社交和心理发展都可能产生严重的影响。自我要求过高的人，通常挫败体验感很强，害怕犯错、害怕失败，非常在意别人的评价，难以接受被拒绝或被批评，如果面临失误或被否定的情境就垂头丧气、怨声不断或大发脾气，挫败感很强，也就是我们通常所说的“输不起”。自我要求过高，挫败体验感强导致学习困难是较为常见的案例。这种性格类型通常是由遗传或天生的气质所决定的。有些孩子天生就是完美主义者，人格类型当中就有一种完美型的人格，这种类型的人大多要求完美，追求不断进步。时时刻刻反省自己是否犯错，也会纠正别人的错误，很多时候只有批评，无论是对自己，或是对身边的人，又因为对自己的超高标准，给了自己很大的压力。其次，这跟孩子的早期生活经验和家庭教育有紧密的联系。虽然乍看都是孩子的问题，但他们毕竟还小，本质上几乎是在成人与孩子平时互动时不经意的行为造成的。家长对孩子要求比较高，孩子也一直深受老师和家长的喜爱，久而久之容易对这种肯定与赞扬产生依赖，变得不那么容易接受批评，为保护自己，从而不得不对自己要求更高。

【科普】

1. 自我要求过高的孩子通常具有以下特征：

①遇事压力更大。由于凡事要求完美，对自身更苛求，但由于要求过高，易产生力不从心的感觉，遇事时就会遭受比一般孩子更大的压力。

②害怕犯错误。孩子觉得犯错误是一件比较耻辱的事情，他们往往为了不犯错误，不愿也不敢去尝试他们没有接触过的事情，从而失去很多学习与成长的机会。

③害怕失败。要求过高，不允许出现瑕疵，夸大失败带来的后果，最终都容易归咎到自身能力的原因上来。

④害怕遭到拒绝和批评。孩子觉得遭到拒绝和批评是一件天大的事情，是贬低他们的一种表现，所以他们尽量表现得完美，以免受到批评和拒绝。

⑤思维较固执。他们拥有非好即坏的思想及过分强调“必须”“应该”这种相对绝对化的观念。

2. 孩子为什么会怕失败呢？

斯坦福大学心理学家卡罗尔·德韦克认为，根据对能力发展的认知，人们在面对失败时有两种不同的思维模式：一种是固定型思维（Fixed Mindset），一种是成长型思维（Growth Mindset）。

当你认为你的智力和才能是与生俱来，固定不变的时，如果你在某方面表现得不好，你的失败就证明你自己某方面不行。每一次表现都被看成是对你能力的一次定论性的衡量，失败令你感到危险。为了避免失败，你很可能会故步自封，让自己无法再进步。把日常生活中遇到的“不顺”事情当作一个衡量自己能力和价值的直接标尺。这就是固定型思维。

简单地说，害怕失败的人，他们的潜在假设是：自我价值感＝能力＝表现。即认为：我做的事情直接反映了我的能力，我的能力水平决定了我作为一个人所具有的价值。这样就导致：我会尽可能让自己表现得好一些。要么尽可能做足够多的准备，把事情做得完美、漂亮；要么就干脆不做会让自己表现差的事情，如果有人要求自己去做这样的事情，就尽可能去逃避和拖延。就像案例里的彤彤很害怕考试，因为彤彤会把考试的结果等同于个人的能力，考得差会让彤彤觉得自己能力不行，进一步让彤彤的自我价值感变低。这样导致的坏处也很明显：

一种反应是拖延，为了追求事情的完美，需要在前期有更多的准备工作，这样大量的准备就会阻碍你的开始，但是在生活和学习中，不会允许让你有时间在舒适区里慢慢去练习或准备。我们无法让别人都等着我们。

另一种反应就是逃避，为了避免证明自己能力不行，价值感变低，最好的办法就是不去做这件事。彤彤为了逃避考试的心理转化为一些躯体的症状，如考试前失眠、拉肚子或呕吐等，这使得她能够避免直面可能会证明自己能力不行的考试，久而久之，彤彤厌学的情绪更加明显。

那要如何克服害怕失败的恐惧感？从本质上来说，就是打破原来的公式：自我价值感≠能力≠表现。

他们认为出错了，就完蛋了，觉得自己能力不行了。然而，我们希望自己无论做什么事情，每次行动都能够表现出彩的想法从根本上就是存在问题的。没有开始的练习，也就没有之后的高超技艺。

人是阶段性的，是成长性的，人的能力也是在不断发展变化的，我们永远都是从练习和犯错开始，正因为存在自我不断修正的过程，我们才会成长。这就是成长型思维，即你认为自己的能力是可以不断成长的，你的每一次挫折和失败，都是在为未来积累经验时，你的能力和表现也会不断提升。事实上，做一些你不擅长的事情反而更为有趣，因为通过做这样的事情，你可以拓展自己的能力，并从中学习。

【建议】

我们在平时与孩子的互动中能做些什么，让孩子重新回归对自己的合理预期？

1. 注意家庭的非语言信息

孩子年幼的时候，我们是孩子的全世界，孩子会用全身心去爱父母，所以他们每天都在搜集父母的神态表情，如摄像机一般在记录父母的言语神态，父母的一个动作，一个表情，他们就会有感知。案例中彤彤的父母虽然很少用语言批评或严格要求彤彤，但是彤彤会通过父母非语言信息的反馈形成对自己的态度和看法。非语言信息给孩子的影响甚至比语言更大，因为人都是会选择自己愿意相信的，眼见为实。

当孩子成绩好、拿了奖、竞赛赢了，父母就会表现得很开心；当孩子做得不好，搞砸了事情，或者是输了某个比赛，父母就板着脸不开心，那么孩子就会认为只有表现好的时候才会被父母喜欢。如果孩子表现好的时候，父母给的感觉越好，那么孩子就越难以忘怀；而在孩子表现不好的时候，父母给的感觉越糟糕，那么孩子就越刻骨铭心，这种模式下会容易让孩子形成一种僵化的思维模式：认为只有自己表现好的时候、是一个“好的”或“优秀的”孩子时，自己才是有价值的，才是值得被关注、值得被爱的，即逐渐形成了：自我价值感 = 能力 = 表现的固定思维模式。为了证明自己的能力和获得价值感，孩子格外在意自己的表现，如追求第一、绝对不能输，父母稍微指出一点问题，或者没有达到自己理想的成绩，就很容易自责、情绪崩溃。

2. 帮助孩子建立内在的自信，关注孩子努力的过程而非结果

案例中彤彤对于做错了题目非常沮丧，但是父母的反馈通常是“这个错误没什么大不了的，改过来就好了，我们下次再努力。”如果仔细分析，其实可以发现父母对于孩子当下正在经历的感受，或者付出的努

力并没有任何直接反馈。虽然父母告诉孩子自己对错误的态度很重要，但更重要的是在当下向孩子表达“我现在很关注你，我能感受到你的情绪”。

比如，母亲可以告诉孩子，“妈妈看到了你非常努力，我能感受到你现在非常难过”，然后给孩子一个拥抱。等孩子情绪平复一些，再与他一同探讨“为什么做错了”，这个时候再与孩子说，“其实做错了也没关系”之类的话，孩子就能更容易接受。如果孩子取得了优异的成绩，我们先不要过度激动，可以先问孩子开心吗，先关心孩子本人，如果孩子说我开心，那么我们也替你开心，我们不是因为孩子取得的成绩才开心，而是因为孩子开心而开心。然后我们可以再问她是怎么做到的，“你努力做到的，你的努力没有白费”，我们还是在替他开心。

自我价值感高的人，也是自信程度较高的人，会认为自己是好的，而且自己是不是好的与所做事情的好坏、成败无关，也许会承受失败的痛苦，会怀疑自己做事的办法，但不会否定自己，不会因失败而把自己看作一无是处的人，正所谓“千磨万击还坚韧，任尔东西南北风”。如果父母表现出不那么看重孩子努力之后的结果，平时减少一些对孩子行为结果的评价，多反馈孩子的行为的过程，更多地称赞在这个过程中不断孜孜以求不怕失败努力的孩子，孩子就可以认识到自己的努力和付出是被看见的，即使没有取得好的结果，自己也是被积极关注的，慢慢地，孩子也会淡化对结果的重视。

3. 帮助孩子正确认识自己的真实能力

如果每一天孩子都被灌输“只要努力，就能成功”的思想或父母在孩子每一次失败的时候，都告诉他，“没关系，我们下次再努力一些就一定能行”。那么孩子永远不知道自己的真实能力在哪里，高估自己的真实能力也会让失败变得难以接受。

诚实表达孩子的能力也是每位父母的必修课。如果父母为了不伤害孩子的自尊，或者害怕孩子对失败发脾气，故意夸大孩子本身的能力，并且告诉他下次努力就能成功，可能短期有安慰效果，但是长期来看，并不是好事，甚至可能会把孩子推向无尽的痛苦。

如果你知道孩子虽然很努力地练习下棋，但其实水平并不高，在比赛中取得好成绩的可能性极低。在比赛之前，怎么给孩子做心理工作呢？比如你可以说，“孩子，我非常欣赏你有一种拼搏到底，不愿放弃的冲劲。你从小就喜欢下棋，你一直都很努力和坚持，但你也要知道，比赛的要求非常严格，你将会面对很多人的竞争，不是每一个人都能拿到奖项，但我还是会为你加油打气！”

如果孩子挑战失败了，你要成为他最好的避风港，给他拥抱，告诉他比赛让他了解了自己最真实的水平，只要付出了努力，无论结果如何，都没有什么可遗憾的了。只有当孩子越来越真实地了解自己的水平，对自己的能力有合理的预期时，才不会过高地要求自己，最终苦了自己。

孩子是大人的镜子。孩子对自己要求太高，往往是大人不知不觉中给了孩子不健康的暗示或引导，导致孩子对外界、对自己的认知出现了偏颇。孩子小时候，父母要培养其正确认识和评价自己的意识，即：不拔高自己，也不看低自己。一旦孩子学会了客观认知，就不会妄自尊大或妄自菲薄，以后才能驾驭好自己的人生，更好地融入社会。

4. 帮助孩子正确认识“犯错”

虽然有些父母对错误是宽容的，但不管是幼儿园还是中小学，另一个影响孩子的重要因素也不能忽视，那就是在孩子长期生活学习的学校环境里，老师对错误可能是“零容忍”的。正是这种极端差异，有时会导致孩子在学校里格外地关注结果，并且对自己要求极高。另外，老师可能经常在班级群里点名提到孩子又写错了几个字、做题步骤不正确等，这使得父母顿时焦虑起来，这时候就需要父母扛住学校的压力，在家里培养孩子对“错误”的好感。

孩子在进入小学之后通常会把老师的说法当作一切的“准绳”，这是孩子心理发展的必经阶段，但父母可以诚实地向孩子表达，每个人都有表达不同观点的权利，并不因为“是老师”所以说的就一定是对的。如在做错题、念错字这些事情上，父母可以和孩子说：“如果有些时候写错字能够让我们更加明白这个字的结构，念错字可以让我们多关注平舌音和翘舌音的区别，那么这些错误还是帮到我们了，不全是坏事。”引导孩子认识到，老师也会犯错的，老师的评价并不一定是精准的，“做错题”并不等于失败。

另外，与孩子分享“失败”是“成功”的一部分的真实例子或经历。法国著名小说家小仲马，他是文坛大师大仲马之子，受父亲影响，他也热爱文学创作，并且和他父亲一样勤奋，成为法国戏剧由浪漫主义向现实主义过渡期间的重要作家。小仲马年轻时，艰辛创作，写了数不胜数的文章，可努力换来的只是一封封退稿书，他从不自暴自弃，日夜辛勤写作，最终以《茶花女》一鸣惊人，在世界上广为流传。无论是什么样的失败，只要你从哪里跌倒后又能马上爬起来，跌倒的教训就会成为有益的经验，帮助你取得未来的成功。

阅读困难后的抑郁

文／程　霞

【案例】

辉辉，独生子，13周岁，初中一年级在读，健康状况良好，个性内向自卑，父母均本科毕业，对其学习要求高，抓得紧。幼小阶段父母便发现其学拼音分不清“b”和“d”、“p”和“q”，学数字时分不清“5”和“2”、“6”和“9”，父母让其反复抄写练习，进入小学二年级后，拼音、数字镜像问题才慢慢改善。后期识字时，辉辉常只记半边；同音字、形近字混淆明显；前一天听写过、订正过的字词，第二天仍能错一大半；读课文时，时常跳字漏行，有时甚至读错字，抄写错误多（漏字、加字、错别字）。三年级后，父母发现其看课文，常看了后面，忘了前面，读完一段话，讲不出大概意思；口头复述难以完成，无法概括出文章大致的意思；语文考试阅读理解、作文时常来不及作答；书面表达困难，书写速度慢，错别字多。写作文时，段落组织性差、标点符号时常标错或遗漏。自小学以来，语文成绩越来越差。

辉辉在学校常无精打采安静地坐在座位上看别人活动，在众人面前表现胆怯，说话声音小，容易脸红，课堂上老师一提问便低头。在家沉默寡言，父母让做什么便做什么，作业写错了，让订正便订正，时常订正不到位，被责骂时亦只是低头不语，但会在房间独自哭泣，事后解释“我觉得自己太笨了，总学不会”。小学期间，父母监管、辅导作业时，时常指责谩骂辉辉，事后觉得懊悔，但下次却又绷不住（平时生活中感觉孩子还灵光的，但学习却总是这样不尽如人意，因而总觉得孩子懒，学习态度差）。

辉辉浑浑噩噩小学毕业了，父母逐步放弃督管其学习，但每次他考试成绩不理想时，父母脸色都很难看。父母同他谈及学习时总是低头不语，一个人在房间时常坐在椅子上发呆、叹气，父母时常能听到哭泣声。害怕去尝试新的事情，总是觉得自己没有用，没有办法完成。学习上拖拉、散漫，有时不愿去上课。老师反映其上课注意力差，作业未完成名单中总是有他，在班级中也不与同学交流，总是独自一人。

【评估】

父母反映

辉辉足月出生，体重3500克，出生时无窒息抢救史，出生至今身体状况一直很好，生长发育正常。孩子11个月左右开始慢慢站立，1岁左右开始独立走路。从小手工能力好，在幼儿园时手工作品时常被作为优秀作品进行展览。孩子言语发育迟缓，1岁多才会喊“爸爸”“妈妈”，2岁后能说一些简单的句子，但时常语言含糊不清，很难听懂。对语言发音游戏缺乏兴趣，学习讲话、字母、押韵存在困难，发错单词音。上幼儿园后，放学回家同父母分享幼儿园的事情总是讲不清，讲得很慢，常常使用婴儿方式讲话。读课文总是读错、漏字、跳行，父母一直以为是孩子不够细心，只是督促他下一次要认真一点。他从小数学成绩不好，写数字时经常把“5”和“2”、“6”和“9”混淆，基本的加减乘除经常出错，应用题错误率也很高。上小学时，写作业总是很拖沓，要写到很晚才能完成，写字速度很慢。语文考试总是写不完作文，写作能力也很差。父母也曾怀疑孩子智力有问题，去医院做过智力检查，结果显示正常。

现场评估

1. 拼音读写

阅读单音节、双音节及多音节字，大声，速度慢，长时间的停顿，不能正确地分节，总体准确率较高，但部分复杂多音节字准确率较低，如亮（liang）、爽（shuang）、算（suan）等，逐一指读拼音字母后，仍不能准确识别读出。拼音书写存在困难，比如，把上的拼音“shang”写成“sang”，把菜的拼音“cai”写成“sai”，把牛的拼音“niu”写成“liu”，因说话吐词含糊不清，容易将读音相似的音节，如将“sh”和“s”、“c”和“s”、“n”和“l”等拼音混淆。书写时出现混淆镜像字母，如“b”和“d”、“w”和“m”、“p”和“q”。同时容易混淆平翘舌音，如“sh”“ch”“zh”和“s”“c”“z”难以区分；声韵母混淆，将“n”写成“i”，将“w”写成“u”，当一个字的拼音中出现这个音节时，容易混淆写错，如拿（ia）、我（uo），这也与辉辉对于拼音法则掌握程度不深有关，不清楚哪些是声母、哪些是韵母，一个字的拼音除单音节字，均需要声母和韵母才能构成。

2. 词语和文章阅读

一分钟词汇阅读和五分钟文章阅读。辉辉一分钟可阅读词汇 73 个，阅读不流畅、速度较慢，正确率尚可。在阅读文章时，朗读速度较慢、长时间的停顿和不能正确断句，出现漏字、加字、错字、跳句等情况。比如，将“她抬起头看着热气球缓缓上升向远方飘去”读成“她抬起头看着热气球上升向远方飘去”；将“雪落满了整个山头”读成“雪花落满了整个山头”；将“杳”读成“杏”；将“孤”读成“狐”。

3. 阅读理解

给辉辉读两篇短文，每篇短文均存在矛盾信息，阅读完后让其回答是否存在需要修改的地方，均回应无须修改，没有觉察到句子的不一致性。阅读理解测试卷，主要考查对文章信息和中心的把握程度，如将文章根据逻辑进行分段、总结出文章的中心思想、比较不同观点之间的差异、阅读材料后自己的感悟。辉辉对文章的内容和思路没有清晰的理解，对文章进行分段只是简单按首段、中间、尾段划分为三段，文章的中心思想仅仅是将文章最后一段抄了一遍，对比不同观点的差异及谈谈自己的感悟都是从文章中摘抄或空着没有写。

4. 书写能力

让辉辉自由书写一段200字以内的小短文章。书写过程中，其书写坐姿和握笔姿势都正常。文章句子简单、逻辑不清晰、内容不完整。句子中存在错别字、漏字，标点符号使用错误。容易将一些同音异字写错，如将“好像”写成“好象”，将“姿势”写成“资势”。出现镜反字、部首颠倒、左右颠倒等情况。

5. 计算能力

口算100道题，辉辉错误率达10%以上，出现345×5结果为350、273+275结果为547、345+16结果为364等情况。经询问，辉辉反映其将乘号看成加号、将“3”看成“2”、将“6”看成“9”。但如果将题目读给他让其计算，错误率显著下降。计算应用题2题，要求书写解题过程、计算过程及检验过程。解题过程书写杂乱无章，存在看错题目，写错数字等情况。

6. 抑郁情绪评估

进行体格检查和精神状况检查，让辉辉填写贝克抑郁自评量表（BDI），测验结果总分15分，显示辉辉无抑郁症状。父母回忆说辉辉在遇到学习上的问题，受到父母、老师的批评及谈及学习后会出现情绪低落，但负面情绪持续时间短。

7. 学习动力评估

填写学习动力研究调查表，结果显示辉辉学习没有明确的目标，学习没有成就感，无上进的愿望，学习时容易被外界干扰分心，存在懒惰行为、贪玩、厌倦情绪。

【分析】

辉辉在拼音读写、词语和文章阅读、阅读理解、书写表达等方面均存在不同程度的困难。计算能力没有问题，仅存在看错数字或符号的情况。学习动力不足，学习无明确目标、无成就感、无上进心。因“学习困难”学习成绩一直较差、自我评价低、接收到父母和老师的负面反馈较多，而出现情绪低落、自我否定、人际交往差的现象，进而发展为抑郁情绪。

存在阅读受损的学生，在拼音和汉字的学习中存在一定程度的困难。例如，难以分辨镜像字母，声母和韵母识别困难，混淆相似的音节及形近字。拼音学习困难导致其难以完全掌握拼音法则，影响对汉字的学习和识别，同时对其阅读理解方面也受到影响。出现无法理解词语的意思，混淆同音字词、形近词、近义词等情况，以至于其无法实现对句子或文章的理解，无法把握文章的中心思想，无法对文章进行完整复述。

书面表达受损学生的书写质量、书写流畅性、书写速度较差，从辉辉的书写情况可以看出他书写的文章出现句子简单、内容不完整、文章逻辑性差、错字较多、标点符号标错、混淆镜像字或同音异形字等情况。

【科普】

我国学者将学习障碍定义为智力正常儿童在阅读、书写、拼字、表达、计算等方面的基本心理过程存在一种或一种以上的特殊性障碍。学习障碍经推测是由个体内的中枢神经系统功能障碍、脑功能障碍或轻微脑组织损伤引起的。但学习障碍不包括由文化、经济、教育水平等外因及其他缺陷（如智力水平低下、情绪障碍、社会交往障碍）造成的学习成绩落后。学习障碍的患病率在全球的学龄儿童中为 5% ~ 15%，成年人约为 4%。根据美国《精神障碍诊断与统计手册（第五版）》（DSM-5），学习障碍临床上分为 3 种亚型：阅读受损、书写表达受损和数学受损。阅读受损是指患者智力正常且享受相等教育机会，但阅读能力明显落后于同龄或同年级儿童的现象，主要表现为记字困难，阅读时出现遗漏或加字、停顿过多或阅读太急、无法注意语句的关键词或段落、不能理解文章的意思等现象。书面表达受损是指在拼写及书写表达方面存在困难，如在拼音书写中添加、省略或替代元音、辅音，在汉字书写中增加或减少笔画；在书面表达中，文章的段落组织性差、中心思想不明确，句子中频繁出现错别字、语法错误及标点符号使用错误等情况。数学受损，主要指在数学学习上的明显落后和困难，通常是由于数学能力的缺损或不足导致的，包括在计算和应用方面的障碍：①发展性计算障碍：这是一种特殊的算术技能障碍，主要涉及加、减、乘、除等基本计算技能的掌握困难；②应用题解决障碍：指个体在数学计算方面没有障碍，但在数学应用题的解决方面，与同龄儿童相比出现了显著性困难[1]。书面表达受损与阅读受损共存的情况较多。

抑郁情绪是抑郁症的主要表现之一，包括情绪低落、沮丧、悲伤、绝望等负面情绪。若不及时发现、干预会对个体的身心健康产生严重的负面影响，甚至可能会发展为自残、自杀等行为。

学习动力是推动学生学习的内部力量。学习动力不足通常表现为：

①懒惰行为：不愿意上课、不愿意动脑子、完成作业拖沓、贪玩、学习散漫、拖拉；

②容易分心：上课注意力差、容易被其他外界因素干扰、不能集中精力思考、对知识的理解不够透彻；

③厌倦情绪：对学习没有兴趣、常感厌倦，对学校与班级生活感到无聊，学习时无精打采，很少享受到成功带来的快乐，学习没有目标，没有成就感；

④缺乏方法：学习处于被动的状态，满足于死记硬背、没有正确的学习方法和策略，对于所学的知识无法灵活运用，变通性差；

⑤独立性差：依赖性强、学习需要靠别人监督和督促、自主学习能力差、学习过程中喜欢照搬照抄，不喜欢理解或创新。

学习动力不足的原因是复杂的，是内、外部条件的不良因素相互交织影响的结果。许多中小学生学习动力不足，关键原因在于家庭、班级、同伴的舆论导向与学习氛围不良及在学习中很难感受到学习的成就感，体验到过多的挫败感，对学习丧失信心，学习动力不断下降。

【建议】

在教育患有学习障碍的孩子的过程中，一定要注意方式方法，给予孩子更多的耐心和爱心。扬长避短，发现孩子的长处并加以发扬，增强孩子学习的自信心，培养孩子学习的兴趣。

对阅读受损的干预

幼儿的阅读困难与中小学儿童的阅读困难存在差异，幼儿的各项能力正处于发展的初期，因此对于幼儿的阅读困难及时发现、诊断及干预是可以容易并有效解决的。因此，及时发现、干预是非常关键的，可通过语音意识、字母和声音的知识及词汇的测试等方式进行早期鉴别[2]。干预措施应根据阅读障碍孩子的年龄、类型、程度、临床表现及心理测评结果来确定，并且尽可能取得家长与学校的配合。干预的方法包括发展语音加工及流畅的词汇阅读的强化教育，干预以加强阅读能力为主，采用系统化、累积式、多感官的教育方式，整合听、说、读、写，有效教育的内容强调语言结构，包括针对解码、流畅性训练、词汇和理解的特殊教育。除语音训练外，阅读计划也强调词法、单个词的记忆、拼写、句法和语义训练。字词识别包括记住视觉阅读中常用的字词，学习快速识别和拼写字词的视觉化策略。理解是阅读的关键组成部分，强化理解训练包括阅读时学习把材料进行视觉化及在每一段落结束时在心里对材料进行总结，使用大纲和其他图解或绘图方式来总结阅读材料。流畅性训练涉及孩子的独立阅读水平上反复性进行引导式的大量文本的口头阅读。流畅性是联系单词解码和阅读理解的桥梁，通过流畅性、词汇、积极的阅读理解训练以使幼儿可以准确流畅地理解阅读的内容[3]。

对书面表达受损的干预

首先，更多地根据自然情境写作而非评价性地鼓励写作（如记日记或写礼物清单）；其次，学习书写便条及在开始实际写作前列提纲。简短的便条可以记录想法，不需要过渡、语法和组织语句。提纲提供了框架，开始写作时可用来参考，也可以参考便条来记住细节并把它写在文章中。除使用提纲外，还可以在做题时让孩子先将想写的内容口述出来，由父母或老师记录下来，或孩子通过录音设备将口述的内容记录下来，让孩子边听回放边写。孩子边口述、边录音、边写，逐渐减少录音直到孩子口述和写作都不再需要辅助。对于青少年和成年人可通过录音软件或录音设备辅助做笔记和写作，将书写任务分解为一个个小任务逐步完成，书写过程中使用有效的关键词。

对抑郁情绪的干预

对父母和其他重要的养育者进行关于学习障碍的知识教育，父母支持、咨询和管理培训有助于形成支持型家庭环境、一致的家庭 / 学校强化程序。对父母和教师进行学习障碍相关知识的教育，使他们理解学习障碍，而不是简单地认为孩子是懒惰、贪玩、对抗、迟钝或任性的。给予孩子更多的理解、陪伴、耐心和关爱。多与孩子进行有效沟通、培养孩子的其他兴趣爱好，多陪孩子外出游玩散心。

对学习动力不足的干预

唤醒孩子的责任意识，让孩子明白学习是自己的事情，不应该由老师和父母替自己负责，通过体验，唤醒孩子心中的"责任感"。使孩子将已养成的责任感迁移到各种活动中并内化为自身品质。激发孩子的理想目标，学习应该以学业进步、求职成才为奋斗目标，而不应该以应付考试为学习目的，要努力提高自己的成就发动机。学习方法不当会严重影响学生的原动力。学习不能依靠死记硬背，要使用适合孩子自己的学习方法和策略。在教学过程中教师要借助各种途径引导学生进行反思、感悟和体验，使学生发自内心地体会到学习策略的重要性，从而使学生主动、自觉地学习和运用学习策略。

患者集中精神的最大障碍在于缺乏动机。可应用期限效果、报酬效果、目标明确化、愉快经验集中注意力，节奏分明地处理学习与休息的关系，对感官的全部训练（训练自己在视觉中一段时间内盯视一个目标，而不被其他图像转移注意力。训练自己在一段时间内在有很多种声音的环境中，集中听一种声音），不在难点上停留（利用自己的理解力和兴趣集中自己的注意力，出现不理解的环节时，不要在这个环节滞留，跟着老师的节奏往下走）[4]。

参考文献：

[1] 美国精神医学学会 . 精神障碍诊断与统计手册（第五版）[M]. 张道龙，译 . 北京：北京大学出版社，2014：29–32.

[2] 王婉纯，谭雪晴 . 幼儿早期阅读困难的预测性因素及教育对策 [J]. 宁波教育学院学报，2016，18（3）：109-113.

[3] 王静进 . 对儿童学习障碍的理解及其诊疗 [J]. 中国儿童保健杂志，2011，19（3）：195–198.

[4] 杨斌让 . 特定学习障碍 [J]. 中华实用儿科临床杂志，2015，30（11）：810–817.

难以专注学困儿的抑郁

文／鲍晨曦　储康康

【案例】

月月，女，13 岁，初一学生。进入小学后被发现注意力不集中，上课分神、发呆、回家做作业需要反复督促，正确率不高。四年级开始经常不开心，害怕回家。升初一后，感到学业压力增大，上课及课后写作业注意力不集中，学习成绩进一步下滑，情绪低落加重、常哭泣，易烦躁，对平时喜欢的活动提不起兴趣，夜眠差，白日困倦、常感乏力、胸闷、呼吸不畅，严重时觉得活着没有意义。2020 年 11 月她第一次在家用小刀划伤手臂，此后情绪不佳时反复多次划伤自己手臂，一直未治疗。2021 年 2 月寒假期间情绪稍有好转。3 月开学后情绪低落加重，经常会觉得生活没有意义，未来没有希望。2021 年 3 月家长带其在当地医院就诊，诊断为“抑郁状态”，服用舍曲林（75 mg/ 日），仍反复有自伤行为，用刀划手臂，情绪低落，哭泣，晚间更加明显，作业完成困难。2021 年 4 月住院治疗，服用舍曲林改善抑郁，情绪稳定后联合哌甲酯缓释片改善注意力，情绪及注意力改善后出院。门诊复诊时已经恢复上学，孩子反映自己明显感觉写作业变快了，记性变好了。母亲反映孩子学习状况较好，注意力保持较好，无自伤行为，情绪稳定。在校表现老师较为满意，称进步很大。

【评估与分析】

父母反映

父母认为孩子一点也不好动，怎么会有多动症？多动症不都是男孩子得的病吗？认为孩子只不过是有点注意力不集中，猜测孩子有时是故意拖拉，需要反复督促才写作业。比较担心孩子自伤自杀的问题。

现场评估

①体格检查：体温36.5℃，脉搏80次/分，呼吸频率18次/分，血压116/72 mmHg。双侧手前臂可见数条陈旧性划痕，左侧手前臂可见多条新鲜划痕、部分表皮破损，无活动性出血。

②物理检查：头颅磁共振平扫、脑电图、心电图、甲状腺彩超未见异常。

③儿童行为评定量表：SNAP-IV提示注意力均分2.74，多动与冲动2.89，对立违抗2.75；Conners提示有学习、心身、多动问题；Weiss提示存在多动、生活技能缺陷。

④韦氏智力测验：94分。

⑤神经心理测验：IVA-CPT提示控制力商数55分、注意力商数40分。

⑥情绪和精神状态评估：SCL90提示极重度抑郁、重度焦虑、极重度敌对；EPQ提示性格内倾。

分析

1. 初期阶段（走神、发呆、成绩差）

一二年级经常会走神、发呆，写数学题总是因为看错被老师批评。回家后写作业特别慢，需要父母看着写。孩子写着写着就发呆，经常坐不住，因此挨骂。学习成绩中等。

2. 中期阶段（被否定、引发矛盾）

三、四年级学习一直都是中等偏下，一回家就被要求赶紧写作业，但写作业又拖拉，母亲常辱骂孩子，说孩子没用、蠢，怎么都教不会，父母经常因为孩子学习问题吵架，互相指责。孩子有时会不高兴、发脾气，母亲反映孩子也情绪不稳定、感觉很任性，做事冲动，经常摔书。

3. 发展阶段（自我否定，自信心不足）

五六年级时感觉脑子记不住东西，孩子经常担心受到父母的批评，回家后容易和父母发生争执，冲动。在学校不怎么喜欢和同学玩，同学说两句就容易生气，朋友少。每次一考试就容易紧张、烦躁。有时也觉得自己没用，怎么学都不会，想仔细听课也做不到。到后来经常开心不起来，有时没有原因的情绪不好。

4. 严重阶段（低自尊，消极）

上初一后上课注意力仍集中不起来，课程又比小学多了很多，学习更差。平时即使不考试也经常感觉不如别人，怎么学就那样了，害怕去学校。但一回家妈妈就开始提要求，盯着写作业，所以害怕回家。感觉每天都很痛苦，不管做什么都高兴不起来，有时想着死了算了。在学校也没什么朋友。看到网上有同学划手臂，上课的时候就把刀片藏到袖口里划，基本每天都划。

诊断：抑郁发作；注意缺陷多动障碍。

【科普】

多动症，又称注意缺陷多动障碍（Attention Deficit Hyperactivity Disorder，ADHD），是一种神经发育障碍，临床特征主要表现为与年龄和发育水平不相称的注意力不集中、注意广度缩小、注意时间短暂、不分场合的活动过多和情绪易激动，并常伴有认知障碍和学习困难，智力正常或接近正常。DSM 手册将 ADHD 分成 3 种类型：单纯注意缺陷型、单纯冲动型、混合型。国外研究发现有 3% ~ 7% 的学龄儿童罹患 ADHD。我国针对儿童青少年的全国性精神病流行病学调查发现[1]，ADHD 患病率为 6.4%，是 6 ~ 16 岁儿童最常见的疾病。超过 65% 的 ADHD 患儿共患其他发育障碍、精神心理障碍或躯体疾病[2]。诊疗中，特别需要注意共患病。与 ADHD 共患的最普遍诊断是对立挑战障碍（ODD，40.6%）、轻度抑郁 / 心境障碍（MDD，21.6%）和广泛性焦虑症（GAD，15.2%）。

儿童 ADHD 的危害[3]

①对个人的不良影响：由于被动注意占优势、主动注意力不足，造成患者注意时间短暂及范围狭窄，导致学业成绩下降，留级、休学、退学率明显增高；在集体场合经常不遵守纪律、好喧闹和捣乱，因此与同学的摩擦不断，造成人际关系紧张，交往能力差；经常出现不良行为，导致意外事故与犯罪行为增多。

②对家庭的危害：ADHD 儿童经常给家庭、父母带来不良影响和不断增加的压力，父母常因子女在外惹祸或老师批评感到自责、出现社会隔离和抑郁，不仅会影响父母的工作效率，使收入下降，有的甚至会导致父母关系不和或家庭破裂。

③对学校的危害：ADHD 儿童在学校经常扰乱秩序，打架斗殴，偷窃破坏，成绩低下，留级，甚至被开除，严重影响教学质量和其他同学的学习。

④给社会带来的负担：ADHD 儿童自控能力差，容易受不良习气的引诱而走上犯罪道路。如不及时治疗，成年后易冲动，影响社会的安定。

⑤不接受治疗：由于自尊心低，未经治疗的多动症患者罹患抑郁症的风险更高。

ADHD 存在共患病时的特点[4]

①复杂性：加重 ADHD 的严重程度，延长 ADHD 症状持续时间，出现更多的行为问题，增加共病其他疾病的风险，住院风险更高，预后较差的风险更大。

②危害性：学习、社交功能表现出更多障碍，对工作记忆和认知过程产生负面影响，生活质量降低。

③预警信号：学前和学龄早期：易被激惹，缺乏兴趣和动力，易哭泣，爱说消极的话，喜欢抱怨，难以入睡。学龄期和青春期：孤独，主动性下降，不爱参加活动，兴趣下降或缺乏，感到无聊，做负性的自我评价，甚至说与死相关的话。

④管理原则：满足 ADHD 及共病诊断标准，需同时治疗或优先治疗损害最为严重的疾病，监测患者的自杀风险，兴奋剂联合使用抗抑郁药，ADHD 治疗和认知行为治疗可能首先有效于恶劣心境和轻度抑郁症。

ADHD 和抑郁障碍共患的风险因素

①女性：虽然 ADHD 在男性中更常见，但女性更容易共患抑郁症。

②注意力不集中的类型：ADHD 的注意缺陷型更容易也更有可能被诊断为抑郁症。

③母亲的心理健康：当母亲在怀孕期间患有抑郁症时，共患病风险更高。

④早期发作：童年时被诊断出多动症与成年后患抑郁症和有自杀念头的风险增加有关。

【建议】

ADHD 共患抑郁障碍的治疗原则[5-6]

①首先治疗对功能损害最严重的疾病。对中度和重度抑郁症应首先

采用抗抑郁治疗，并全程评估患者自杀风险。

②恶劣心境和轻度抑郁症可以从 ADHD 治疗中获益，中枢兴奋剂和抗抑郁药在密切监测下可以合并使用，安非他酮和地昔帕明可以减少 ADHD 症状，但其效果远小于中枢兴奋剂。

③ ADHD 儿童无论共患重性抑郁障碍或心境恶劣障碍，只要存在严重自杀观念或行为，均应密切注意，严防意外，建议住院。

ADHD 共患抑郁障碍的非药物治疗 [7]

①心理教育：疾病健康知识宣教，帮助家长正确认识 ADHD，改善养育方式，帮助孩子养成良好习惯。

②心理行为治疗：包括行为治疗、认知行为治疗、应用行为分析、社会生活技能训练。常用的行为学技术包括正性强化法、暂时隔离法、消退法、示范法。心理行为治疗需要医生、家庭、教师多方面合作，需要向父母、患儿和教师提供包括疾病知识的心理教育，培训父母和教师使用行为矫正的方法在家庭和学校中管理孩子的行为。

③特殊教育和功能训练：包括社会生活技能训练、家长培训及教师培训。其他方法需要更多研究及循证医学证据进一步支持，如脑电生物反馈、感觉统合训练等。

ADHD 共患抑郁障碍的药物治疗 [7-8]

①中枢兴奋剂：兴奋剂有助于提高注意力。然而，它们可能会产生副作用，如食欲不振或睡眠困难。我国目前仅有哌甲酯类制剂，为一线治疗药物。

②非中枢兴奋剂：包括选择性去甲肾上腺素再摄取抑制剂和 α2 肾上腺素能受体激动剂两大类。选择性去甲肾上腺素再摄取抑制剂，如盐酸托莫西汀，也为一线治疗药物。α2 肾上腺素能受体激动剂包括可乐

定、胍法辛等。

③抗抑郁药：对于中重度的抑郁，优先治疗。药物治疗需要系统评估，达到最佳剂量后仍需要定期随访，监测药物的不良反应。

ADHD 共患病患者社会功能损害更重，若仅针对 ADHD 单病治疗，而不诊治其共患病，疗效往往欠佳，且治疗更困难，临床医师需提高诊治水平，积极干预。对于 ADHD 及共患病的治疗，单纯针对一类症状的治疗并不能全面地缓解全部症状，建议给予针对两类症状的联合治疗，在 ADHD 共患病的综合性治疗等方面需要有更加深入的研究，以期提高 ADHD 共患病的治疗效果和预后。

参考文献：

[1] LI F H，CUI Y H,LI Y,et al.Prevalence of mental disorders in school children and adolescents in China：diagnostic data from detailed clinical assessments of 17，524 individuals[J].J Child Psychol Psychiatry，2021，63（1）：34–46.

[2] MOHAMMADI M R，ZARAFSHAN H，KHALEGHI A，et al. Prevalence of ADHD and its comorbidities in a population-based sample[J]. J Atten Disord，2019，25（8）：1058–1067.

[3] 杨玉凤 . 关注注意缺陷多动障碍儿童共患病的诊断治疗与干预 [J]. 中国儿童保健杂志，2007，15（2）：109–110.

[4] ELIA，J，AMBROSINI P，BERRETTINI W. ADHD characteristics：I. Concurrent co-morbidity patterns in children & adolescents[J]. Child adolesc psychiatry ment health. 2008，2（1）：15.

[5] 郑毅，刘靖 . 中国注意缺陷多动障碍防治指南 [M].2 版 . 北京：中华医学电子音像出版社，2015.

[6] 罗学荣，汪贝妮 . 注意缺陷多动障碍共患病的诊断与治疗 [J]. 中国儿童保健杂志，2018，26（7）：701–704.

[7] 中华医学会儿科学分会发育行为学组 . 注意缺陷多动障碍早期识别，规范诊断和治疗的儿科专家共识 [J]. 中华儿科杂志，2020，58（3）：188–193.

[8] 杜亚松 . 注意缺陷多动障碍共病及其治疗进展 [J]. 中华实用儿科临床杂志，2010，25（12）：874–876.

边缘智力学困儿的抑郁

文 / 鲍晨曦　储康康

【案例】

亮亮，男，12 岁，初一学生。母亲孕期时无特殊情况，12 个月会说单字，14 个月会走路，语言发育落后于同龄儿，4 岁才能说长句，自幼反应慢，学东西需要反复教，入小学后数学成绩倒数，语文低年级时尚能及格。经常不听指令，与同学相处差，玩不到一起，生活自理能力也不佳，经常需要督促，家长经常因为孩子学习成绩不佳斥责，孩子为此情绪不稳定，经常和父母发生冲突，有时同学会喊自己“笨蛋”，孩子缺乏自信心和进取心。2018 年患儿父母离异后，随父亲生活，情绪更加不稳定，感到“心理压抑，高兴不起来”，诉说有时反应迟钝，感觉“脑子像涂了一层浆糊一样”，4 年来生活被动、疏懒，不想做事，不愿外出，不愿参加平时喜欢的活动和兴趣爱好，偶出现逃学、逃课等情况，感觉学习更加困难。严重时有消极想法，觉得自己死了对大家都好，偶有打自己巴掌、撞头等行为，但无自杀计划及自杀行为。患儿容易烦躁，在家常因为一点小事就发脾气，常与妹妹起冲突，有打妹妹的行为，被家人批评后易出现情绪激动，大吵大闹，骂人，但未出现攻击其他人的行为。2022 年 7 月在当地医院就诊，诊断为“边缘智力、童年情绪障碍”，予以行为管理，病情好转但不显著。后又于某医院治疗，诊断同前，予多种药物口服，患儿烦躁情绪稍有好转，但仍较易发脾气。2022 年 9 月开学后因军训时感艰苦，不愿参加军训，再次出现逃学的情况，在家表现情绪低落，易烦躁，与家人发脾气，大吵大闹，骂人，不愿出门，不愿上学。家人重视，2022 年 9 月至我院就诊治疗。

【评估与分析】

家长反映

家长认为孩子自小“不聪明”，可能是“发育迟缓”，对孩子的教育按同龄儿童要求，要求达不到时会进行斥责，教育目标是期望子女努力学好，将来争取获得更好的就业机会，认为孩子这种情况长大了就会好。

现场评估

①体格检查：体温 36.4℃，脉搏 81 次 / 分，呼吸频率 16 次 / 分，血压 107/68 mmHg，神志清晰，心律齐，各瓣膜区未闻及病理性杂音，腹平软，无压痛及反跳痛，肝脾肋下未触及，四肢活动自如，腱反射存在，病理征未引出。

②物理检查：头颅磁共振平扫、脑电图、心电图、甲状腺彩超未见异常。

③韦氏智力测试：76 分。

④神经和精神状态评估：HAMA：12 分；HAMD：18 分；艾森克个性测验：受试个性内倾，未见明显神经质与精神质特征。

⑤儿童行为评定量表：婴儿—初中生社会生活能力量表：轻度。

⑥排除先天性甲状腺功能减退、苯丙酮尿症等。

分析

语言能力：早期发育落后，后逐渐发育良好，通过学习，阅读、背诵流畅，应付日常生活交谈能力良好。

思维能力：抽象思维、创造性思维略差，写作文等吃力。

社交技能：对亲人能建立关系，但是技巧略差，行为冲动，需要辅助。

情绪管理：识别情绪困难，情绪调节能力差。具有情绪低落、兴趣下降、精力疲乏等抑郁的核心症状，同时伴有烦躁、易激惹、行为冲动等症状。

诊断：抑郁发作；边缘智力。

【科普】

智力高低一般用智力测验测定，社会适应能力的衡量标准较复杂，常与年龄、职业要求、社会文化背景等因素有关。智力低下程度与社会适应能力程度并不经常一致，有些智商较低者的社会适应能力还可以，因此，不宜单纯根据智力水平来诊断精神发育迟滞。DSM-5 和 ICD-11 根据智力低下和适应能力缺陷程度将智力发育障碍（IDD）分为轻度、中度、重度、极重度 4 个等级 [1]。智商在 70 ~ 86 分为边缘智力，属于与正常智力之间的过渡状态，严格地讲不应归入 IDD。

①轻度智力发育障碍：较常见，占 IDD 总数的 85%，智商在 50 ~ 69 分，有轻度适应能力缺陷。临床表现为语言发育及适应能力的获得迟缓，但日常生活用语及实际生活能力问题不突出，关键是学习能力差、运算困难，特别是对抽象概念理解困难，难以达到小学毕业程度。一般入学后才被发现。通过特殊教育可获得实践技术和实用的阅读和计算能力，在不需要学术知识的社会背景下适应良好。但主动性、积

极性较差，遇到不良刺激易产生应激反应或心理障碍。

②中度智力发育障碍：约占 IDD 的 10%。智商在 35 ~ 49 分。语言理解及使用能力发育明显迟缓，最终达到的水平也很有限，不能完整表达意思。运动技能的发育也出现迟缓，有时情绪不稳定，易冲动。学习能力低下，词汇贫乏，理解力很差，略识数，但只能完成 10 以内的简单计算。生活自理能力差，经过特殊训练可学会简单的人际交往、基本卫生和安全习惯，可从事简单非技术工作，但需要大量、持续的支持。

③重度智力发育障碍：占 IDD 总数的 3% ~ 4%。智商在 20 ~ 34 分。普遍合并器质性疾病，运动功能受损明显，仅能学会极简单语句，理解力极差，没有数的概念，不能自理生活，虽可能通过大量训练掌握部分简单的自我照顾技能，但个体日常生活的所有活动都需要支持，无社会行为能力。

④极重度智力发育障碍：仅占 1% ~ 2%，智能损害明显，智商＜20 分，理解和遵从要求或指令的能力也受到严重损害。大多数无法活动或活动严重受限，大小便失禁，无言语能力，不认亲人，仅有原始情绪反应，苦恼、尖叫、冲动。全部生活需人照料。特殊训练下仅可获得极其有限的自助能力。大多数患儿因生存能力弱及严重疾病而早年夭折。

边缘智力儿童是一类特殊儿童。大多数边缘智力的儿童难以应对学校的学习，他们中的大多数是“慢学习者”，存在学习障碍，不限于特定领域，如阅读或写作。他们的注意力和精细运动能力也存在问题，大多数未能从高中毕业，因此社会地位较低。如果发生任何中断一个人大脑正常发育的事情，可能就会导致智力受损，如受伤、疾病、大脑异常等，它可能是由遗传因素、生物因素、社会经济地位等原因导致，母亲怀孕期间胎儿脑发育异常、早产及出生后缺氧缺血及外伤性脑损伤也可能导致边缘智力。

除了智商测试检测提示智力边缘状态，也需要根据个人的一般心理能力来评估适应性功能，需要考虑3个方面：

①学习：阅读、写作、语言、记忆、推理和数学。

②社交：社交判断、沟通技巧、同理心、遵守规则的能力和保持友谊的能力。

③生活：独立的能力、承担工作责任的能力、管理金钱和工作任务的能力。

边缘智力的症状或体征如下：

①抽象思维、解决问题、从经验中学习、推理、计划和课程活动相关的智力功能低于平均水平。

②在适应新发展或应对新技能方面将面临困难。

③面临独立生活的困难，在进行日常活动及参与社交活动（如与他人互动）时需要帮助。

④难以管理自己的情绪，当情绪波动时，很容易被激怒。

⑤推理能力欠佳。

⑥注意力不集中，反应时间也很短。

⑦成人的边缘智力功能症状是他们不能同时处理多项任务，也不能遵循复杂的指令。

边缘智力儿童行为问题以多动，抑郁，违纪等为主[2]，可能原因有：

①部分多动儿童自身就有智力障碍；

②智力障碍儿童易出现一些脱抑制行为，所以多动、违纪等情况常见；

③因智力障碍，儿童适应能力下降，面对复杂的外部环境，易出现抑郁等情绪问题。

儿童时期低智商可能导致患抑郁症的风险增加，据Menolascino报道20% ~ 35%的精神发育迟滞患儿有情绪障碍，而非精神发育迟滞儿童情绪障碍的患病率为 14% ~ 18%。精神发育迟滞患儿合并情感障碍的症状不典型，抑郁的症状可表现为活动减少、易激惹、冲动等。目前，一种理论认为儿童时期低智商可能显示出大脑健康的差异，更易罹患精神疾病；另一种理论认为低智商的孩子在处理有压力的生活事件时能力较弱，更容易发现自己处于有压力的境地，较低的认知能力可能使他们更容易发展成一种或多种精神障碍或抑郁障碍。

【建议】

精神发育迟滞病因繁多，只有少数病因所致的精神发育迟滞可以进行病因治疗，如苯丙酮尿症、先天性甲状腺功能减退等。对于共患精神障碍如活动过度、行为异常、精神障碍等，可用相应的精神药物进行治疗，但需注意，应从小剂量缓慢加量，防止出现不良反应。而精神发育迟滞本身尚无特效药物治疗，因此非医学措施尤为重要。无论何种类型、何种程度或何种年龄的患者均可实行，干预原则是“早发现、早诊断、早干预”，即儿童年龄越小，训练越早，效果越好。干预措施主要包括特殊教育训练及其他康复措施。对于精神发育迟滞的儿童，心理治疗的目的并不在于促进患儿的智力发展，而在于解决患儿内心的冲突，增进其自信，增强患儿的能力，充分考虑患儿的发育水平。

结合边缘智力儿童的行为特征倾向，临床工作中遇到多动、抑郁、违纪等情况时应考虑到其可能的智力影响因素，对患儿出现的行为、情绪问题做综合干预[2]。目前常采用教育训练、药物治疗等综合措施促进患儿智力和社会适应能力发展。

参考文献：

[1] 陶国泰 . 儿童少年精神医学 [M]. 南京：江苏科学技术出版社，1999：134-135.

[2] 陈青松，杜亚松，江文庆 .537 例边缘智力儿童心理咨询患者的诊断和行为问题特征分析 [J]. 上海精神医学，2007，19（3）：156-158.

语文

文／王成兰

一、书写指导案例

【案例 1】

华仔是一个二年级男孩，他皮肤黝黑，有着结实健硕的体格，他是班级里最能吃苦、最勤劳的孩子之一，却也是书写问题最大、个人卫生习惯令人堪忧的一个孩子。他贪玩、好动，经常玩得满身是汗，可第二天却仍旧穿着脏兮兮的衣服来上学。学前基础几乎为零，学习习惯较差，崭新的书本到他手中不出一周，就变得七零八落、破破烂烂。华仔语文作业本上的书写更是让老师头痛不已：铅笔很粗，橡皮擦不干净；字大且不端正，一年级时经常写到田字格外；涂改严重，伴随擦破的本子，根本让老师无法批改。这样下去，到了中高学段需要用水笔书写时，肯定更加糟糕了。

【案例 2】

小涛长得白白净净，从一年级入学开始就呈现出顽皮本性。每天早上干干净净入校，放学时书包本子总是乱七八糟。他爱卫生，但是却不爱护自己的学习用品和文具。他动作很快，但粗糙不堪，甚至胡乱一气。他顽劣好动，胆子不小，并且毫无集体观念，随心所欲地违反班规，毫无规则意识，这一点尤其体现在作业上，就是从不听取老师的格式要求，书写潦草随意。

【评估与分析】

父母反映

①华仔的爸爸妈妈都是从安徽来宁波的务工人员，平时爸爸要去工地，妈妈自己有一家小店要看管，家里除了儿子，还有已经上初中的女儿，妈妈文化水平有限，也不懂教育，于是就把华仔放在托管班，每天晚上 8 点接回家。他们一家居住在一片矮平房集中的低洼区域，周边住的大多都是外来务工人员。走进屋内，四面无窗，一片漆黑，大白天仍需要点灯。坐下来后才发现，屋内只有两张床、一张沙发和一张桌子。这十几平方米的房间，要容纳一家四口的起居生活，为了节约空间，华仔的床和姐姐的床是上下铺，床尾还摆满了班级同学送的各种书籍。没有独立的卫生间，吃喝拉撒都在一间屋内解决。洗澡需要去附近的澡堂，天热了就直接在院子里用水盆冲凉……所以妈妈让华仔到托管班待到 8 点做完作业后再回家似乎也在情理之中了。

②小涛家的情况则相反，父母经商，家境优渥。但从小疏忽对孩子的陪伴与沟通，让孩子妈妈也觉得愧疚，于是就用满足孩子一切物质需要的方式进行溺爱。而一旦孩子犯了错，爸爸则擅用粗暴简单的方式给孩子立规矩。上学后，家里的奖惩制度，也是简单地用金钱来进行衡量。父母只关注到孩子的学习结果，对学习结果做出奖惩评价，却缺少对学习过程的关注和对孩子内心需求的关注。

家校分析

孩子的书写能力是可以通过长时间的训练得到改善的，但需要持之以恒的坚持和家校之间的联动配合。书写其实也是孩子各方面能力的一个体现。书写端正的孩子往往做事有条理，整理能力也不差；相反，书写欠佳的孩子，在学习之初，肯定有凌乱的习惯：自理能力不足、卫生习惯较差、性格粗糙暴躁等，所以要改变孩子的书写能力，应该从孩子的生活习惯入手，再配合家校间的长久练习与鼓励。

【建议】

1. 从生活自理能力入手，改善书写习惯

无论是居住环境不太舒适的华仔，还是家境优渥的小涛，我都建议孩子的家长以身作则，培养孩子的自理能力和整理能力。华仔在家期间，可以和爸爸妈妈一起整理房间，“麻雀虽小，五脏俱全”，小小的居室也应该整理干净整齐，拍照给老师看，可以获得赞赏和积分。而小涛则可以通过劳动，换取自己想要的礼物，或用劳动作为自己调皮的惩戒。帮助孩子养成良好整洁的学习环境，对于书写能力的改善是有一定帮助的。

2. 从文具书本的整洁度入手，提高书写能力

帮助孩子包好书皮，让孩子爱护书本和作业本。同时，家长可以在书写练习中有所示范，对孩子的进步予以肯定和鼓励。关注老师的格式要求，按要求完成书面作业很重要，这对书写整洁的提高也是有极大帮助的。也许一开始孩子的字并没有那么完美，但是整洁有序的书本、作业本及规范的书写格式一定会给孩子的书写质量有所加分。

3. 坚持长期的练习及脚踏实地地进步

书写不是一朝一夕就成的，需要耐心和恒心。在孩子养成了良好的

整理习惯和学习习惯之后，家长可以联合老师在校的奖惩机制，在家中给孩子适当地做每天的书写训练，对孩子的书写能力肯定会有很大帮助，在整个过程中，切忌急躁、训斥，应当以鼓励、温和的方式，训导孩子愿意写字，让孩子可以慢慢来，静下心来慢慢写，以书写干净整洁为前提。

二、阅读指导案例

【案例】

刚开学时见到这个白白净净的 10 岁小女孩，她的安静给我留下了深刻印象。小茹上课从不讲空话，下课了也不爱乱跑，总是静静地坐在自己的座位上，或到教室后面的书架上翻书看。起初，对于小茹的这些举动，我还觉得高兴，心想要是班里的孩子个个都像小茹这样不吵不闹爱看书，那就省心多了。

可不出半个月，老师们就都发现了问题：小茹爱看书，但是她上课的时候也在偷偷看课外书；小茹下课不乱跑，可是经常上课铃声响了还留在“看看书吧”意犹未尽不愿意回到教室；小茹上课从不说空话，但是她的眼神告诉我她经常在走神，处于游离状态。几次语文单元考试下来，这个看似安静乖巧、热爱阅读的女孩子，竟然次次徘徊在班级的后十名。

这是我第一次发现，爱看书竟然成了影响一个孩子正常学习和参与集体生活的大问题。都说语文阅读重在平时积累，但针对阅读学习，也并非毫无目的、无时无刻地阅读就能解决学习上的问题。

【评估与分析】

父母反映

小茹的爸爸妈妈都是商人，平时忙于工作。妈妈曾经是一名幼儿园的老师，后来下海经商，生意越做越大。夫妻两人也越来越忙，孩子出生后就一直由奶奶带着。甚至到现在，都从来没有和孩子一起睡过一晚。小茹从小就特别爱看书，认识的字也特别多。但是从幼儿园的时候就不爱和其他小朋友一起玩，除了阅读时十分专注，其他课程学习都难免走神，似乎沉浸在阅读书的故事中走不出来。这些异于其他同龄孩子的举动，也渐渐让妈妈开始担心，却又无能为力。

家校分析

为什么孩子会沉浸在书的海洋，不善与人交往？孩子年幼时是最需要关爱和陪伴的，爸爸妈妈忙于工作，爷爷奶奶也不善与儿童沟通。温饱之余，书籍无疑成了小茹最好的伙伴。长此以往，几年下来，孩子沉浸在书的世界中不可自拔。在她的写话里，也经常会出现 UFO、魔法机器等奇幻的想象。我想，因为孤独和寂寞，小茹早已经习惯幻想与书本中的各类事物做朋友了吧。如此看来，她在班中的一切行为举止，也就有了合理的解释。

家访过程中，小茹妈妈对女儿的疏于管理教育心怀愧疚与担忧。爸爸妈妈回想小茹幼儿园三年的亲子时光，真的少之甚少。对于老人带孩子，心存感激之余又不能提出太多有效陪伴的要求。长此以往，孩子内心缺乏交流的输入与输出，促成了孩子爱看书、又不善表达的性格。

在校集体生活中，小茹难以融入伙伴们的游戏，也与童年时缺乏父母的有效陪伴深深相关联。在学习中，热爱阅读，但是缺少听课的专注力，给小茹的语文学习带来了不少障碍。总是以自己的思维模式学习，没有聆听老师的要求和方法，这成了小茹语文阅读学习的一大困惑。

【建议】

家访过后，小茹的妈妈便在我们的建议下，采取了如下措施：

1. 坚持每天晚上与孩子共读

选择合适的书籍，陪伴女儿一起阅读。期间可以有阅读交流，谈谈彼此对书中情节人物的看法和感想。可以是孩子选择自己喜欢的书，看 30 分钟后和妈妈交流书中情节；也可以是妈妈选择自己喜欢看的书，30 分钟后和女儿交流妈妈的感受。例如，小茹选择了班级里最近风靡的《哈利波特》，妈妈则选择了育儿书籍《如何说，孩子才会听》。当天晚上，静静的 30 分钟亲子阅读时间后，小茹兴致勃勃地和妈妈分享了书中魔法学院的趣事，妈妈听得津津有味并与之交谈。而后，妈妈也和小茹分享了自己在《如何说，孩子才会听》这本书中的收获，问小茹，“是不是这样的方法你更喜欢呢？”母女俩在一小时左右的亲子时间里倍感轻松，小茹的侃侃而谈也让妈妈倍感欣慰和感动。

2. 见缝插针与孩子沟通交流校内大小事

无论是在家晚餐时，还是电话询问孩子情况时，爸爸妈妈都开始关注到孩子日常校内的情况。甚至妈妈还在家里坚持给小茹上“省行课”，指导孩子正确与人交往。与此同时，妈妈还针对性地为孩子进行阅读训练，而不是漫无边际地看阅读书目。在陪伴孩子做阅读训练时，妈妈也采取读书的方式，让孩子先看完文章，再谈谈理解，最后进行 10 ~ 20 分钟的计时习题训练。

3. 重视家校沟通，积极参与校内活动

小茹妈妈加入校内的家长志工团，成了“爱心妈妈”讲故事的成员之一，把自己也融入学校集体中，以此带动孩子也能尽快融入集体，提高孩子的学习专注能力。

事实证明，以上 3 项举措对于改善孩子的阅读学习能力和专注力是行之有效的。孩子爱看书，阅读底子良好，配合家长的关注和陪伴，有了及时的沟通与交流，小茹上课的注意力大大提高，也能够举手发言了。孩子和妈妈之间的感情好像也加深了，愿意和妈妈聊天。跟小朋友的交往，虽谈不上活泼热情，但至少也有自己的伙伴了。这一切改变，对于学习能力的改善是巨大的。

一次小小的家访，打开的却是一个孤独女孩大大的世界。当小茹融入课堂，能够专注听讲，专注课堂与作业的时候，她的成绩自然也随之大大进步了。小茹妈妈至今仍会感谢老师对孩子的关注和引导，而我同样感到庆幸的是小茹妈妈对老师们提出的问题能引起足够的重视并能立马付诸实践。阅读是终身学习的开始，而有效阅读，离不开有效的陪伴和指引。这也是语文学习之初，老师和家长最该带给孩子的方法和策略。

三、习作指导案例

【案例】

腾腾，10岁，四年级在读。他喜欢阅读课外书，能言善道，热爱表达。课堂上经常语出惊人，朗读课文更是生动有趣，回答问题也常常有着精彩的表述。就是这样一个课外知识和语言能力都丰富的孩子，每每到需要写作的时候，就思维混乱，语序颠三倒四，写出来的文章如同流水账让人味同嚼蜡。语文学习上，他热衷停留在口语表达，而不愿意落实到书面运用。这种现象也让他的语文学习遇到了瓶颈，成绩停滞不前。

【评估与分析】

父母反映

腾腾的父母均为政府公职人员，从小对腾腾的教育是重视的，但由于工作性质，养育过程中需要老人插手帮忙，不能事事亲力亲为。渐渐地，孩子也有了很大的惰性和依赖性。学习上畏难情绪严重，喜闻乐道，但不爱书面练习。幼儿园阶段的放养式育儿，和小学的差异甚大，让松散习惯的孩子一下子紧迫起来是不习惯的。孩子父母在入学初对腾腾的要求并不高，在一二年级书面作业并不多的情况下，他们也并不觉得孩子的习作能力比其他人薄弱。而一进入小学中高段学习，作业量增大，习作成为语文学习的重点，问题也就迎面而来。

家校分析

为什么孩子热衷表达，却会乏于书写呢？这其实与孩子长此以往的惰性密切相关。会表达的孩子，其实是有一定语言积累的，爱阅读、会积累，是表达的前提。但如何从阅读、积累再一步进入到语文的习作训练，这期间其实是需要孩子克服很大的畏难心理和懒惰情绪障碍的。这时候，家庭和学校间的配合也尤为重要，家长老师的帮扶指导，对于这一类孩子的习作能力起到了至关重要的作用。

【建议】

1. 克服惰性，养成书面积累语句的习惯

建议家长可以让孩子们养成摘抄好词佳句的习惯。准备一本摘抄本，每天端端正正摘抄 10 个好词或 5 句佳句。长此以往，除了锻炼书面书写，也让孩子有了一个从口语到书面表达的进步。摘抄不在于数量多少，而要关注摘抄的质量。切忌由字数多少来决定摘抄的选择，应当让孩子们说一说摘抄此句的出处及他所认为这句好在哪里。一阶段的摘抄应当有家长或老师的及时评价与激励，帮助孩子可以持之以恒地摘抄。养成摘抄习惯，对于习作的长久训练是有极大帮助的。

2. 多维度增加习作的趣味性

第一步家长可以让孩子先学着抄写喜欢的段落，然后利用激励机制进行背诵过关。第二步可以进行段落仿写，哪怕只对原文仅有几处改变也无妨，让孩子们先学习喜欢上书面表达的锻炼，比习作的实际质量更重要。在正式开始独立习作前，一定会有一个模仿的阶段，这与抄袭不同，这是孩子在学习写作过程中的必经之路，家长和老师应该支持并鼓励。会选择性摘抄和模仿，并不是恶意抄袭，应当对他的筛选识别能力予以鼓励和肯定。让孩子有习作的兴趣，让他们觉得习作也是一件充满挑战和趣味的学习任务。

3. 坚持一篇习作多次训练，即“一文多稿”，而不是“多文一稿”

在孩子对于习作有压力有抵触的情况下，家长每周布置新的习作内容其实收效甚微。不如让孩子对写过的文章进行多次有效的修改，做到一篇习作多修改，写精写透写熟练，可以多次反复运用到各类命题中。这会大大提高孩子习作的成就感。当然，修改的过程需要有家长和老师的有效指导，首先，确定书写端正没有错别字，标点规范语段清晰；其次，可以看看文章结构是否完整，全文有没有围绕主题，表达真情实感，有所体悟；最后，再来看重点部分的叙述表达有没有具体生动，是不是可以运用上摘录过的好词佳句或修辞手法。相信在长时间的摘录和仿写的基础上，习作一定不再是一件太过困难的语文任务。

数学

文 / 段若楠

一、计算能力指导案例

【案例】

小颀，男，10 岁，四年级。班级里他是个“上知天文、下知地理，侃侃而谈的大师”。他喜欢阅读各类课外书，语言表达能力特别强；热衷钻研各种数学难题，四年级的他经常做一些初中的题，并拿来考同学们，同学们基本都做不出来，这时他总骄傲地来上一句：“这些都很简单的，我早就会了。”如此自信满满的小颀，每天的作业可以很快完成，但却总也拿不到 A。每次数学考试觉得自己都会，但试卷发下时，东错、西错，明明会做的题，不是数据抄写错误就是计算错误，成绩起伏不稳定始终不理想，这学期学习的积极性和热情也减退许多，开始不自信，拖拉不想写作业，上课走神、发呆或玩文具。虽每天都能及时上交作业，但书写随意，质量差，对自己要求越来越低。

【评估与分析】

父母反映

小颀的父母都是银行工作人员，父母对小颀的期望很高，非常重视小颀的学习。小颀的爸爸是个做事认真的人，小欣每天的学习也都在爸爸的监督下完成，除此之外还要学习各种课外知识，每天要在规定时间内必须完成一定的数学题练习，每晚练习钢琴和小提琴，放学后的时间基本都被安排得满满的，容不得小颀有任何反抗。这学期小颀的父亲因为工作原因要到属地分行工作一年，爸爸最放心不下的就是小颀每天的学习管理问题。小颀的妈妈，性格温柔，接手管理小颀每天的学习，但是几次都被气哭，哭诉小颀不听话，听不进大人的要求，最看好的数学也越来越差，练琴也不积极，还经常顶嘴，暴躁且没有耐心。不在家的爸爸也经常视频训斥小颀的行为，家里制定了各种奖惩措施，但小颀还是无法提高数学作业质量和成绩，总说自己会，听不进父母的指导。

家校分析

计算是数学知识中的重要内容之一，计算能力是学习数学和其他学科的重要基础。笔算中的计算错误始终贯穿着小颀从低到高的整个学习过程。计算能力差不仅大大影响了小颀的学习情绪，而且也影响了数学学习的效率和效果，对小颀进一步的数学学习也带来了不良影响。孩子每天在练习数学，父母每天也在督促学习，为什么学习没有提高，不进则退，计算更差了，性格也更叛逆了？从小颀的家庭教育分析：小颀并不是缺失父母管教的一类孩子，相反小颀的父母每天陪伴他，学习安排得满满当当，但就是这“密不透风”的安排，加速了正处于渴望拥有独立自主权的小颀的叛逆期。所以，想上进的小颀，明知道妈妈的建议是对的，但就是不想按照妈妈说的做，甚至反感、叛逆顶嘴。

两次的家访过程中，小颀的妈妈几度落泪，一个原因是一个人带孩子比较艰辛；另一个原因是数学学了这么多难题，五六年级的知识他都会，怎么四年级这么简单的计算都要错，每天家里督促练习，付出这么多，孩子反而更“不上进”更“不领情”了。孩子的成长和进步没有预期计划的美好，没有成为学科成绩好及大人眼中所谓的听话的“好孩子”。小颀的妈妈神态中已经表现出一种已经无能为力的焦虑状态。

【建议】

家访过后，小颀的父母便在老师的建议下，采取了如下措施：

1. 转变家庭教育观念，营造良好的亲子关系

小学阶段是培养学生良好学习习惯的重要时期，小颀父母一味的超前知识教育，缺失了对小颀学习方法、学习习惯的关注。小学里特别是学数学，更是需要孩子具备踏实、严谨、认真等良好的学习习惯和品质，养成良好的学习习惯，对今后的学习将起到极为重要的铺垫作用。因此，小颀父母把重点放在对孩子错题方法的指导上，营造民主的家庭学习氛围，学习的安排也尽量让小颀自己进行，允许小颀发表自己的见解。和父母一起完成家里的家务，让小颀体会到父母的艰辛，父母为自己的付出，渐渐懂得感恩。

2. 养成计算好习惯，提高计算正确率

小颀数学思维和理解能力都不错，但是计算总是出现错误，造成成绩不稳定，小颀的父母认为小颀不是不会就是粗心不认真。小颀除了在简单的计算上出错，不是把除号看成加号，就是把加号看成除号，经常抄错题目和数字；他的打草稿习惯也很随意，在桌子上写、书本上空白处写；书写不规范，将“7”写成“1”，将“6”写成“0”；计算完成后不验算、不检查；不会认真读题，审题不细致等。小颀自己没有按

照老师要求认真打草稿，父母平时也是一味地要求作业要快，并没有关注草稿习惯、书写习惯、阅读习惯。家访后，小颀的父母改变了教育观念，配合老师更加关注小颀学习中的细节习惯的养成，少了许多指责和打骂，多了很多亲子之间的沟通。具体策略是：

①书写要规范，格式要正确。在计算时小到每个数字的书写，小数点的位置、大小，加减乘除符号的写法，大到笔算竖式的对齐，递等式计算的格式。不论是平时自己在练习本上计算，还是在草稿纸上计算都要严格按要求书写，建立自查纠错本，每次计算完毕后，记录自己错误的原因，并加以改正，务必做到认真对待每一道题。因为在平时的计算过程中，书写潦草、格式混乱、粗心马虎，都是造成计算错误的一个很大的原因。想要保证计算的正确率，势必要将这些不良的习惯加以改正。

②一看、二想、三对照、四验算。为了养成良好的计算习惯，在平时计算的过程中，必须做到：一看，当看到一道计算题时，首先要看这道题的类型；二想，确认题目之后，不要急于下笔，要引导孩子去思考完整的计算方法和注意事项，如竖式要对齐、小数点要点对位置等；三对照，计算完成时，要立刻与原题进行对比，看是否有抄错符号、抄错数字等现象；四验算，做完上面三步后，必须养成验算的好习惯。计算题验算的方法有多种，最主要的是纵横检查法，即检查每一步横式是否抄写正确，每一步的竖式计算是否正确。对于解决问题，先看列式是否合理，然后检查结果是否计算正确，最后看单位名称有没有漏写或写错。

③练习形式多样化，感受算法优化。计算当然要练习，但一味地枯燥乏味地练和算，容易使孩子产生厌倦心理。平时家里的练习应根据孩子自身情况进行，量要适度，形式要多样，注重计算的多样化。通过体验计算方法多样化，感受最优方法，积累更多计算方法和经验，从而建

立良好的数感，提升数学思维，计算也就更加得心应手。

3. 培养学习兴趣，提升学习内驱力

计算能力的培养，并不是一朝一夕的事情，它是一项精细的长期的学习过程，需要教师、家长和孩子的共同努力才能收到好的成效。孩子在学习习惯上有这样那样的毛病并不可怕，只要我们父母注意到了这些问题，及时加以指导和帮助，让孩子自己意识到坏习惯带来的危害，慢慢地，孩子就能够克服自身的问题，得到进步和提高。父母看到小颀的小进步，每次都加以肯定和表扬。也因此，小颀平时作业认真了许多，上课也更加专心了，好习惯让小颀变得更加自信了。经过一个学期的努力，小颀终于在学年末的考试中取得了很大的进步，他开心极了。父母还采纳了老师提出的把计算运用到生活中的建议，平时父母有意识地让小颀参与到购物、坐车、旅游等事情的安排和费用的计算中，这样既提高了小颀的计算能力，也提高了小颀的计算兴趣和合理安排事情的综合能力，可谓一举两得。

二、问题解决能力指导案例

【案例】

小健，二年级转校进来，是一个性格偏内向的男孩。在数学课堂上从不积极主动地提出问题、回答问题，即使内心对于某些问题有疑问也从来不问老师、不问同学。成绩很差，但自尊心很强，不愿向他人请教。如此一来，随着疑问的堆积，问题解决能力越来越弱。做作业时，小健总喜欢先挑纯计算的题目做，基本也都能做对。但是面对需要阅读和理解的解决问题时，他就不行了，做题速度慢，提取关键信息慢，甚至大多时候读不懂题目，搞不清楚解决问题的数量关系，看到数字就加

减乘除算上一通，每次作业里的解决问题全是蒙的，写得满满的看似都做了，实则都是错的，为了不空题，凑凑字数，没有任何意义。下午的课上，还经常打瞌睡。课堂作业基本不会订正，需要老师一对一再次讲解，家庭作业就更不行了，但是每天的家长签名都签得很好，可是签了名的作业都是错的。家长为了签名而签名。小健学习渐渐成为班级最后几名，课间老师不止一次耐心地为他单独讲解，可是讲过的知识，到第二天又不会了。

【评估与分析】

父母反映

小健的父母是个体户，工作时间是自由的。但父母认为，孩子自己的作业自己完成，有助于从小培养独立习惯，所以小健的家庭作业父母从不关注质量，但为了给儿子交差，儿子作业只要写满了，每天都有签名，至于学得怎么样，有什么问题，父母并不了解，放任自流。家访时小健的妈妈还经常说小健脑子不太好使，尤其是数学有点一窍不通，我们父母也没办法。

家校分析

小健的作业中不难发现，小健的计算能力特别好，又快又对，书写端端正正，单看计算作业，完全看不出他竟然是个数学成绩差的孩子。在完成一道解决问题的作业中，我问他为什么用减法计算，他虽然没有完整地说出理由，但对于像他这样的学生，能这样表述，已经很不错了。这说明他还是有一些数学基础的，而且还有一定的理解与分析能力，多次进行类似练习，在我的少量提示下他都比较顺利地完成了，让我进一步肯定了他的接受能力，其实他并不“笨”。因此，我在和家长沟通的过程中，明确地告诉他们：今后不能再说小健笨，尤其当着他的面。他能学，而且认真的话接受起来不比别人慢，他的问题在于两个方面，一个是基础的影响；另一个是没有学习的信心。现在我们都需要给孩子信心，帮助他学好。因此归结起来，他的学习困难是长时间累积、家庭教育方式不当影响学生学习情绪、家长没有足够重视等 3 方面因素造成的，所以正面鼓励、情感投入、关心帮助他的学习，将会是提高他数学能力的有效途径。和小健的父母谈话后，家庭和学校达成约定，并为孩子制定了在家学习情况记录表，由家长督促记录。

【建议】

解决问题是一种带有创造性的高级心理活动，其核心是思考与探索。数学解决问题过程一般分为下列 3 个步骤，即阅读与理解、分析与解答、回顾与反思。

1. 阅读与理解，引导孩子养成认真审题的习惯

解决问题首先要做到的就是理解题意，即审题。由于小学生缺少社会生活经验，认知水平相对较低，阅读能力有限，尤其是低年级的孩子，耐心有限，作业中存在求快的心理状态，审题走马观花，粗心大意。针对这些情况，老师和小健的父母达成了约定，在小健做家庭作业时会耐心陪伴他，帮助他克服“解决问题”的恐惧心理。要求小健大声朗读出题目，说出已知条件，明确要解决的问题是什么，督促小健能全面地审题。可以要求他至少读三遍题目：第一遍弄清题意，第二遍弄明白题目中的数与数、条件与条件之间的关系及数量的单位是否一致等问题，第三遍找出解题思路。如果三遍还没达到这个目标，可以要求他再读几遍。

2. 分析与解答，重视数量关系的分析

一道解决问题，能否对数量关系进行深入分析将决定了能否正确列对这道题的算式。这一环节，要引导孩子在阅读理解的基础上用自己的语言叙述，这样能将一道解决问题的数量关系从解决问题的情节中抽象出来，纳入到自己已有的概念中去，孩子对解决问题的数量关系能比较清楚地掌握分析思路，从而提高解题能力，同时，也为之后解决更复杂的问题奠定基础。对于一题多解的题目，能否运用多种思维方法解决问题，体现了孩子目前数学能力的强弱，但是若从一开始就注重解决问题的分析，掌握解决问题的基本方法，从条件入手或从问题入手，并能把思考的过程说出来，则有利于孩子理清思路、条理表达。复杂的数量关系分析，可以利用画图法、列表法、假设法等，更有助于孩子理解和分析。

3. 回顾与反思，养成检查好习惯，提高解决问题的正确率

检查是最容易被孩子忽略的步骤，我们经常会发现在考试时，许多孩子早早完成试卷，在还剩大量考试时间时，无所事事，不去验算检查，结果卷子发下来后，发现大量的失分点，所以让孩子在平时养成良好的检查习惯是十分必要的。养成良好的检查习惯，解决问题的正确率也会有很大提高。

数学学习不仅是学习数学知识，更重要的是掌握解决问题的能力，并在这种能力的培养过程中逐步形成一定的数学思维，这对孩子将来的发展大有益处。但是，无论是数学知识的学习，能力的提高，还是思维的形成，都不是一蹴而就的事情，需要长期的努力。在这个过程中，要让孩子经常感受到学习的快乐和成就感，从而激发自身学习数学的内驱力。

英语

文 / 王东东

【案例】

陆陆，男，15 岁，独子，普通初中八年级学生，性格孤僻，内向不善言辞。学习成绩处于班级下游，与班级绝大多数同学没有过多交集，只与班中一位男生有较多的接触，因为两人都是学困生，“同是天涯沦落人”。

陆陆在小学阶段就是学困生，到了初中阶段，这一学情没有改变，学习成绩每况愈下。初中阶段，英语作为主课之一，在教学的量和难度上都比小学阶段有了较大的提升。陆陆在英语学习上呈现出力不从心的局面。初中英语课标要求学生掌握听、说、读、写 4 个技能。

在听方面，陆陆面对播放的八年级英语对话和文章，已无法掌握其大意，只能听懂零星的较简单的单词或短语。面对大多数听力部分的选择题，只能靠乱蒙。

在说方面，陆陆的口语表达缺乏语感和自信。由于英语词汇和句型的严重不足，导致他的口语表达缺乏最基本的连贯性和逻辑性。他无法用英语表达内心的想法。

在读方面，陆陆在英语语篇的朗读中只能读出比较简单的单词和短语，英语朗读缺乏语调。读后，他不理解朗读的内容。

在写方面，陆陆由于缺乏英语词汇、短语、句型的积累，无法写出完整的英语句子，人称和时态混乱。即使是写出来的词汇，也存在较严重的拼写错误。

进入八年级的英语学习阶段，陆陆在每次英语测试中均未及格。陆陆的父母学历不高，其父母都是高中毕业。其父常年在外地打工，父子间的交流较少。其母虽与陆陆一起生活，但是平日忙于工作，疏于对他的学业指导和管教。其父母面对陆陆现阶段的学习状况毫无有效的应对之策。

【评估与分析】

父母反映

陆陆在幼儿园阶段和小学阶段的学校皆是在较偏僻的农村地区，所在区域对英语学习的要求不是很高，且该地区的师资力量也较薄弱。英语作为一门外语，开始阶段急需大量的语言积累。陆陆在这一重要的英语学习的关键期错过了语音语调的培养，导致他在初中阶段英语学习上明显力不从心，学得异常吃力。一次次英语测试成绩的不理想进一步推动其对英语学科的厌倦和逃避。陆陆的父母现在回想起来，很后悔没有及时对陆陆进行英语辅导。

现场评估

陆陆现场完成八年级上学期英语听、说、读、写4项语言技能的测评。

1. 八年级上学期英语“听”的语言技能测评

八年级上学期英语期末试卷一是听力测试。第一部分是听小对话回答问题；第二部分是听较长对话回答问题；第三部分是听短文回答问题。

第一部分的听小对话回答问题由 5 个小对话组成，每个小对话仅读一遍。每道题目由 1 个问题和 3 个选项组成。需要选择正确的选项完成题目。这一部分题目的答案有些可在对话中直接获取，有些需要间接的转化才能选出答案。如这一部分的第二小题的问题是“What is the boy better at?”听力原文中出现“He is better at English than the girl”，因此陆陆选择出正确选项“A. English”。但面对这一部分的第三小题，问题是“How often does the man exercise?”听力原文中出现“I exercise on Wednesday and Saturday every week”，而第三小题的选项是“A. Twice a week；B. Once a week；C. Twice a month”，这一小题需要提取“Wednesday”和“Saturday”2 个信息，从而选出答案“A. Twice a week”。但是陆陆缺乏这种信息提取再加工的能力，因此，这道题目他做错了。

听力部分的第二大题是听较长对话回答问题。这一大题要求学生对听力材料有较全面的理解和解读。试卷中的答案选项和听力材料中的信息句子在保持句意不变的情况下存在相关词的改变。这种测试情况就很考验考生的听力理解能力。如试卷中有一个题目是“What did Tony do in Ningbo?”这道题目的答案是 C 选项“He learned about the book collections in Tianyi Pavilion”，而在听力测试中，考生听到的是“I visited Tianyi Pavilion and got some knowledge about the book collections”。显然，选项答案中的“learned”一词没有出现在听力材料中，但“got some knowledge about …”这一表达就是对 learned 的形式转换。这一听力题目的要求对陆陆构成了巨大的挑战，失分也就在所难免。

2. 八年级上学期英语“说”的语言技能测评

在说的语言技能测评环节中，陆陆进行了英语话题简述的口头表达测试。从题目中，陆陆可以得知 5 条要点信息，作为其英语话题表述的辅助。5 条要点呈现如下：

①我非常喜欢音乐，尤其喜欢轻音乐；

②我经常在空闲时去听音乐会，因为这是一种很好的自我放松；

③我非常喜欢唱歌，而且唱得还不错；

④在我学习疲乏时，音乐就成了我的好朋友；

⑤我经常去“Singing Club ”练习唱歌，希望某天能参加歌唱比赛。

陆陆有 2 分钟的时间阅读题目的要点和做答题准备。要求其表述不少于 7 句话，时间为 1 分半钟。陆陆对这一话题是熟悉的，但用英语表达就对其构成了不小的麻烦。这个话题用的是一般现在时，主语是“我”。从时态和人称角度来说，这个话题的表述难度并不是很大。但要点中的一些词、词组和句意让陆陆产生了畏难情绪，他不能较准确或压根表达不出来。如“尤其”这个词，陆陆的表达就发生了错误，应该用“especially”这一词来表达。在表达“在我学习疲乏时”这个要点时，陆陆也存在表达较片面的情况，他只能说出“I am tired”，显然这一表达是欠准确的，建议用“When I feel tired because of the studies”这一表述，可以体现这个要点的意思。在表述第 5 个要点时，陆陆不知道如何表达歌唱比赛，因为比赛“competition”一词对他来说是一个难点。

话题表述环节结束后，参与测试评价的老师们得出结论：陆陆就这一话题的英语口头表述得分为 2 分，这一环节总分为 5 分。其话题简述中有较多的表达错误，漏词现象严重，要点表述不够准确，语句表达存在较多不足。

3. 八年级上学期英语“读”的语言技能测评

英语阅读理解的测试给陆陆造成了更大的难度。阅读理解部分的语篇要求考生具备一定的概括文章主旨的能力，通过阅读文章找到细节信息的能力，根据上下文猜生词和难词词义能力，还要求考生具备一定的推理能力。陆陆在做阅读理解题目时，50% 的题目是靠猜的。由于阅读理解的题目都是选择题，因此给了陆陆猜答案的机会。

在涉及思维推理的题目中，陆陆无法选出正确的选项，他没有看懂文章的主旨大意，自然就无从选择，只能碰运气了。在做选出相关生词或难词的正确意思的题目时，他也无法从上下文中去理解这个生词或难词的意思。总之阅读理解的题目对陆陆来说是举步艰难。

4. 八年级上学期英语“写”的语言技能测评

这份八年级上学期英语期末卷的作文部分满分是 10 分，对于陆陆来说肯定有着不小的挑战。作文的要求是：跟随冬奥会与亚运会的步伐，上个月学校展开了以“Happy Sports，Healthy Growth”为主题的一系列活动。请你根据以下信息并结合你参加活动的经历写一篇英语短文，并分享感受。

作文题目中呈现了部分英语提示。此项活动的目的是“encourage students to exercise more”，部分活动是“set after-class P.E. clubs”“hold Sports Day”等。作文提示中第一人称“我”所做的事是“join the skating club”“learn to skateboard”等。此外，需要考生自己补充参加此项活动的感受。

这篇作文要求考生用一般过去时写相关的信息。陆陆能够写出“join”的过去时“joined”和“learn”的过去时“learned”，但是“set”的过去时“set”和“hold”的过去时“held”陆陆写错了。陆陆在作文中的语句也存在着很多拼写错误和诸多中式英语的痕迹，如在表达感受时，陆陆写的是“I very like these activities”，正确的表达应该是“I like these activities very much”。

陆陆确实已经尽自己最大的能力利用作文提示中的部分信息写出相应的语句，但是一旦涉及要求自己表达信息和感受时，错误就频频出现，导致行文相当不流畅，陆陆的作文得分也只有 4 分。

分析

陆陆在英语听、说、读、写 4 个方面都存在着较大的不足，在英语学习中有很大的畏难情绪，没有英语学习的成就感，已经展现出厌倦学习英语的状态。由于陆陆在英语听和读方面没有足够的输入和积累，因此在说和写方面就没有相应的足够输出。这也客观地体现了英语语言学习的基本规律：没有输入就没有输出。词的积累、词组的记忆、句子的结构、语篇的组织，每一步都是时间的积累、语感的培养、意义的理解和思维的整合。

此外，陆陆在英语学习方面没有养成较好的学习习惯，如他没有及时养成订正错题的习惯，没有错题归纳整理的习惯。读和说的时候，陆陆的信心不足，导致声音不够响亮，进一步影响他表达的清晰度。长此以往，必定会导致哑巴英语的后果，笔试部分的答题扣分也会十分严重，这次八年级上学期英语期末测试的结果就是一个很好的佐证。

【科普】

人从出生开始就会具备一定的语言习得能力，这一能力会在 12 岁之后逐步减弱。因此，幼儿园和小学阶段的英语学习环境的熏陶，听和读方面的大量输入显得格外重要且具有语言学习的战略意义。

中国孩子的母语是中文，我们绝大多数的语言环境就是中文。英语作为一门外语，学生在学习英语时肯定会受到中文语言结构的影响，这就涉及中英文语言思维的转换。一门语言就代表着一种文化，蕴含着一种思维模式。中英文在使用和组织中有着较大的差异，这种差异会对学生的英语学习造成很明显的思维挑战。

【建议】

英语学习可以从幼儿时期开始进行，简单易唱的英语儿歌、押韵顺畅的简单的英语韵律诗、能够激起儿童学习兴趣的英语小动画都是很好地培养英语语感、积累英语语言输入的重要素材，这是重要的英语学习的土壤，只有土壤肥沃了，才能开出美丽的语言之花。

如果家庭有条件，经济基础也允许的话，家长可以在孩子重要的语言习得期多鼓励孩子与说英语的外国人或英语学得较好的学习者进行对话交流，进行思维的训练和相关文化素养的熏陶。

进入义务教育阶段后，学生们会接触大量的英语文本材料，各式各样的英语教材、种类繁多的英语应试练习和网络上主题不一的英语语言视频学习素材。面对令人眼花缭乱的英语学习材料，很多英语学习者缺乏持续学习语言的毅力，导致英语学习虎头蛇尾。学习者必须明白：任何一门语言的学习都是一项长久的工程，不要奢望一步登天，也不要抱着十分功利的态度去学习语言。没有谁是天生的语言学习者，每个人都是终生的语言学习者。

进入初中阶段后，英语学习者要把握好四个“一”原则，系统有毅力地学好一套英语教材，牢固有序地做好一套练习，带着学习目的，有意识地追好一部适宜自己英语能力的英语剧，诚心且谦虚地结识一位英语学得不错的伙伴。在四个“一”原则的指引下，英语学习者会在英语学习道路上体验理论联系实践的快乐，收获英语进阶能力提升的成就。

能力型学习困难

文／黄敏辉

“玥玥不是智力障碍，她符合学习困难的诊断，是因为存在学习能力上的缺陷，才导致成绩的下降。”

“医生，您的诊断是不是有问题？我的孩子其他表现都很好，以前读书也是可以的。如果按照您说的，那么她的成绩是不是会越来越不好了？”

作为能力型学习困难孩子的家长，在孩子的学龄前期甚至更早的阶段就会察觉自己孩子跟其他孩子的不一样，他们表现为说话迟、运动不协调、精细动作笨拙、难以遵循指示或学习常规，难以控制剪刀或者笔等，总体感觉比人家慢一点、“嫩”一点。到了学龄期，在学习字母、文字和声音之间的联系时遇到困难，阅读时混淆基本文字、拼音、数字，不断拼错单词、拼音等，在跟别人聊天的时候，会发生理解上的偏差等。家长会抱着“等等看，长大就会好”“某某人也有这样的问题，现在很优秀”的心态，任其发展。直到孩子出现作业错误很多、难以完成、偏科严重、成绩不好等表现时，家长才会意识到孩子的这些不一样，可能是一种病症。随着学习难度的增加，对个体能力的要求相应增加，病例当中的玥玥就读三年级，在很努力学习的情况下，成绩仍旧不断下降。

“孩子成绩不好找医生咨询和评估”，随着“学习困难”门诊的推广，这逐渐被家长、老师所接受。学习成绩不好的家长认为：是因为孩子不努力，心思没有放在学习上；是因为孩子不成熟，长大就会好了；家长自己成绩不好，孩子成绩不好是理所当然的；或者干脆认为是老师没教好等，很少会有家长觉得是孩子在学习能力上的缺陷，导致学习问题的发生。来医院评估，主要集中在以下几种情况：家长觉得孩子没有问题，老师觉得上课表现不好要求来的；家长自己高学历，对孩子成绩不好感到迷惑的；在辅导孩子作业时家长心力交瘁，希望能有所改变的；纯粹是好奇孩子为什么成绩一般，来看看的。但是目前情况下，绝大多数学习成绩不好或不稳定的孩子，尤其是女孩子，没有被家长带到医院进行进一步的评估，对他们的学习问题进行理解。他们在学习困难、学习压力、家长和老师的不理解中挣扎，逐渐放弃努力。

走进医院，通过专业的医生评估发现，孩子智力是正常的，但在阅读、书写、拼字、表达、计算等方面表现出特殊性的学习困难状态，而这种障碍可能是由遗传因素、神经结构及功能异常、认知机制缺陷、环境因素等造成的能力型学习困难。因为没有实验室的硬指标，只有病史、问卷、测试等主观判断，家长往往难以信服这样的诊断。我的孩子只是成绩不好，也不是差很多，怎么可能就是学习困难，还是学习能力上的缺陷。就像玥玥家长认为的，“医生，您的诊断是不是有问题？”

专业医生对学习困难的评估，目前是根据美国《精神障碍诊断与统计手册（第五版）》（DSM-5）进行的，但因为医生所处级别的不同、专业的不同（发育行为科、精神科、康复科、神经科等）、对诊断条目把握的不同、沟通解释的不同，会让家长对检查结果持怀疑态度，所以不少家长会辗转于不同医院，寻找不同的专家或团队来确认孩子是否的确存在所说的“学习困难”。由于有学习问题的孩子很可能存在其他的共病问题，因此不同医生的诊断结果很难保持完全一致。而家长在不断的确认过程中，忽视了对孩子及学习困难的理解，采取了加强补课、更多的作业、更加严苛的指导方式等措施，而这正是能力型学习困难的孩子所厌恶的，讨厌不断地重复、不停地书写，随着孩子的慢慢长大，功能损害（学习问题、情绪控制）的问题会变得越发严重。如果家长对诊断有所怀疑，可以让当地的专科医生做出有效的转诊，到上级医院做进一步的检查，而不是病急乱投医。在工作中，经常会碰到非专科的上级医生否定专科医生的诊断和治疗方案，从而延误孩子的救治，直到孩子厌恶读书、不愿去学校，悔之晚矣。

当反复评估，主要诊断结果还是围绕“学习困难”；当反复不正确地干预，导致孩子的学习问题、情绪问题等表现得愈发严重的时候，家长会逐渐接受孩子的确是学习能力上的缺陷造成了“学习困难”。但是家长还是会纠结，每次孕检医生都说正常，孩子出生的时候也是很顺利的，孩子小时候活泼可爱，在幼儿园的时候很乖，老师也没说什么，怎么读着读着突然就学习困难了呢？有些家长会自责和怨恨，会把自己觉得的可能的影响因素进行罗列：妈妈在孕期的时候感冒了、孩子在小的时候没有吃过母乳、工作太忙而参与孩子的成长太少、看电视太多、爸爸小时候读不来等，觉得是其中某个因素造成了现在的情况。遗传、不利的养育环境、疾病等的确会造成学习困难的发生，但是病因不仅限于此，病因学诊断会存在很多困难，除非孩子的外貌上有某些疾病的特征。有研究发现，智力障碍的孩子通过目前的遗传学检查，只有50%的孩子能找到病因。能力型学习困难的孩子智力是正常的，所以不要投入太多精力查找病因，更不要自责和怨恨，因自责而宠溺孩子，影响孩子本身能力的成长，因怨恨而造成家庭的不和谐，给孩子造成心理上的负担，更加影响学习能力的发挥。

能力型学习困难的孩子实际上更需要父母的支持。他们主观上是愿意学习的，但客观上没有办法克服自身的缺陷，无法通过努力读书来改善学习困难，对学习的无力感，很无助也很困惑。学习困难的孩子往往存在其他共病，除了面临学习上的困难，在管理自身行为或适应学校生活等方面也可能存在问题，更需要父母和家庭的支持。遗传（父母也有类似问题）和环境的不利是学习困难的常见病因，所以学习困难孩子的家庭，通常会比普通家庭的养育环境更加复杂，家人的不和睦、单亲家庭、疏于管教、社会经济条件低下、留守等，或者即使父母和睦，但是面对始终成绩不好的孩子，父母双方会心力交瘁，使孩子内心产生严重的焦虑、悲观、自卑、多疑和易怒，甚至导致心理障碍和反社会行为。父母双方在针对孩子的问题时，需要商量、意见一致、互相扶持。一致的意见，可以使家庭中所有的角色互相扶持，减少内耗，能使孩子感受到和谐和方向。有些家庭中，辅导孩子的学习，规范孩子的行为就是一位家长的事，父母之间缺乏交流，甚至有时互相拆台，造成孩子对目标的模糊，对指令的不明确，而踟蹰不前。经常可以看到因辅导孩子作业而情绪崩溃，体罚孩子的家长，在这些场景中，父母不能理解孩子学习上的困难、缺乏管理的手段，且任由情绪宣泄，而孩子在面对家长的愤怒时是无助和困惑的，对学习的促进不会有任何帮助。作为学习困难的孩子的家长，在带养能力型学习困难的孩子过程中，需要更加丰富的行为管理技巧和沟通技巧，去参加一些培训班或学习困难儿童的家长群，更深刻地理解能力型学习困难家庭所面临的困难，掌握一些养育技巧，提高养育技能，预见性地处理一些可能发生的冲突，放松自己的心态，通过改变自己来改变家庭和孩子，减少出现心理和情绪问题。

理解能力型学习困难的孩子，成绩不好不是孩子的错。家长不能理解，为什么简单的一句话，简短的一段话或并不复杂的应用题，孩子就是看不懂或教不会；对单个文字或数字能理解，但是几个连起来就不明白其中的含义；一段话看不懂，但是读给他听是能理解的。这就是能力型学习困难的表现，因为有这些问题，才使作业难以完成，偏科、成绩不好，导致考试成绩不好。当然也有的孩子通过循证的方法干预并且随着孩子自身的发育成熟，学习成绩会有所改善。在学习的过程中，这些孩子曾试着去理解课堂的内容，努力去完成老师布置的作业，全力以赴地去完成一场考试，但是不断地付出，仍收效甚微。在学校，因为老师的不理解，孩子需要反复地订正，抄写更多的作业，阵发性地被批评，同学们因此而疏远他；在家里，因为家长的不理解，安排更多补课，把不良的情绪发泄在孩子的身上，造成其不愿上学、对立违抗、焦虑等表现。就像玥玥在学校活泼开朗，谈及学习就沉默不语，回家后像变了一个人，时常发呆、叹气，会因为做作业困难或考不好偷偷哭泣或打自己，事情超出了这个年龄孩子本身的控制范围，事态已经发生偏离。作为家长要理解孩子的困难所在，调整自己的养育方式，改变孩子的行为。

学习与老师的沟通。老师是除家长外跟孩子接触最多的人，很多老师也同样难以理解“能力型学习困难”，普遍会认为，成绩不好，是孩子学习态度不端正或是家长不配合。作为家长，尤其是成绩不好的家长会害怕接到老师的电话，不太会主动和老师沟通，了解孩子在校的学习情况，解决孩子的学习问题。但是作为这样的家长，虽然沟通面临着困难，但我们必须主动和老师沟通，掌握与老师沟通的技巧，减少孩子的正面压力，让老师也能像你一样理解孩子的学习问题，成绩不好不是孩子的态度问题，也不是我们家长不配合，是孩子存在学习能力上的缺陷。接诊过这样一位孩子，很爱看书，不过语文作业总是难以完成，字写得很不好，但是数学成绩不错，还参加编程比赛获奖，跟老师沟通孩子面临的困难，老师认为是聪明的孩子，不应该区别对待，导致孩子压力很大，越来越不喜欢语文。正常一个班有 40 位左右的同学，平均下来，每位同学得到老师关注的时间不会太多。家长通过与老师的沟通，让老师关注到孩子的进步，如这次按时上交作业了，考试成绩有进步了，甚至写字比较工整了，适当的口头表扬一下，而不是因为缺乏沟通对孩子不闻不问，甚至放弃。如果孩子讨厌抄写，可以适当地少写几遍，而不是更多地抄写作业，给作业做减法，要让孩子能够完成，提升自信心；如果孩子理解不好，那就安排一个优秀的同桌，进行适当的帮扶，让孩子爱上学校，爱上学习。

了解孩子的长处。学习困难的孩子并不都像玥玥一样，除了学习各方面都优于同龄人。他们会上课注意力不集中，小动作多，丢三落四，话多还顶嘴，作业拖沓还难以完成，这些在心力交瘁的家长眼里都是缺点。问家长孩子有什么优点时，家长讲出来的都是缺点。学习困难的孩子并不是一无是处，每个人都有自身的优点，勤劳、善良、勇敢、乐于助人等；小动作多可能是动手能力强，话多也可以是善于交际，思维活跃能够激发创新。接诊过一个孩子，成绩一直不好，上足球课就因为话多，影响上课纪律而被迫退出训练，但是老师和同学都喜欢他，他是老师的小帮手，任劳任怨，也愿意帮助同学，是同学们的开心果，所以孩子虽然学习不好，但还是很愿意去学校的。社会需要各种各样的人才，作为家长要去发现孩子的长处，然后进行正确的引导，针对性地进行培养。

帮助孩子改善学习困难。如何改善学习困难？家长通常会采取寻找家教补课帮助孩子学习、药物干预、非药物干预等措施。能力型学习困难表现在拼写、阅读、书写、计算等单方面或混合的功能缺陷，大部分学习困难的孩子对重复的书写、阅读存在畏惧，完成日常的学习存在困难，重复地练习对孩子的帮助收效甚微，甚至会导致孩子的厌学情绪。目前研究表明，有药物可以改善学习困难孩子的共病问题，但是未发现有效的药物干预的手段可以提升孩子的学习能力，当然有些家长通过补充营养素、益智补脑的药物作为辅助治疗是可以的，但是不能作为主要手段。

针对学习困难的孩子干预的主要方法是：行为辅导法和游戏干预

法。行为辅导法，通过分析前因和后果对行为的影响，以问题为导向，通过调整前因和后果，对行为实施影响，从而按照大人的方式引导孩子的行为，目的是改善孩子的行为、提高执行力。例如，二年级的孩子，每天吃完晚饭写作业，写作业过程中容易分心难以集中精神，那么我们就可以通过整理干净桌面、放置必要的书籍、设置学习时间和休息间隔等改变前因，提早完成给予口头表扬或增加看电视时间等改变后果来改善写作业时间过长的问题。游戏干预法以游戏形式干预，将希望儿童获得的知识、能力和行为渗透在游戏中，让儿童通过亲身参加游戏来掌握相关内容。例如，角色扮演游戏，可以提高孩子换位思考、观察和表达等能力；玩积木、玩沙子会提高孩子的精细运动能力；讲故事会提高孩子的语言组织和表达能力。在非特定的场景下，家长通过刻意地使用某些技巧，达到干预的目的，逐步改善孩子的某些能力。

“她的成绩是不是会越来越不好了？”此时家长更需要及时调整好心态，调整家庭氛围，理解孩子和帮助孩子，减少因为某项能力的缺陷而造成的进一步功能损害，在家长、老师还有医生的共同努力下孩子的成绩也可能会越来越好。读书对于绝大多数人来说是一种通向美好生活的捷径，但不是唯一的途径。如果孩子的确存在学习能力的不足，且不能有效地改善，那就退一步海阔天空。孩子若是平凡之辈，那就承欢膝下，接受孩子的平庸，就像孩子从来没有要求父母一定要多么优秀一样。

暂时型学习困难

文 / 王淑君

【案例】

柯柯，13 岁，初一男生。在小学的时候，柯柯学习成绩在班级里属于中等偏上水平，与同学关系尚可，有两三个比较要好的朋友。为了让柯柯有更好的学习环境，不顾柯柯的反对，父母将柯柯安排到了离家较远的私立初中上学，柯柯不愿意去这所学校，但是没能说服父母，去到这所学校之后，柯柯跟班级里的同学都不认识，原来与柯柯关系比较好的同学都不在一个学校，班级里其他同学都有自己的朋友，这让本就内向的柯柯更加退缩，柯柯经常独来独往，孤僻、不合群，感觉很难融入这个集体。到了初一下半学期，柯柯成绩下滑到中等偏下，经常上课不发言，学习比较散漫，出现作业不交或随便应付等情况，他认为自己现在对学习没什么兴趣，未来对学习也没什么要求。柯柯的父母对孩子的学习状态非常生气，但是打骂无效，“动之以情、晓之以理”也无效，柯柯回到家后基本就一个人关在自己的房间里，拒绝与父母沟通。柯柯的父母互相指责与攻击，都认为是对方的原因导致孩子出现这种情况，甚至闹离婚，家庭关系紧张。

【评估与分析】

父母反映

柯柯从小生长发育正常，足月顺产，开口讲话、走路时间均正常。上小学时学习成绩中等偏上，回家后作业能自己完成，注意力尚可。柯柯的父母都是做生意的，文化程度不高，平时工作比较忙，没有多少时间和精力能花在教育孩子方面，很少关心柯柯的情绪及生活，有了问题要么就是对孩子粗暴地打骂，要么就是讲一堆大道理，对孩子的学习要求偏高。家庭不和睦，柯柯的父母经常当着孩子的面吵架、打架，当孩子有问题的时候，经常互相指责。医生分析：柯柯生长发育正常，智力、注意力及个性特征等没有缺损，但实际学业成绩明显低于其学习潜能，柯柯课堂上缺乏积极主动性，受更换学习环境的影响，柯柯很难融入新的环境建立良好的人际关系，导致同伴关系紧张，柯柯的父母与孩子关系疏离，很难理解孩子需要什么，在遇到问题的时候，喜欢互相指责、吵架，人际的压力、家庭的不和睦导致柯柯情绪受到严重干扰，学习分心等。柯柯的情况属于暂时型学习困难，需要进行针对性的干预。

【暂时型学习困难临床表现】

这类孩子智力因素、非智力因素没有偏常，有的孩子观察力还处于总体学生的中上水平，这类学生具有很大的学习潜力，但现实学业成绩与潜能明显不相符，实际学业成绩明显低于其学习潜能，主要因为学习行为存在不少问题：有些孩子课堂上缺乏积极主动性，难以对所学习的知识进行有效的加工；有些孩子因一时没有掌握某些章节的知识内容造成阶段性的学习困难；有些孩子则因受到外界突发事件影响（如父母不和睦、闹离婚、生病、早恋、与同学关系紧张等），情绪受到严重干扰，学习分心等。就他们本人而言，绝大部分都有改变这种困境的想法，不过一到实际学习时，总提不起兴趣，成绩老是处于低下状况，久而久之，把学习看作了一种负担，甚至导致对学习感到厌倦。而因为他们的这些表现，再加上教师个人精力有限，他们一般都处于教师照顾不到而又受同学排挤的状态，也可以称之为学习上的“弱势群体”。这类学生，假如教育得不好，不仅会使这些学生自暴自弃，对班级和学校形成不良的影响，甚至还会给很多家庭带来麻烦和负面影响。

暂时型学习困难学生存在多种诱因，还需做进一步的分析，根据不同类型特点及时采取不同的措施。暂时型学习困难学生其学习不理想的原因中客观因素影响比较大，处在成长阶段的孩子身心极易受外界影响。相对来说这类学生的学习困难程度较轻，如果能够及时有效干预比较容易转变，如果错失时机，会使这些学生的学习困难继续加重，而成为稳定型学习困难。

【暂时型学习困难孩子的父母如何应对】

1. 建立良好的亲子沟通

亲子沟通是建立良好的亲子关系不可缺少的一个环节。青春期的孩子敏感而自尊，往往会出现很多“非正常”表现。这些“非正常”表现背后一定有一个正当理由。当孩子不愿意表达时，父母不要一味地追问，当孩子愿意表达时，特别是当孩子遇到困难向父母求助时，父母要静下心来耐心倾听，适当共情孩子的情绪及感受，这是对孩子最好的关注和支持。再去引导孩子思考解决问题的方法，要掌握“先跟后领”的要点。沟通时，要让孩子充分表达自己的思想和感情，鼓励孩子毫无顾虑地表达，父母不带价值判断地倾听，这样才能达到充分沟通的目的，从而建立和谐的亲子关系。

父母在倾听时也要注意方式方法：

①把自己当作孩子的倾听者、知心朋友。这样，孩子自然愿意拿出他的心事与父母分享。

②在倾听孩子时，要注视孩子，与孩子保持目光接触，不要东张西望，也不要边做着其他事情边与孩子交谈。

③把握倾听的时机。倾听的最佳时间是你和孩子独处时，这样更容易让孩子敞开心扉。

④保持自然放松的微笑，表情随孩子谈话内容有相应的变化，恰如其分地点头。

⑤不要打断孩子的话，那样会让孩子觉得你不够尊重他，从而影响信任感的建立。

2. 家长要尊重孩子的意见

尊重意味着以平等身份出现，家长不要站在权威的角度、不要居高临下地对待孩子，要学会尊重孩子的选择。文中柯柯的父母认为将柯柯转到离家较远的私立初中是为了孩子好，并没有跟孩子商量、尊重孩子的意见。要知道孩子是一个独立的个体，有自己的思考和意愿，也有自己的个性，家长要学会尊重孩子的意愿，尊重孩子的自主性，当与孩子意见不同时，要心平气和地阐述自己的观点，与孩子协商达成一致。

3. 家长要知道孩子需要劳逸结合

现在很多孩子报课外班不是根据自己的兴趣报的，而是家长让报什么就报什么。在学习上家长不要一刀切，把孩子的学习成绩看得非常重要，以免无形中给孩子一种压力，也不要把孩子的学习成绩相互比来比去，不要总是批评自家孩子表扬别人的孩子，每个孩子都具有不同的个性，有各自的优缺点，有不同的家庭教育环境。如果用自己的孩子同别人家孩子对比，会使孩子感到自卑，伤害到孩子的自信和自尊，使孩子产生无力感，从而导致他们在内心深处疏远亲情。要善于挖掘孩子的优点，经常鼓励孩子。家长也要注意让孩子休息，让孩子玩乐，不要认为孩子不应该玩乐，恢复孩子的双休日，玩乐与学习不是对立的，两者是可以并存的。要让孩子认识到学习的重要性，但是要把握度。要告诉孩子学习是重要的，但不是唯一重要的。家长也要经常带着孩子参加一些文娱活动，孩子不仅要在知识上得到教育，情感、态度、价值观方面的教育也很重要。

4. 家长要调整自己对孩子的期待和要求

望子成龙、望女成凤是很多家长的共同期望。谁都希望自己的孩子将来出人头地，成为优秀的人，但是也要注意方法。家长在对孩子提出要求时也要不断反思自己，“这些要求过分吗？合理吗？科学吗？如果是我，我能接受这些要求吗？”家长要认识到现在是一个多元的社会，不是所有孩子的发展道路都是上一所好大学，家长要根据孩子的兴趣、特长及某些天赋有针对性地培养孩子。高考不是唯一的出路，如果家长发现自己的孩子有其他方面的特长，如画画、唱歌、舞蹈等，可以有意识地培养孩子这方面的才能，家长要对自己的孩子有清晰的认识，形成合理的正确的期望，这样对孩子的发展也是一种促进，而且不会对孩子形成压力。

5. 家长要给孩子客观积极的评价，帮助其正确归因

家长不要吝啬对孩子的赞美，不要等到孩子考了好成绩才给予表扬，而要在日常生活中善于发现孩子的进步之处，及时表扬。面对孩子的失误或考试成绩不理想，不要不由分说地一顿谩骂，要和孩子一起分析原因，找出成绩不理想的根源，这样孩子下次考试才能进步。如果批评孩子，要注意方式，批评不是目的，促进孩子进步才是目的。家长要注意批评的方式，批评要具体，也就是要针对特定的事件，指出孩子的问题之后还要告知正确的方法，以免再次发生类似的情况，批评后还要给予肯定，表达对孩子的信任，相信孩子下次肯定可以做得更好。这样，孩子就会自信，有了信心，问题行为也不会再发生。还有一点要注

意的是，家长要帮助孩子纠正不正确的归因方式。有的孩子习惯把失误归因于自己的无能或缺陷，一旦考试失败了就会对自己产生强烈的悲观绝望情绪，而把自己偶然的成功归因于运气好等外因，这样长久以来把失败归因于稳定的内因，把成功归因于不稳定的外因，孩子就会失去自信心，产生自卑心理，对学习也会失去热情与兴趣，久而久之就会形成倦怠。家长要注意帮助孩子改变这种错误的归因方式，要引导孩子把失误归因于外因，把成功归因于内因，这样孩子才会觉得成功是可以通过努力达到的，失败也是可以控制的。连续的成功体验将会提升孩子的自信心，激发对学习的兴趣。

6. 父母要适当地支持孩子的同伴关系

青少年往往会用同伴作为自己的参照，通过将自己与同伴进行对比，进而了解自己、认识自己。青少年渴望在同伴群体中获得归属感和其他成员的尊重。他们所需要的能够尝试新技能、表达新观念、自由和平等的人际关系环境也可由同伴群体提供。青少年在与同伴交往的过程中被同伴接纳并建立友谊。通过得到同伴的赞许和尊重，青少年学习建立和保持友谊、竞争、合作，获得自己的社会地位，获得情绪理解、情绪调节和社会交往技能等方面的经验，获得安全感、亲密感、同盟感和归属感等[1]。Furman 等[2]认为同伴关系为个体提供了 8 种社会支持功能：友爱、亲密、安抚、陪伴、有益的帮助、可以信赖的同盟、肯定价值和归属感，这些社会支持功能对青少年心理的健康成长十分重要[2]。上文中提到的柯柯因为进入新环境后，很难融入该环境，导致产生孤独感，个体的孤独感与同伴关系显著相关，早期同伴关系不良为日后个体适应社会困难埋下了伏笔。同伴关系不良的个体更容易出现行为问题，如退学、逃学等。孤僻、压抑、冷漠、退缩等情绪问题也与之相关。

首先，家长要教育孩子在同伴关系中主动与同伴交往，人际关系是在“互动”中发生联系和变化的。人际关系要密切，彼此的交往是其前提。互动越频繁，人际关系就越容易密切，反之亦然。因此，在紧张的学习生活之余，不妨主动找同伴谈心，讨论某些问题，交换一些意见，互相传递信息，这都可以加深对对方的了解和信任。

其次，要学会真诚地关心同伴，希望得到别人的关心和注意是人的一种正常需要。当一个人感到周围的同学对他十分关心时，他心中会有一种温暖、安全的感觉，就会充满自信和快乐。“投我以木瓜，报之以琼琚”。既然受到了别人的关心，他也同样会关心别人，这样相互之间就容易有一种友好、亲密的关系了。真诚地关心同学，当同伴有求于自己时，只要是正当的请求，就要尽己所有满足对方的要求，当看到别人有困难时，要主动去帮助、关心和体贴，当与同伴发生冲突与矛盾时，勇敢地表达自己的内心，同时也要宽容地对待别人。父母是孩子最好的老师，父母与孩子建立良好的关系，并让孩子了解自己与同伴之间如何交往，孩子也会在互动中学习，并拓展自己的人际互动，将良好的亲子关系延伸到自己的人际互动中去。

7. 建立和谐的家庭氛围

家庭不和睦是影响孩子学习的主要因素，文中柯柯的长期吵闹、因工作冲突父母角色的缺位，是导致柯柯学习困难的主要原因。父母因经济、情感、婚姻等原因频频争吵不安，对孩子的心理变化有极其重要的影响。父母感情不和，动辄争吵，打骂，对孩子撒手不管；离异的父母再婚，出现情感不融洽的继父或继母，使孩子因得不到家庭的温暖而自卑，出现情感忧伤、苦闷、孤僻等异常心理；父母工作非常忙，或一方长期在外地，或父母都早出晚归，或是家中经商、人来人往、杂乱无章，以致家庭生活呈现不规则状态。以上这些家庭环境都会使孩子缺乏安全感和归属感，使其无法安心学习，更无法培养良好的学习习惯，影响孩子的学业。另外，家庭中的突发事件，如家庭成员的疾病或其他变故，会给孩子带来很大的精神刺激，造成心理发展失衡，在学习上也可能走下坡路。为了孩子的学习，父母首先要以身作则，营造良好的家庭氛围，让孩子在一个舒适、充满爱的家庭里学习，这样孩子才能安心学习，学习成绩才能保持稳定甚至有所提高。

总之，孩子出现暂时型学习困难并不可怕，可怕的是父母听之任之，不采取措施解决。我们都知道孩子的学习倦怠是多方面因素共同造成的，只有家长重视多方面的原因，采取相应措施一起努力，重燃孩子对学习的热情，孩子才不会感到学习是枯燥无趣的，也能避免倦怠的产生。除了关心孩子的学习成绩，家长还要关注孩子的心理健康，还孩子学习的乐趣、童年的乐趣，让孩子享受学习，从学习中发现快乐、体验成就感。

参考文献：

[1] 邹礼 . 同伴关系的发展功能及影响因素 [J]. 心理发展与教育，1998，14（2）：39–44.

[2] FURMAN W，BUHRMESTER D. Children’s perceptions of the personalrelationships in their social networks[J]. Developmental psychology，1985，21（6）：1016–1024.

动力型学习困难

文 / 王淑君

【案例】

拉拉是一名高二的女生，从小到大，拉拉一直是一名品学兼优的孩子，初中时考到当地省城的一所重点初中，学习成绩一直在年级前十。中考时因地域问题，母亲将她接回户口所在的城市中考，因为两个地方的考试模式不同，拉拉没有考进理想的高中，进入了一所普通高中。进入高中后，拉拉认识了一些要好的女生，学习成绩大幅下降，出现了明显的学习态度问题，常常是作业不交，上课睡觉。老师与其交流后才发现，拉拉受几个要好的女生的影响，不想上本科，只想读一个专科，因为专科只需要读三年，本科需要四年，虽然她知道本科学历比专科学历珍贵，但她觉得以现在的学校水平，好的大学也考不上，还不如选专科少读一年书，这样自己也轻松，没有什么压力。据拉拉的母亲反映孩子自从进入这所高中后，对学习就好像放弃了，高一阶段就开始存在明显的学习动力不足，再加上受一些周围女生的想法的影响，就开始有“躺平”的想法，对学习抱着无所谓的态度。

【评估与分析】

母亲反映

拉拉是单亲家庭的孩子，父母在拉拉幼儿园时因性格不合反复争吵，甚至当着孩子的面打架，最终两人离异。拉拉在父母离异后跟随母亲生活，父亲常年在外地，平时与父亲极少见面。拉拉从小生长发育正常，11 个月左右开口讲话，1 周岁左右开始走路，与同龄人无异。拉拉从小比较争强好胜，一个字写得不满意会一遍一遍写，直到自己满意为止；因为一道难解的题目会熬到很晚，直到题目弄懂了才去睡觉。中考的失利对拉拉的打击很大，对高中学校的不满意导致拉拉开始自暴自弃。拉拉的情况是典型的动力型学习困难，需要进行针对性干预。

【动力型学习困难临床表现】

动力型学习困难是指孩子在学习上的困难是由于缺乏学习动机造成的。学习动机，是指激发学生学习活动，维持已有的学习活动，并使学习行为朝向一定目标的一种内在心理状态。学生学习动力缺乏的表现主要有以下几种：

①厌学：讨厌学习，不想进学校，不想去上课，不能完成各科老师布置的作业，对学习持无所谓的态度，就像我们当下经常会说的“躺平”。很多孩子总是为自己的学习寻找借口，拖延时间，用其他活动来取代学习活动而减少学习的时间，这类孩子的学习行为会相应少于主要动机的行为活动。影响孩子做出这种选择的，是其内部动机、自身需求，也与学校教育活动的内容与方式、父母的教养及社会所提倡的价值观等外部因素有关，上文中的拉拉就受到同伴价值观的影响，认为上本科还不如读专科，落得轻松。如果学校唯成绩论、唯升学率来定义好学

生或坏学生，或我们很多父母希望孩子能够通过上学的途径实现望子成龙、望女成凤，希望通过学习来改变命运，这种单一化的教育目的优势不符合孩子的心理需求，甚至导致逆反心理，故而影响孩子的学习动机。另外，社会上的一些拜金主义、读书无用论等价值观念，也会影响到孩子的价值取向，进而影响孩子的学习动机及学习的积极性。

②注意力问题：在开始学习活动后，孩子表现得注意力差，不能专心阅读，写作业、学习活动不能连续，经常因其他活动或想法而中断，注意力维持时间很短，上课时，目光游移不定，心思不定，不知自己在想什么，也不知老师在讲什么，无法把注意力集中到课堂上来。当转移环境或环境嘈杂时，亦呈现分心现象，无法正常工作和学习。在明确学习动机与学习目标之后，则要依靠学习行为的执行才能实现学习目标，虽然求知是个体的内在需求，但学习的过程却常常是枯燥乏味的，如果缺乏较为坚定的意志，则容易出现以上这些表现。

③缺乏学习目标：有些孩子的学习往往缺乏主动性、能动性，在目标选择上，常常追随大家的看法，而自己没有明确的目标。主要有以下原因：首先，是从众现象。在学校这个大环境中，教师设定的教学目标是要使学生个人实现学习目标来体现的，有些同学对学习目标的选择是自主的、明确的，但也存在很多同学只是盲目地认同其他同学的学习目标，追随他们，其实并非自主的选择。就像上文中的拉拉，考入不理想的学校后拉拉开始否定自己、否定学校，达不到原来的目标，也不愿意设定新的目标，这时候学习时就会缺乏相应的积极性和主动性。其次，青春期的孩子正处于自我同一性阶段。在这个阶段，个体要达到认清自己固有的特点、爱好、理想，知道自己的优势与劣势在哪里，并且实现集体同一性，追求一种社会的认同感。实现“自我同一性”的孩子能根据获得与自己和社会相关的信息，为自己确定生活的策略，选择自己的人生方向（或人生目标）。而不能获得同一性的孩子，则会产生角色混

乱或消极同一性，前者不能正确地选择适应社会环境的角色；后者个体形成与社会要求相背离的同一性。不能以学习目标为自己的目标的孩子，则可能处于角色混乱状态。

④负性心理和负性情绪：有一些孩子会表现为抑郁倾向，对待学习和生活冷漠，没有热情，对于以前感兴趣的内容、游戏都不感兴趣，经常感到厌烦，对什么都不感兴趣，不想动。觉得整个世界都是没有意义的，整个精神状态看起来都无精打采，对什么都不在乎。由于缺乏学习动机，这类孩子的学习成绩一般不会太好，尊重与自尊和自我实现这方面的需要得不到满足，容易感到失败、沮丧。还有一些孩子表现为焦虑过度。他们缺乏自尊心、自信心，学习不好不觉得丢面子。

动力型学习困难儿童中这类孩子比例最高，他们的学习态度、动机及自我意识等发展较差，能力更多地被“动机不足”抑制，调动积极性，树立积极的自我概念，激发学习动机是改善这类孩子学习困难的关键。

【动力型学习困难孩子的父母如何应对】

1. 关注孩子，理解关心孩子，帮助孩子寻找学习动机，让孩子在学习中感受到爱、关注与被需要的感觉

依据马斯洛的需要层次理论，除生存与安全感外，人还有爱和归属、自尊和自我实现的需要。对于孩子来说，生活中的绝大部分时间都在学习，如果在学习中他们能够满足这些需求，自然也就不会产生厌学的心情。从行为主义的角度来看，如果在学习中，孩子能不断地得到鼓舞或其他各种形式的正强化，他就会认为学习是一件特别好的事情，厌学也就无从谈起。

2. 对孩子进行一些学习方法的指导，让他们了解学习的本质，关注学习过程本身，而不是为成果所累

许多时候，孩子并不清楚学习应当学什么，学习到底有什么意义，现行教育体制对成果的强调几乎是他们对学习的唯一印象。这样一来，成果不好的孩子对学习的厌恶也就特别自然了。此外，许多孩子特别渴望学好，但却缺乏正确的方法，久而久之他们的自我效能感会大幅下降，对学习产生习得性无助等问题，因此就开始躲避学习。我们应当与孩子一同探讨学习的本质，降低他们对成果的关注，重新认识到学习过程的重要性，强化他们对学习过程的兴趣。学习方法的指导，可以让他们在学习时变得轻松，从而也更能享受学习的乐趣。

3. 指导和帮助孩子做好注意力训练

集中精神的最大障碍在于缺乏动机，一个人倘若对功课或学习既无兴趣，也无法找出任何意义，这时要集中注意力是不可能的。家长可以引导和训练孩子做一些以下尝试：

①应用期限效果集中注意力。首先，只需设定一个期限，就能集中精神完成不感兴趣的学习。其次，对讨厌的学习订计划只考虑终止时间，终止时间一到，就会强迫自己去完成它。最后，设置几个中间站，每个中间站之前注意力最佳。在学习过程中设置几个中途终点，还会防止中间松懈现象发生。

②应用报酬效果集中注意力。可以给孩子定个奖赏，作为学习的报酬，这个报酬，可以依孩子的需要和兴趣订立。

③利用目标明确化集中注意力。将大目标明确化。对学习不感兴趣时，往往只要能够明辨目标便能产生注意力。可以引导孩子把目标用文字或图表表示出来，这样更能提高注意力。让孩子有一个目标会使孩子比过去善于集中注意力，不论做任何事情，一旦进入，能够迅速地不受干扰。这是非常重要的。比如，今天对孩子有一个要求，要孩子在高度注意力集

中的情况下，将这一课的内容基本上一次都记忆下来。当孩子有了这样一个训练目标时，他的注意力本身就会高度集中，就会排除干扰。如果孩子在学习中，将自己的精力漫无目标地散漫一片，就很难聚焦。

④应用愉快经验集中注意力。如果孩子在学习上达成小目标后，可以体验到成功的滋味，家长就可以跟孩子有一些小的庆祝仪式，真心地表达对孩子的肯定，这样孩子便可拥有愉快的经验，这种愉快的经验会鼓舞孩子的斗志，从而接受不愿意做的工作和学习。

⑤节奏分明地处理学习与休息的关系。如果一整天都逼着孩子坐在书桌前，他们经常会出现学习效率低下的情况，费时间不说，学习效果很差。如果家长跟孩子制订一个学习计划，能够合理地规划自己的时间，学习的时候好好学习，休息的时候好好放松，那么孩子就能够高效率地进行学习，在有限的时间内取得最好的学习效果。要这样引导孩子：安静的时候，像一棵树；行动的时候，像闪电雷霆；休息的时候，像流水一样散漫；学习的时候，却像军事上实施进攻一样集中优势兵力。这样的训练才能使孩子越来越具备注意力集中的能力。

⑥保持安静的空间。这个方法，非常简单，当孩子在家中复习功课或学习时，要将书桌上与他此时学习内容无关的其他书籍、物品全部清走。在孩子的视野中，只有他现在要学习的科目。这种空间上的处理，是训练孩子注意力集中的最初阶段的一个必要手段。作为训练注意力的最初阶段，做一件事情之前，首先，要清除书桌上全部无关的东西；然后，使孩子迅速进入主题。

4. 保持和睦稳定的家庭关系

家庭不和睦是影响孩子学习的主要原因。如果父母感情不和，动辄争吵，打骂，对孩子撒手不管；离异的父母再婚，出现情感不融洽的继父或继母，使孩子因得不到家庭的温暖而自卑，出现情感忧伤、苦闷、孤僻等异常心理；父母工作非常忙，或一方长期在外地，或父母都早出晚归，或是家中经商、人来人往、杂乱无章，以致家庭生活呈现不规则状态。以上这些家庭环境都会使孩子缺乏安全感和归属感，使其无法安心学习，更无法培养良好的学习习惯，影响孩子的学业。另外，家庭中的突发事件，如家庭成员的疾病或其他变故，会给孩子带来很大的精神刺激，造成心理发展失衡，在学习上也可能出现厌学的情绪。上文中的拉拉父母在孩子小时候有很多冲突，当着孩子的面吵架、打架，父母离异后父亲长期的角色缺失，导致孩子一直以一种追求完美的方式期待获得父母的关注与爱。高中没有考上理想的学校，导致拉拉感觉到自己的信念塌了，再加上周围同学的影响，逐渐出现了厌学的情绪。父母应该为孩子营造良好的家庭氛围，如果父母之间有冲突应该自己关起门来解决，不要影响到孩子，如果父母离异，那么也要告诉孩子父母对其的爱是不变的，让孩子感受到来自父母的关心和爱，不要让他感觉到缺失。

5. 及时肯定孩子的进步，帮助孩子获得成功感

学习困难孩子遭遇到的各种挫折和失败甚多，容易体验到焦虑不安、气愤等消极的情绪。这些消极情绪反过来阻碍他们努力学习。相反，成功感却能使学生轻松愉快，增加学习兴趣。让学习困难孩子在学习过程中获得成功，体验到成功感，就成为激励学习困难孩子努力学习的一个至关重要的问题。首先，家长要降低期望值，要能根据孩子的自身实际，提出合理可行的期望，应采取小步子策略将长远的目标逐渐分解，帮助他们先达到与其实际水平较接近的目标，然后一步一步地提高要求，努力使学习困难孩子真正学懂一次、学会一次、学成一次，无疑会有效地增强其学习动机；其次，帮助他们确定成功的标准，如两位学生都得到 70 分，对于期待水平高的孩子来说，可能体验到惨败，而对期待水平低的学生来说，则可能体验到成功。要肯定他们的任何一点进步，即使是微小的进步，对他们来说也是不容易的，家长应及时地肯定和表扬。

家庭教育对孩子来说至关重要，孩子的问题很大程度上来源于父母，孩子调整的同时，父母要主动协作，寻找到自身的问题，与孩子一同成长。纵观当前教育问题的方方面面，真正的根源恰恰在于家庭教育环节，人一生中在家庭中生活的时间最长，许多影响我们成长的人际规则、生活和学习习惯都是在家庭教育阶段开始形成的。良好的家庭教育和习惯养成对于孩子将来进展的作用至关重要。每个孩子出生时都是一张白纸，孩子成长过程中所遇到的问题往往都是父母问题的反映。父母的说教、对成果的无限强调、对学习动机的歪曲等都很简单地造成孩子对学习的厌恶。因此，转变孩子的同时，父母也应认识到自身的问题并主动加以调整，这样孩子的问题才有可能真正解决。

混合型学习困难

文 / 黄敏辉

“医生，我的孩子六年级，现在上课听不懂也不想听了，前几天说不想上学，怎么办？”

孩子是父母和家庭的希望。作为家长，对孩子的未来有美好的憧憬，希望孩子获得学习的成功，美好的生活。当孩子的学习出现问题，家长也曾努力过，找老师沟通、找原因、请家教、给压力等，但是孩子的成绩依旧无法控制地下降。孩子不再阳光，变得寡言、易怒，父母之间及家庭氛围随着孩子学习问题的加重不再是充满欢声笑语。

学习是一个循序渐进，需要不断积累的过程，随着年级的上升，学习难度的增加，对孩子自身能力的要求也会逐渐增加。当孩子学习的态度不端正，基础不牢固，学习的能力存在某种缺陷无论如何努力都追赶不上正常的进度时，孩子终将放弃努力学习，出现长期的学习困难。所以，对于长期学习困难的高年级孩子来说，除了学习成绩不好，还造成了其他功能的损伤，如适应、社交、心理的问题。

家长要学习接受孩子学习（成绩）上的普通。学习成绩是孩子阶段学习的最终反映，又是混合因素（孩子、家庭、学校、老师、同学、智力、疾病等）在卷面上的最终体现。当孩子成绩不能达到预期的时候，我们不能总是抱怨孩子。有些家长会说：“我的要求就是成绩能跟上，每天进步一点点，没想到孩子现在跟上去也困难。”虽然成绩不好，但学习困难的孩子要达到这个程度，已经是付出了巨大的努力，每天进步一点点，对他们而言是很高的要求了。智力高的孩子不一定学习成绩就会好；智力普通的孩子，需要加倍努力才能获得成功；智力不高的孩子肯定是学习有问题的。考试是一个分类的游戏，在任何一个班级都存在两极，成绩好和不好，而成绩普通占到绝大多数。普通的孩子，他们在学校里存在这样或那样的小缺点，看上去学习很轻松，也会快乐，家长觉得孩子是聪明的，稍稍努力一下，态度略微端正一点就能更好，但似乎总差点火候，难以改掉这些小缺点，难以成为“别人家优秀的孩子”。相同的学校环境，作为家长做了必要的努力，那么就需要接受孩子的普通，普通才是绝大多数。

作为混合型学习困难孩子的家长，是让孩子继续努力学习争取出现奇迹，还是帮助孩子在有限的校园生活里，保持健康的身心，为他能够阳光地走向社会做准备，这是很多这样的家长面临的抉择。总是有家长在面对孩子中途辍学，精神、心理出现问题后，才觉得身心健康但成绩不好的孩子也是很难得的，但已经不能重来了。

我们经常会听到这样的故事，邻居家的某个孩子，成绩一直不好，忽然想要读书了，成绩突飞猛进考上重点大学，实现了成功逆转。故事的背后，应该是孩子本来就不差的学习基础、优秀的智力水平及强大的学习动力为支撑，才会出现逆转，因为主角凤毛麟角才被口口相传。每位家长都对孩子的未来抱有期待，但是绝大多数家长不能安排孩子以后的人生。这样的励志故事听多了，学习困难的家长也会希望奇迹发生在自己孩子身上，所以我们要针对自己的情况，评估出现逆转的可能性。

首先，要了解孩子的智力水平和智力分布。不要被除了学习其他方面都很聪明的感觉迷惑，虽然成绩不好的孩子智力不一定有问题，但在我接诊的因学习困难就诊的孩子中，有 20% 左右的孩子存在智力障碍，

5% 左右的孩子智力分数在 120 分以上，绝大多数孩子在正常的智力区间。有句名言“成功 =99% 的勤奋 +1% 的天分”，学习的成功也是如此，1% 的天分才是关键。存在学习困难问题，智力水平在普通或中下的孩子要实现后期追赶是困难的，无论如何努力都很难达到一个高度。虽然努力可以弥补很多，但后期缺乏的是时间，重复训练的时间不够。曾经接诊过一个存在注意力缺陷的女孩，她的同桌很生气，因为她上课不太听讲，作业不太做，成绩比认真上课的同桌却好很多，这就是天分的作用。智力结构就像水桶效应，一个水桶能装多少水，取决于最短的那块板，基础教育是需要一个人综合能力的发挥，是所有能力的综合运用。现有的各种智力评估的手段对能力的评估存在差异，并不能完全反映孩子的真实能力，但是我们可以通过评估初步了解孩子的状况，孩子的言语能力、操作能力、记忆力等。大部分知识需要语言来传递，通常言语能力处于中下水平的孩子，会存在学习上的困难。所以我们更要了解自己孩子的智力水平，能力上的分布和缺陷，评估出现逆转的可能性，不要订立一些完全不切实际的目标，造成孩子和自己的困扰。

其次，要评估孩子学习的动力。长期学习困难的孩子，会存在学习动力的问题，需要确认是学习困难造成的学习动力问题还是学习动力不足造成的学习困难。绝大多数孩子没有远大的理想，在完成作业、获得知识、得到老师和家长的肯定中获得快乐，在完成个人小目标的惊喜中，逐渐形成人生观和价值观。能力型学习困难的孩子，在学习的过程中，会逐渐出现掌握知识困难，上课听不懂、作业做不来的情况，也曾付出努力希望能够及时完成作业、考出好分数，但是没有成效，而老师和家长关注的是作业没交、分数不高，只有批评和惩罚，可能随之而来的是更多的作业和压力，甚至是周围同学的疏远，因为孩子体会不到快乐，逐渐灰心丧气，从而放弃努力，躺平。学习是一个需要付出努力的枯燥乏味的过程，而且努力并不能立刻取得好的结果，学习的回报周期性很长。有些孩子会认为学习以外的选择很多，如做明星、打游戏、做游戏主播等，没有接受正确价值观的引导，没有吃过生活的苦，目的性不明确，认为不用很努力学习也可以获得荣誉和财富，从而不愿在学习上花更多的时间和精力，造成知识积累的不足，成绩越来越差，直到完全听不懂。所以，作为家长需要了解孩子的学习动力，他是想努力学习，还是完全不想了，如果他是没有主观能动性了，环境的改变，甚至威逼利诱，也不会对孩子的学习状况有任何的改善。

最后，要评估父母和家庭能给予孩子的支持。通过前面两项评估，我们发现孩子有提高成绩的能力、有改变的动力，有些家长会尝试通过补课、休学、转学等手段给孩子加外挂或重新启动，但这些需要家长调动资源和投入大量资金。在目前的教育框架下，长期学习困难的孩子每天上课是必需的，每天都必须坐着但听不懂课，在有限的课外时间里，家长要实现长期高效地给孩子提供外部资源，这是困难的；跟老师有效沟通，让老师及时发现孩子的进步，及时给予鼓励，使孩子保持努力学习的信心，这也是困难的。所以，希望孩子做出改变，作为家长的我们也要评估能给予孩子什么样的支持，能不能做得到，而不是单方面地要求孩子努力。

如果真的看不到逆转的可能，那么我们需要接受和培养身心健康但学习成绩不好的孩子，虽然学业失败让人沮丧，但是毕竟身心健康才是重要的。

给孩子以自信。在相对高年级的班级里，总有上课睡觉，作业不交的学生，学习的失败，不仅会让孩子在学习上失去动力，在生活和交往上也会缺乏自信，把自己封闭起来。作为家长，我们需要跟老师沟通，请求老师尽量不要在非原则问题上对孩子进行批评和指责，造成孩子因为讨厌老师而脱离班级。让老师鼓励孩子参与不太需要长期知识积累的体育、美术、音乐等课程，促进孩子和同学们的交流。如果孩子存在这些方面的特长，给孩子提供机会，帮助孩子取得关注。在与孩子独处的时间里，父母可以引导孩子聊聊一天的感受和得失，减少评判，不要过于关注学习成绩，使孩子不愿对我们敞开心扉，若实在找不到话题，也可以聊聊孩子喜欢的活动，避免沉默和对立。在休息时间可以安排一起爬山、跑步等活动，保证孩子的身体健康和外界的互动交流。还可以安排孩子做一些力所能及的事，保证其能完成，通过参与感受到自己的力量，获得关注和成就，才能保持自信，更好地走向社会。

了解孩子的心理行为状态。发育与行为的问题会造成孩子的学习困难，同样长期学习困难的孩子会引起心理问题。更早地发现这些发育问题，可以减少学习问题的发生，及时发现孩子的心理问题可以降低进一步的功能损害，让孩子在学习和走向社会的道路上更加轻松。

注意缺陷多动障碍、语言和言语障碍、孤独症谱系障碍是伴随学习困难孩子的最常见的疾病。孩子上课发呆、小动作多、坐立不安、丢三落四、作业拖沓、话多、坐立不安有可能是注意力多动障碍的表现，有些稍微年长的孩子，会告诉大人，“我实在是控制不住想动，上课只能听半节课，半节课以后就会想其他的事情，心收不回来”。孩子说话总是句子短不流利、经常对别人的话产生歧义、不能开玩笑，这可能是语言和言语障碍的表现。孩子在学校经常跟同学发生冲突、行为固执不太变通、行为幼稚不符合年龄特点、兴趣狭窄不太变化，可能是孤独症谱系障碍的表现。这些发育与行为的问题，即使孩子不存在能力上的学习困难，也会拖垮孩子的学习表现。作为家长需要观察孩子的行为，体会孩子和其他孩子的差异，思考这些行为对家长和老师造成的困扰（功能损害），必要时找医生评估，从而理解孩子、解决孩子的障碍。

医生要在很短的时间内，全面了解孩子的情况是存在困难的，这取决于医生的专业水平、经验积累和针对性的评估方法等。曾经长期随访过一个在小学三年级就出现学习困难的孩子，上课注意力不集中、作业拖拉、脾气差、会跟老师抬杠，反复在不同医院就诊过，智力评估在120分以上，诊断为“学习困难、注意缺陷多动障碍”；按照注意缺陷多动障碍进行了长期的药物和行为干预治疗，效果不是很稳定，学习成绩上虽有改善，但仍爱发脾气、行为幼稚。这个孩子在高一办了休学，因为跟同学相处困难，成绩很不好、不愿上学、在家里容易生气，甚至生气的时候会打人，最后发现其存在合并“孤独症谱系障碍”。这些发育与行为的疾病，被学习困难所掩盖，长期困扰着孩子，得不到有效的干预，长期互相影响，造成孩子和家庭功能的进一步损害。

在学校，学习不好的人，会存在各种压力：上课听不懂、作业完不成、小目标难以完成、缺少朋友等，如果孩子对自己的状态有认知，意识到没办法改变，那么他的压力会更大。接诊过两位初一女生，一个曾在学校的厕所里哭泣，她说“为什么我考试总是完不成，成绩也不好，背书总是最后一个，而且还不熟练，我觉得自己也还是可以的，为什么差距越来越大，想想越来越难过，所以哭了”，这个孩子是想改变的，希望通过努力来改变现状，无奈没有恰当的学习方法，导致能力上的差距越来越大，产生了焦虑的情绪，需要适当的辅助和心理干预；另一个不愿意去上学，她说“我成绩一直不好，尤其是数学和科学，现在根本就听不懂了。上学期期末科学考了96分，老师给我定了个小目标，可那是运气好，现在目标完成不了。我读不来，家里没人帮我，妈妈因为我达不到她的要求，有时会打我，但是爸爸对我还是好的。我有想过要自杀，不想去学校，我不知道怎么办了”，家长说“我打她是为她好，只是希望她能每天进步一点点”。学习的困难、进步的压力、家长的不理解，从而使孩子出现厌学和轻生的想法。

发现孩子喜欢的，鼓励孩子的成长。虽然很难，但是当我们竭尽全力去改变孩子的学习状况而没有发生改变时，那就尝试让他在喜欢的事情上培养兴趣，学有所长，自信地走向社会。“三百六十行，行行出状元”，由于个人能力的差异和社会分工的不同，即使学历不高，也可以在某个领域有所建树。长期学习困难的孩子，在家长眼里似乎没有优点，其实孩子喜欢的就有可能是孩子的特长，我们家长往往会认为，这种喜欢的东西不能当饭吃，这种想法的确是我们狭隘了。一个不爱画画的人，是因为看不到画的美，所以不喜欢；一个不爱拆卸玩具的人，是因为理解不了机械的复杂和精美，所以不喜欢。孩子能理解，所以喜欢，这也许就是天赋，谁又能否认在校学习也是一种天赋呢？很多年前，谁会想到，玩游戏、玩玩具也是一种职业，也会获得成功和财富。所以要关注孩子喜欢的，正确地引导，鼓励孩子的发展、促进孩子的思考和提高。子承父业，是不断地熏陶和带教，孩子尝试不同的领域，是体会不到熟悉感或家长安排带来的欣喜的，不要打压他。如果希望孩子按照我们的计划走，那么就跟孩子好好商量，否则容易造成家庭的冲突、孩子的逆反。帮助孩子找到喜欢的，让孩子自己看到希望，眼里有光。

“现在上课听不懂也不想听了，前几天说不想上学，怎么办？”作为家长我们需要评估一下孩子除学习不好外，身心是否依旧健康，不想上学只是学习困难引起的还是学校适应的问题或其他问题，帮助孩子解决这些问题，减少孩子直面的压力，学毕竟还是要上的；了解孩子的能力，评估孩子的学习潜力，思考我们家长能否带给孩子学习上的改变，这些会不会让孩子学习上有逆转的可能；如果不能逆转，关注孩子喜欢的，培养其他能力的发展，使其身心健康地走向社会。

发展性阅读障碍的早发现、早干预

文／苏永强

根据世界卫生组织 ICD-11（2019 年）的定义标准，发展性阅读障碍（Developmental Dyslexia）是指个体在一般智力、动机、生活环境和教育条件等方面与其他个体没有明显差异，也没有明显的视力、听力、神经系统障碍，但其阅读成绩明显低于同龄群体的应有水平，处于阅读困难的状态。汉语阅读障碍的发生率在 7.1% 左右[1]。阅读是儿童获取知识、增长智慧的重要方式，若阅读障碍儿童未得到及时识别和干预，其学业表现、知识获取、心理发展及职业选择均会受到不良影响。而早期筛查则是尽早干预的前提与基础。

【发展性阅读障碍的早期筛查】

尽管目前关于汉语阅读障碍的诊断并无确切而统一的标准，但在不同的标准间也仅是对于“落后方面”或“落后程度”有不同的考虑[2]。但总的来说，无论基于何种筛查标准，研究者一般会考虑到以下几个因素：首先，智力中等或中等以上；其次，需要排除感觉、情绪和文化等不利因素造成的阅读落后；最后，才是阅读能力表现落后。目前，最为常用的筛查方法就是“能力—成绩差异模型”，往往通过比较儿童的阅读能力与智商所匹配的阅读能力之间的差异来判断儿童是否存在阅读障碍[3]。但是这种方法往往需要儿童的确表现出阅读落后，进而才能准确将其鉴别出来，即“等待失败”效应。因此，这种方法往往能够达到鉴别的要求，但是无法满足早期筛查的要求。为了能够更早地筛选出阅读障碍儿童，有研究者提出可以根据阅读障碍儿童的典型表现制定问题行为清单，家长或教师可在日常生活中观察儿童的真实行为表现，通过评定典型问题行为的频率筛选高危儿童[4]。这种方法往往被称为阅读障碍行为筛查家长问卷或阅读障碍问题行为清单[5]。另外一种则是通过追踪研究评估阅读障碍儿童的认知缺陷，或者考察影响儿童阅读的相关认知因素，进而通过儿童在相应认知表现上的不足，更早地筛选阅读高危儿童[6]。

【基于阅读障碍行为清单问卷的筛查】

针对汉语阅读障碍儿童的日常行为表现，目前已有许多研究者进行了探索，并编制了适用于汉语阅读障碍儿童的成熟筛查工具。例如，Hou 等于 2018 年研发了汉语儿童阅读障碍问题清单，范奕敏等[7]于 2021 年编制了小学生阅读障碍行为筛查家长问卷等。这些问卷往往基于阅读障碍儿童的典型问题制定了相应的清单，家长或者教师可以根据儿童在各个行为上的表现进行打分，最后根据得分判断儿童的阅读障碍风险。

例如，小学生阅读障碍行为筛查家长问卷中包含了 30 个项目，分别评估了儿童的字词识别、汉字书写、写作、口语表达、言语记忆、动机与态度、专注和数学表现。例如，“难以背诵儿歌或短诗”。问卷为 5 点频率量表（1 代表“从未”，5 代表“总是”），要求家长根据孩子近期行为表现填写，得分越高，代表孩子问题行为发生的频率越高。儿童的总均分等于或高于 2.00，意味着儿童存在阅读障碍高风险，应推荐进行专业检测；当得分低于 2.00，可认为目前风险较低，家长持续关注儿童日常表现即可。

【基于儿童阅读相关认知能力的筛查】

诸多关于汉语儿童阅读发展的追踪研究表明，元语言意识与儿童的阅读能力之间存在密切关系，并且元语言意识能够显著预测儿童阅读的发展，因此可以通过考察儿童元语言意识的发展来评估儿童的阅读障碍风险[6]。目前主要考虑的元语言意识有语音意识、语素意识、正字法意识和快速命名。

语音意识指对各种语音单元，如音素、头尾韵和音节进行识别、鉴别和操作的能力。因此，可以通过考察儿童对于语音的操纵能力评估儿童的语音意识，如语音的组合："m" 和 "ao" 加起来怎么读？语音删除："shuang" 去掉 "u" 应该怎么读等。

语素是最小的音义结合体，语素意识指对词内语素结构的意识和操纵。汉语的语素意识往往分为同形语素意识、同音语素意识及复合词语素意识。分别代表儿童识别多义字、同音字、字词分解的能力。在测验形式上也较为多样，均可以采用判断、选择、产生等任务。例如，复合词产生："花生做成的油叫花生油，那么用蘑菇做成的油应该叫什么？" 同形语素判断："面包和面孔第一个字的意思是否相同？"

汉语儿童的正字法意识就是对汉字组合规则的意识。汉字的正字法系统包括 3 个水平：笔画、部件和整字，对于部件还包含了位置和结构意识等。因此，儿童正字法意识的考察，往往是考察儿童辨别真字、各种错误的非字（如调换 "你" 中 "亻" 和 "尔" 的位置）及假字的能力。快速命名往往代表了儿童形音转换的自动化程度，尽管从形式上来看非常简单，但这种自动化在阅读中具有至关重要的作用。快速命名的测验是简单且多样的，往往要求儿童快速读出一系列简单的符号，可以是汉字、数字，也可以是颜色、物体等。而测验的指标往往是朗读的速度或流畅程度。

【发展性阅读障碍的早期干预】

目前，对于汉语阅读障碍的教学干预，国内还缺乏有效的干预模式。主要是一些教育研究者提出了一些指导性的建议和原则，对阅读障碍的治疗和矫正也比较少。但是无论采用何种干预方法，首先要明确儿童的阅读发展阶段，对于不同阶段的儿童需要关注不同的方面。例如，对于幼儿，应该主要关注语言和口语词汇的发展；对于小学低年级儿童，应该主要关注识字能力的发展；对于小学高年级儿童，应该主要关注词汇量的积累及阅读的发展；对于初中或更高年级的儿童，应该更加注重阅读理解或思维能力的发展。并且，对于不同能力或不同阶段的儿童，也要选取其感兴趣或适合其阅读的材料。

根据简单阅读观的观点，阅读可以分为自下而上的解码和自上而下的言语理解两个主要部分[8]。其中，解码是指识别书面文字符号的过程，是一种“快速、准确、拼读单词的能力”。在汉语中通常将解码能力等同于字词识别能力，也就是所谓的识字能力；言语理解则是指理解口语的心理过程，是将听到的言语进行意义理解的能力。就阅读理解而言，解码和言语理解二者缺一不可，简单阅读观理论中采用了公式：“阅读理解 = 解码能力 × 言语理解能力”来表达两个成分对阅读理解的作用，即任何一种能力的欠缺都会导致阅读理解的失败。因此，对于阅读障碍的干预主要可分为针对解码能力和阅读能力的干预。

解码能力的干预

汉字解码能力的落后是阅读障碍儿童的主要缺陷。就汉语而言，汉字的解码，也就是汉字识别，是建立字形、字音、字义联结的过程。日常生活中，我们看到一个汉字可以顺利地读出字音，理解字义。但是阅读障碍儿童往往难以在汉字的形—音—义之间建立稳定的联结，进而难以识别汉字，或学会后很快就忘记。而汉字具有明显的表意特点，并具有一定的表音功能，是真正的音—形—义统一体。因此，可以基于汉字的原理，加强对汉字内部结构的解释，更好地利用汉字本身的结构规律来促进汉字的学习，通过趣味教学的方式来激发儿童的学习兴趣。

针对象形字、指事字、会意字和形声字不同的构字特点和不同的学习时间点，可以采用不同的教学方法。例如，象形字就是依照客观物体弯曲的外形线条，可以采用图画法画出相应物体的样子，引导儿童思考汉字笔画部件与物体之间的相似性；而指事字往往表达抽象的事情或笼统的道理，必须经过仔细观察，才会明白其真正的意思，可以结合象形字或部件引发学生思考汉字的含义；会意字往往是把两个或两个以上的象形字、指事字合在一起，组成一个新字，表示新的意思，因此，可以采用拆分的方式引导学生思考汉字中的部件分别表示什么意思，再启发思考部件与整体的关系；形声字则是由声旁和形旁两个部分组成，其中，声旁能够提供语音信息，形旁能够提供语义信息，因此，可以采用部件分析法学习，引导孩子分析汉字中的声旁和形旁分别是什么？起到什么样的作用？让孩子猜猜字音和字义，体会形声字的特点。

阅读能力的干预

对于阅读能力的干预，可以更多地采用朗读而非默读。首先，可以采用共同朗读，即家长和孩子一起逐字朗读，并在孩子读错、多读、漏读和不会读时提供启发式帮助。并且通过共同朗读，可以适当地提高阅读速度，减少回视、漏读等现象。

其次，可以采用复述策略提高儿童的阅读理解能力，在共同读完一个逻辑段落后，鼓励孩子用自己的话描述刚才所读的内容。当孩子无法完成时，给予启发式帮助：例如，用“谁（Who）”“什么时间（When）”“在哪儿（Where）”“做了什么（What）”“为什么这么做（Why）”“做得怎么样（How）”的开放式问题提问，而不是“是 / 否”问题。此外，还可以选择段落的中心句或重点部分让孩子重读一遍，再用自己的语言复述。还可以采用概括大意的方式鼓励孩子将复述的内容缩短为 15 个字。可用开放式问题提问，启发孩子找出“时间、地点、人物、起因、经过、结果”记叙文六要素。

最后，可以采用预测的方式启发儿童的思维，让孩子根据标题、插图和已读内容预测接下来会发生什么，并在阅读完成后评价自己的猜测是否合理。

【总结】

对于阅读障碍儿童的筛查，可以采用阅读障碍行为清单问卷及相关的认知能力评估进行早期筛查。但值得注意的是，无论采用清单问卷还是相关的认知能力评估，仅能筛选出存在阅读障碍高危风险的儿童，并不代表儿童在未来一定会发展成为阅读障碍。对于阅读障碍儿童的早期干预可以采用字理识字法和共同朗读相结合的方式，但在孩子刚开始进行阅读策略训练时，不必追求答案正确，鼓励孩子多思考、多表达。阅读是一种后天习得的技能，只有经过大量练习，孩子才能逐渐熟练掌握阅读策略。

参考文献：

[1] YANG L，LI C，LI X，et al. Prevalence of developmental dyslexia in primary school children：a systematic review and Meta-analysis[J]. Brain sciences，2022，12（2）：240.

[2] 孟红霞 . 汉语发展性阅读障碍儿童筛选方法回顾与前瞻 [J]. 天津市教科院学报，2021（4）：59–65.

[3] 刘云英，陶沙 . 阅读困难诊断标准与模式的“后智力—成就差异”趋势 [J]. 北京师范大学学报（社会科学版），2007（5）：13–21.

[4] HO C S H. Understanding reading disability in the Chinese language：from basic research to intervention[M]. New York：Oxford university press，2010：109–121.

[5] HOU F，QI L，LIU L，et al. Validity and reliability of the dyslexia checklist for Chinese children[J]. Frontiers in psychology，2018（9）：1915.

[6] LI X，HU M，LIANG H. The percentages of cognitive skills deficits among Chinese children with developmental dyslexia：a systematic review and Meta-analysis[J]. Brain sciences，2022，12（5）：548.

[7] 范奕敏，张湘琳，曹玉卿，等 . 小学生阅读障碍行为筛查家长问卷的编制及信效度检验 [J]. 心理与行为研究，2021，19（4）：521–527.

[8] GOUGH P B，TUNMER W E. Decoding，reading，and reading disability[J]. Remedial and special education，1986，7（1）：6–10.

发展性书写障碍的早发现、早干预

文／苏永强

根据美国《精神障碍诊断与统计手册（第四版）》（DSM-4），发展性书写障碍指学龄儿童的书写可辨性存在严重缺陷的现象，如果其书写能力与年龄和受教育程度不符，且对其与书写相关的日常生活造成显著影响，可诊断为书写障碍。对于汉语，同样存在书写障碍的问题，并且由于汉字的特殊性，书写障碍在汉语中可能需要给予更多的关注。与拼音文字不同，汉字属于方块结构，并且可以分为部件和笔画，每个汉字的笔画具有复杂的结构关系，对于儿童的书写来说有更高的要求。书写是儿童输出知识和思想的重要方式，虽然信息技术的发展提供了诸多替代书写的方式，但是书写仍然是学业阶段最主要的知识内容输出方式。若书写障碍儿童未得到及时识别和干预，将会直接影响其学业表现。而早期筛查则是尽早干预的前提与基础。

【发展性书写障碍的早期筛查】

相对于阅读障碍来说，书写障碍的相关研究和筛查工具均较为缺乏。而针对汉语书写障碍的筛查工具更是少之又少。目前，尚未发现标准化的汉语书写障碍筛查量表或问卷，甚至在标准上也难以统一[1]。对于书写障碍的筛查，首先，要将阅读障碍和书写障碍进行正确的区分。根据书写障碍的定义，具有书写障碍的儿童只是在书写上存在困难，难以将大脑中存储的语言符号表征输出为文字符号，但是具备正常的阅读技能[2]。也就是说，书写障碍的儿童只是书写存在困难，但是能够正常地进行听、说、读。而阅读障碍儿童则是能够正常地进行听、说，但是读和写可能均有困难，因为无法识别字词，自然也就无法书写字词。因此，对于书写障碍的早期筛查，首先要排除儿童阅读障碍的可能性，进而再评估其书写表现。

【基于儿童书写速度的筛查】

尽管汉语中尚未成熟开发书写障碍的筛查工具，但是在拼音文字中已经开发并验证了一些可靠的书写障碍评估测验。其中，最为常用的就是详细书写速度评估（Detailed Assessment of Speed of Handwriting），该工具可以应用于几乎所有拼音文字中[3]。并且澳大利亚[4]、美国[5]和爱尔兰[6]已经建立了手写速度的数据库。

该测验共包含了 5 个部分，第一部分为最佳抄写（Copy Best），要求儿童用最工整的字体抄写“The quick brown fox jumps over the lazy dog”两分钟，最后计算每分钟抄写的单词数；第二部分为快速抄写（Copy Fast），要求儿童用最快的速度抄写上面的句子，最后计算每分钟抄写的单词数；第三部分为字母书写（Alphabet Writing），要求儿童按顺序重复书写字母表中所有的小写字母一分钟，最后计算每分钟书写的字母数；第四部分为自由书写（Free Writing），要求儿童以“My Life”为题进行 10 分钟的作文写作，最后计算每分钟书写的单词数；第五部分是图形速度（Graphic Speed），要求儿童在圆圈中不断书写“X”，且方向要与圆圈中的标志一致，最后记录一分钟内正确书写的“X”数。前四项代表了儿童书写表现的综合得分，最后一项则为儿童的基础感知运动表现。当儿童的得分低于同龄群体一定程度时（如 1.5 个标准差）则被认为可能存在书写障碍[7]。

【基于儿童书写表现的筛查】

基于儿童书写速度的筛查往往对于施测者、测验环境等均具有较高的要求。为了能够更加高效地进行筛查，也有一些研究者会基于儿童的书写表现进行筛查。例如，法国以简明儿童书写量表（Concise Evaluation Scale for Children' s Handwriting）的得分，作为法语书写障碍的黄金标准，并且也被应用于其他语言[3]。

在该量表中，要求儿童在五分钟内抄写一段由简单到复杂排列的文本材料。然后根据儿童抄写的内容，从不同维度对其进行打分。主要包含书写是否太大，字母左右是否平衡，字母和单词的对齐程度，单词间的间距是否协调，书写的混乱程度，字母的连接，字母的拥挤重叠程度，字母大小的一致程度，字母的高度是否协调，字母的清晰度，字母的可辨别性，正确的字母数量，更改或无关笔迹的程度等[8]。老师和家长可以根据这些特征分别在 0 ~ 5 分的量表上进行打分，最后根据儿童的得分判断其书写障碍的风险。目前，该量表在汉语中也有所应用，刘荣等于 2021 年参考该量表的内容，以 28 分为标准在北京市的 214 名小学生中筛查出了 17 名汉语书写障碍儿童。

【发展性书写障碍的早期干预】

与阅读障碍类似，对于汉语书写障碍的教学干预，虽有一些干预研究的个案，但是缺少系统的针对汉语发展性书写障碍儿童的教育干预模式[7]。目前，只能根据书写障碍儿童的表现和特点，提出一些指导性的建议和原则。但无论采取何种干预方式，首先需要明确儿童的书写障碍类型，然后再对症下药，进行有针对性的干预。例如，根据 O' Hare 和 Brown1989 年的研究[9]，汉语的书写障碍可以分为动作型书写障碍、视空型书写障碍和语言型书写障碍。对于动作型书写障碍的儿童应主要关注其动作协调性和书写速度问题；对于视空型书写障碍的儿童应关注其汉字结构及书写方式问题；对于语言型书写障碍的儿童则更应关注其语言发展问题。考虑到汉字的特殊性，对于汉语书写障碍儿童的早期干预可以从汉字识别干预和书写训练两方面入手。

1. 汉字识别能力的干预

尽管书写障碍儿童可能并不存在汉字识别困难，但是汉字的形—音—义是相互作用的过程。对于汉字识别来说，是从字形到字音到字义的过程（或字形到字义的过程），而汉字的书写则是从字义或字音到字形的过程。而汉字具有明显的表意特点，并具有一定的表音功能，每个笔画和部件均有一定的语音或语义功能，是真正的音—形—义统一体。如果对汉字质量掌握得不够高，即便儿童能够正确地识别汉字，在书写上也可能会存在一定的问题。

因此，可以基于汉字的原理，采用字理识字法，加强对汉字内部结构的解释，更好地利用汉字本身的结构规律来促进汉字的学习，通过趣味教学的方式激发儿童的学习兴趣。并让儿童意识到，汉字中的笔画、部件具有一定的意义，汉字中的部件和笔画的位置、结构，甚至是笔画顺序是有一定的规则的，而非随意为之或死记硬背。例如，针对象形字“禾”可以引导其采用图画法，引导儿童理解“禾”是一个象形字，像一棵成熟的有谷穗垂下的稻谷形状，即指成熟的庄稼。重点指导孩子观察第一笔“丿”在这里表示成熟的谷穗弯弯的样子，所以在合体字中带有“禾”部的字大多和稻谷、庄稼有关，如“稼”“秋”“种”等。

类似的，对于会意字“利”，左边的“禾”表示成熟的庄稼，右边的“刂”表示刀，“利”即是用镰刀收割庄稼之意。可以引导孩子思考这里的“禾”和“刂”分别表示什么意思，再启发思考：“利益”与庄稼和刀有什么关系呢？鼓励孩子大胆想象，最后总结因为谷物成熟之后要用镰刀收割，收割后的谷物可以拿到市场上售卖，获得利益，所以“利”可以表示好处、福利等。以此加强儿童对于汉字形—音—义关系的认知，并进一步了解汉字中的笔画、部件代表的含义，进而加深其对汉字的理解，减少书写错误。

2. 儿童书写能力的干预

书写障碍儿童另一个重要的问题在于书写速度较慢。对于速度的干预，最为直接的方法就是练习。刻意练习理论认为，许多曾被认为反映先天天赋的特征实际上是经过至少 10 年的重复练习的结果[10]，运动、钢琴、象棋、阅读均是如此，而书写更是如此。在书写练习过程中，可以不断激活大脑中汉字的形—音—义联结，并且通过一定难度的重复练习，在每次练习中可以收到反馈，不断纠正自己的错误，不断提升大脑的适应能力，让书写过程变得更加自动化，进而减少错误提高书写速度。

因此，可以采用循序渐进的书写练习来提高儿童的书写表现。从形式上来说，可以从抄写开始，让儿童抄写一些感兴趣的汉字、词语、句子或短文。甚至是一些简易图像，也能起到一定的训练效果。如果开始对儿童较为困难，可以从大字到小字逐渐过渡，可以先用粉笔在黑板上书写大字，待儿童熟练掌握后再转换为小字。然后可以采用延迟抄写的方式，提高难度。先给予儿童一些材料，可以是字词或句子，待儿童阅读后撤去材料，再让儿童进行书写。之后可以采用听写的方式进一步提高难度，待儿童能够熟练听写后可以采用自由书写的方式进行进一步的练习。

从内容上来说，可以从简单到复杂，最开始可以从图形或笔画开始练习，逐渐过渡到部件或独体字，然后再进一步过渡到结构简单的汉字，最后再是结构复杂的汉字。在我国的义务教育课程标准中，对于小学生的识字和写字有不同的要求。对于写字的练习，可以参考不同年级小学生的写字表，循序渐进地进行练习。除了内容和形式的难度，也可以采用提高时间压力的方式增加难度，但是要考虑儿童的心理状态。对于状态紧张的儿童，应该给予轻松的学习氛围，适当减少时间压力，对于状态轻松的儿童，可以采用适当增加时间压力的方式或采用竞争机制提高练习效果。例如，在一分钟内能够抄写多少，或看谁在一分钟内抄写的内容最多等。

【总结】

对于书写障碍儿童的筛查，目前国内缺少标准化的筛查工具，但是可以基于儿童的书写速度和书写表现进行早期筛查。值得注意的是，无论采用何种方式，都需要正确区分阅读障碍与书写障碍，并且所有的筛查结果也仅能提供一定程度上的风险参考。对于书写障碍儿童，可以对其实施基于识字教学和书写训练的方式进行早期干预，在孩子进行书写训练时，应该给予更多鼓励，书写训练对于孩子来说可能是枯燥乏味的，不能因为书写训练而打压儿童的学习兴趣。

参考文献：

[1] 毛荣建 . 汉语发展性书写障碍研究的现状探析 [J]. 北京联合大学学报，2014，28（3）：89–92.

[2] 孟祥芝，刘红云，周晓林，等 . 中文读写能力及其相关因素的结构模型 [J]. 心理发展与教育，2003，19（1）：37–43.

[3] BARNETT A L，HENDERSON S E，SCHEIB B，et al. Development and standardization of a new handwriting speed test: the detailed assessment of speed of handwriting[J]. BJEP monograph series Ⅱ，2009，1（1）：137–157.

[4] WALLEN M，BONNEY M A，LENNOX L. The handwriting speed test[J]. Australian occupational therapy journal，2006，53（2）：141.

[5] GRAHAM S，BERNINGER V，WEINTRAUB N，et al. The development of handwriting speed and legibility in grades 1 through 9[J]. Journal of educational research，1998，92（1）：42–52.

[6] KILLEEN H，DEMPSEY M，O’MAHONY P. The irish adaptation of the handwriting speed test[R]. Dublin：The Association of Occupational Therapists of Ireland，2006.

[7] 刘荣，李云文，周博阳 . 儿童书写障碍表现及干预策略研究 [J]. 语文建设，2021（8）：15–19.

[8] GARGOT T，ASSELBOEN T，PELLERIN H，et al. Acquisition of handwriting in children with and without dysgraphia：a computational approach[J]. PLoS ONE，2020，15（9）：e0237575.

[9] O’HARE A E，BROWN J K. Childhood dysgraphia. Part 1. An illustrated clinical classification[J]. Child care health and development，1989，15（2）：79–104.

[10] ERICSSON K A，KRAMPE R T，TESCH-ROMER C，et al. The role of deliberate practice in the acquisition of expert performance[J]. Psychological review，1993，100（3）：363–406.

发展性计算障碍的早发现、早干预

文／苏永强

根据美国《精神障碍诊断与统计手册（第四版）》（DSM-4），发展性计算障碍是一类特异性学习障碍，一般指在排除智力落后和教育无能等因素的影响后，儿童在数学加工和计算能力等方面的发展明显落后于同龄人的现象。计算障碍通常表现为数字加工和理解困难、计算的准确性和流畅性差等。也就是说，计算障碍儿童在生成、理解数量、数字符号或数学运算中存在困难，与个体的实际年龄、教育机会和智力不符[1]。虽然我国儿童在数学能力上相对较强，但调查表明我国仍有5%～6%的学生患有发展性计算障碍，与英国、美国等发生率基本一致[2]。

数学是基础教育中非常重要的学科之一，家长、老师乃至国家和社会都很重视。发展性计算障碍儿童的数字加工和计算能力缺陷严重不仅影响了其认知发育，也降低了儿童的日常生活和学习质量。并且，数学能力发展滞后也会影响社会进步和发展，提高数学能力能够显著改善社会经济。因此，发展性计算障碍的早筛查和早干预就显得尤为重要。

【发展性计算障碍的早期筛查】

对于发展性计算障碍的鉴别，目前拥有较多的成熟量表能够应用于我国计算障碍儿童的早期筛查。而且，由于数字和数学在世界范围内的统一性，其他国家的筛查量表在我国也具有较大的借鉴意义。但是，目前对于计算障碍的筛查大部分也是基于“能力-成绩差异模型”，往往通过比较儿童的数学能力与智商所匹配的数学能力之间的差异来判断儿童是否存在计算障碍[3]。这往往需要不同年龄阶段儿童的常模，并且也存在“等待失败”的效应。为了能够更早地筛选出计算障碍儿童，同样可以基于计算障碍儿童的认知缺陷实现早期筛查。目前，许多研究者认为计算障碍儿童最主要的缺陷在于数量感知缺陷[2]和数量转换缺陷[4]。因此，可以基于儿童的数量感知能力和数量转换能力进行早期鉴别。

【基于儿童数学能力的筛查】

目前最为常用的儿童数学能力测验便是海德堡大学编制的小学生数学基本能力测试量表，即海德堡数学能力测验[5]。该量表能够满足儿童数学智力结构全面细致的了解与分析。量表包括两个领域，12 个分测试。其中，包含一个数字抄写作为预测试，使儿童熟悉测验流程。主测验中一个是数学运算领域，包括加法、减法、乘法、除法、填空、大小比较6个分测试，用于测量学生的数学概念、运算速度及计算的准确性；另一个是逻辑思维与空间视觉功能领域，包括续写数字、目测长度、方块记数、图形记数、数字连接 5 个分测试，用于考察学生的数学逻辑思维、数字规律识别、空间立体思维、视觉跟踪能力。

除了海德堡数学能力测验，对于低年龄儿童数学能力的考察通常采用早期数学能力测验[6]。该量表适用于 3 ~ 8 岁儿童的早期数学能力测试。测验一共包含 65 道题，分别测量了儿童的非正式数学思维和正式数学思维。其中，非正式数学思维的测量包括相对大小的概念（例如，数字大小比较）、数数能力（例如，数字正背或倒背）和计算能力。正式数学思维则包括数字读写、简单数字计算、规则数字计算及十进制的运用。该量表也经常应用于我国幼儿的数学能力测查。

目前，我国也编制了《中国儿童青少年数学学业成就测验》，并制定了不同年级的常模 [7]。以二年级测验为例，该测验包括了选择题和解答题，共 34 道题，要求儿童在 45 分钟内完成。测验分别考察了儿童的数与代数、空间与图形及统计与概率 3 个方面的数学能力。其中，数与代数主要包括数的认识、数的运算、常见的量和探索规律方面的知识；空间与图形指的是图形的认识、测量、图形与位置等；统计与概率测量的是儿童数据统计活动和不确定现象的掌握情况。除内容维度外，该数学成就测验还包括能力维度，包括知道事实、应用规则、数学推理、非常规问题解决 4 个方面。在涵盖的内容和能力维度不变的情况下，该成就测验是基于课程标准而制定的分段测验，具有数学内容和能力的连贯性和一致性，更适合中国儿童群体使用。

【基于儿童感数和数量转换的筛查】

对于计算障碍儿童，除了计算能力较差，许多研究者还发现他们存在“数字加工缺陷”这种特异性缺陷 [1]。具体来说，数字加工是指对数字的处理能力，主要包括数数、数目比较、数量估计、数字比较等。因此，可以基于儿童的数字加工能力实现计算障碍的早期筛查。

儿童数字加工能力包含了多个方面，也可采用多种多样的任务进行测验。对于数量感知任务，最常用的是“非符号点阵比较”任务 [2]。通常，屏幕上会呈现左右两个方框（或圆圈），每个方框中会有大小和数量各不相同的小圆点（如左边为6个，右边为9个），儿童需要尽快判断哪个方框中圆点的数量更多。而计算障碍儿童在判断准确性和反应速度上都低于普通儿童。

对于儿童的数量转换能力，可以采用数量比较任务考察其数量转换过程是否存在缺陷[4]。一般可以包括点点比较、点数比较、数数比较等，甚至可以包括汉字和数字的比较等。通常会在屏幕上先呈现一个数字或不同数量的圆点，然后立马消失（150毫秒），然后再呈现一个数字或不同数量的圆点后消失（150毫秒），最后要求儿童判断第一个和第二个数字或圆点表示的数量哪个更大。同样，计算障碍儿童在判断准确性和反应速度上都低于普通儿童。

【计算障碍的早期干预】

目前，对于发展性计算障碍，国内外学者先后探讨了多种干预方法，不仅包括针对不同缺陷内容的干预，也包括不同形式和内容的干预，甚至已经开发出了多个干预游戏。并且，目前的多个干预和追踪研究表明，现有的干预方法，对于计算障碍儿童具有显著的促进作用。

【基于感数和数量转换的干预】

对于计算障碍儿童最直接的干预便是采用感数和数量转换任务训练，以提高儿童的数字加工能力。例如，可以制作包含不同数量的圆点及具有不同数字的卡片，然后同时或依次呈现不同的卡片，引导儿童判断哪个卡片中的数字更大（或更小）。训练可以从简单到复杂依次进行，刚开始可以进行点和点之间的比较或数字和数字之间的比较，数字间的差距可以较大。随着儿童的熟练程度提高，可以进行点和数字或数字和点之间的比较，并逐渐缩小数量之间的差距。以提高儿童对数量感知的敏感程度及数量转换的自动化程度。

另外，也可以采用电子游戏提高儿童的数量感知和转换能力。例如，法国学者 Wilson 等[8]2006 年开发了一系列自适应的电子游戏用于提高儿童的数量感知和计算能力，包括数字键合（Number Bonding）、追踪点（Dots to Track）、数字赛跑（Number Race）、数字捕手（Number Catcher）等。在游戏中，儿童可以完成一系列的自适应数目比较或数字棋盘训练等。Wilson 等[8]2006 年发现，计算障碍儿童在经过持续 5 周的训练后，数感和数字比较速度提高了几百毫秒，减法计算的正确率提高了近 25%。我国[9]也开发了一款收苹果电脑游戏用于计算障碍儿童的数字加工训练，研究发现计算障碍儿童在经过 8 天的收苹果游戏训练后，其计算能力、近似数字系统敏感度、形状知觉能力均有了显著提高。

【珠心算在计算障碍干预中的作用】

珠心算训练被认为是整合了非符号数目加工和符号数字加工两种加工过程的干预方式，也是目前用于计算障碍干预最为有效的手段之一。目前，有一系列的研究表明，珠心算能够提高计算障碍儿童的数字感知和加工能力[10-11]。例如，在一项研究中对近 500 名二三年级小学生进行了追踪研究，将这些儿童随机分为了两组。一组是包含了珠算、珠心算的珠算班，珠算课程内容和他们的数学课程相融；另一组则是接受常规数学课程学习的普通班。在经过 2 ~ 3 年的学习后，两类班级的计算障碍发生率存在显著差异。珠心算班级没有学生被诊断出计算障碍，而非珠心算班级总体的计算障碍发生率为 6.4%。因此，珠心算或许可以用于早期的学校数学教育，发挥早期预警作用，用以避免孩子出现计算障碍或用于计算障碍的早期干预。

【总结】

对于计算障碍儿童的筛查，可以采用相关的数学能力测验对相应年龄的常模进行筛查。也可以基于儿童的数量感知或数量转换能力用于早期筛查。但值得注意的是，无论采用何种方式，都要以发展的眼光来看待孩子。每次测验只能代表儿童当时的状态或水平，并不代表其与计算障碍间具有明确的因果关系。对于计算障碍儿童的早期干预可以基于数量感知和数量转换进行早期干预。并且可以采用一些儿童感兴趣的数字运算游戏，尤其是可以采用珠心算用于我国计算障碍儿童的早期预防和干预。

参考文献：

[1] 程大志 . 计算障碍及其干预 : 从脑科学研究到教育实践 [J]. 教育家，2020（28）：63–65.

[2] 张李斌，张丽，冯廷勇 . 发展性计算障碍儿童的数感缺陷 [J]. 心理与行为研究，2021（4）：512–519.

[3] 何壮，韦小满，李刚 . 我国数学障碍研究的科学计量学分析 [J]. 中国特殊教育，2015（12）：47–50，82.

[4] 张丽，蒋慧，赵立 . 发展性计算障碍儿童的数量转换缺陷 [J]. 心理科学，2018（2）：337–343.

[5] HAFFNER J，BARO K，PARZER P，et al. Diagnostik mathematischer basiskompetenzen im grundschulalter：der heidelberger techentest HRT[J]. Diagnostik math neue folge band，2005，4：125–151.

[6] GINSBURG H P，BAROODY A J. Test of early mathematics ability-thied[M]. Austin，TX：PRO-ED，2003.

[7] 董奇，林崇德 . 中国儿童青少年心理发育标准化测验简介 [M]. 北京 : 科学出版社，2011.

[8] WILSON A J，REVKIN S K，COHEN D，et al. An open trial assessment of “the number race”，an adaptive computer game for remediation of dyscalculia[J]. Behavioral and brain functions，2006，2（20）：1–16.

[9] CHENG D, XIAO Q, CUI J, et al. Short-term numerosity training promotes symbolic arithmetic in children with developmental dyscalculia: the mediating role of visual form perception[J]. Developmental science, 2020, 23（4）: 1–8.

[10] LU Y, MA M, CHEN G, et al. Can abacus course eradicate developmental dyscalculia[J]. Psychology in the schools, 2020, 58（2）: 235–251.

[11] CUI J, XIAO R, MA M, et al. Children skilled in mental abacus show enhanced non-symbolic number sense[J]. Current psychology, 2022, 41（4）: 2053–2066.